国学经典大字注音全本

第3辑

春秋穀梁传 一

姚　政　邓启铜　注释

穀梁赤像

南京大学出版社

图书在版编目（CIP）数据

春秋穀梁传 / 姚政，邓启铜注释. —南京：南京大学出版社，2014.5

（国学经典大字注音全本. 第3辑 / 邓启铜主编）

ISBN 978-7-305-09910-6

Ⅰ. ①春… Ⅱ. ①姚… ②邓… Ⅲ. ①汉语拼音-儿童读物 Ⅳ. ①H125.4

中国版本图书馆CIP数据核字(2014)第078432号

出版者 南京大学出版社
社址 南京市汉口路22号 邮编：210093
网址 http://www.NjupCo.com
出版人 左 健

丛书名 国学经典大字注音全本·第3辑
丛书主编 邓启铜
书名 春秋穀梁传
注释 姚 政 邓启铜
责任编辑 还 星
封面设计 林绵华
封面题签 杨 权
印刷 东莞市信誉印刷有限公司
开本 787mm×1092mm 1/16 印张 33.25 字数 650千字
版次 2014年5月第1版 2014年5月第1次印刷
ISBN 978-7-305-09910-6
定价 55.00元（全二册）
发行热线 025-83594756
电子邮箱 Press@NjupCo.com
Sales@NjupCo.com (市场部)

序

“世界潮流，浩浩汤汤！”面对滚滚的世界潮流，不少有识之士發现被国际化的中国正面临着丧失本土文化之危机。十几年来，南怀瑾大师發起的“全球儿童读经”已经从开始时的“该不该读经典”大讨论演变到後来的“怎么读经典”，然後又演变为现在的“成人读经典”，大有“全民读经典”的趋势。放眼各地兴起的“书院热”、“国学热”，无不说明以国学为主体的中华传统文化已然越来越受到重视。究其根本原因，是我们在国际交流的过程中不能没有自己的文化，要想在这次世界浪潮中居于主导地位，我们必须要高度重视我们的传统文化经典。

1988年，几十位诺贝尔奖得主聚集巴黎發表宣言：“人类要在21世纪生存下去，必须回首2 500多年前，去汲取孔子的智慧。”联合国大厅里赫然书写着“己所不欲，勿施于人”。经典是唤醒人性的著作，可以开启人们的智慧！经典能深入到一个人心灵的最深处，能培养一个人优雅的性情和敦厚的性格！

早在2003年，我深受台中师范大学王财贵老师的影响，着力于辅导女儿邓雅文等三位小朋友背经，不到三年的时间，他们就已熟背了《三字经》、《百家姓》、《千字文》、《论语》、《老子》、《大学》、《中庸》、《唐诗三百首》、《诗经》等经典。由于当时找不到一套好的教材，我便决心自编一套適合他们的教材。

面对中华五千年文明积累下来的经典，我们从经、史、子、集中精选了四十五种典籍作为“新月经典”之“中国传统文化经典儿童读本”，分四辑陆续出版，并对其中二十种经典录制了配音CD。新书甫一推出，就被中央电视台新闻联播节目报道，并有多家媒体报道或發表了专访等。其中《论语》、《三字经·百家姓·千字文》、《老子·大学·中庸》等更是先後登上畅销图书排行榜，特别是《论语》，还登上了《南方都市报》2004年、2005年畅销书排行总榜。图书甚至远销美国、加拿大、新加坡、印尼、菲律宾、中国台湾、中国香港等地。无数的读者来电、来信给予肯定，更是对我们的鼓励和鞭策。回顾这十多年的经典注释工作，真可谓：辛苦不寻常！我们在编辑、注释、注音时坚持以《四库全书》为主，遍搜各种版本，尽量多地参照最新研究成果，力争做到每个字从注释到注音都有出处，所选的必是全本，每次重印时都会将發现的错误更正，这样我们奉献给读者的图书才符合“精”、“准”、“全”的标准。也正因为如此，我们这套经典才能在目前良莠不齐的图书市场受到读者的欢迎。

和许多从事古汉语和文字研究工作的学者一样，我们在钻研这些经典时始终有一个困惑我们的问题，即这些经典是由文言、古文字传承至今的，因此汉字的流变对理解原著影响非常之大，加之汉字简化与繁体字并非一一对应，往往简化後就会产生歧义。因此，我们在按汉字简化原则由繁化简的同时，在整套书中，对以下情况我们保留了原文字：①後—后，这两个字在古文中是严格区分的，“后来”和“後来”具有完全的不同含义，在《百家姓》中两个姓氏都有，怎能简化为一个字呢?! ②發—髮—发，在“须”、“毛”义时用髮，在“开”、“起”义时用“發”。③餘—馀—余，“餘”是“馀”的繁体字，“馀”不是“余”的繁体字，而是“餘”的简体字。④適—适—敵，古代的“适”读kuò，李適不是李适，唐朝诗人李適，偏偏唐德宗叫李适，也爱写诗，《全唐诗》中两人均有录入。而古代“適”通“嫡”和“敵”，若简化为“适”和“敌”很难看出它们之间的通假关系。⑤另有少数不能简化部首偏旁的字和不便造字的字保留了原文字，这样处理有利于精准保留原本面貌，也不致产生歧义。但读者不能由此断定我们是反简复繁派，事实上我们认为汉字简化是文字發展的大方向，只是简化时每个字都应充分听取各方面学者意见，并兼顾其發展和历史。

这次南京大学出版社推出的这套“国学经典大字注音全本”是我们在“中华传统文化经典注音全本”的基础上修订而成的。经过这十多年的检验，我们發现不但儿童喜欢这种注音方式，一些老年人也特别適合这种“大字不老花”的方式，甚至有的大学教授也拿我们这套书来给大学生上课，因为有注音，不需查找便可方便地读准每个字，也不会闹笑话。

十年过去了，伴随着“尚雅”国学经典书系的成长，我女儿邓雅文已远渡重洋留学英伦，与西方文明对话交融。其间，不断有诵经爱好者和望子成龙的家长来电、来信探讨提高国人国学素养方面的方法，无不认为诵读经典是不二之选。特别是对青少年阅读习惯的培养更是一个国家、一个民族的希望之所在。

欣逢全民阅读的兴起，我们切身感受到推出这套“国学经典大字注音全本”丛书恰逢其时。希冀本套丛书对于陶冶读者情趣，乃至国学推广与全民阅读有所补益。

是为序。

“尚雅”国学经典书系主编
邓启铜
2013年12月

目录

隐公（元年～十一年）

隐公元年 …… 2
隐公二年 …… 8
隐公三年 …… 11
隐公四年 …… 14
隐公五年 …… 17
隐公六年 …… 20
隐公七年 …… 21
隐公八年 …… 23
隐公九年 …… 26
隐公十年 …… 28
隐公十一年 …… 30

桓公（元年～十八年）

桓公元年 …… 33
桓公二年 …… 36
桓公三年 …… 40
桓公四年 …… 43
桓公五年 …… 44
桓公六年 …… 46
桓公七年 …… 48
桓公八年 …… 49
桓公九年 …… 51
桓公十年 …… 53
桓公十一年 …… 54
桓公十二年 …… 56
桓公十三年 …… 58
桓公十四年 …… 59
桓公十五年 …… 62
桓公十六年 …… 64
桓公十七年 …… 65
桓公十八年 …… 67

庄公（元年～三十二年）

庄公元年 …… 70
庄公二年 …… 74

zhuāng gōng sān nián
庄公三年 …… 76
zhuāng gōng sì nián
庄公四年 …… 78
zhuāng gōng wǔ nián
庄公五年 …… 80
zhuāng gōng liù nián
庄公六年 …… 81
zhuāng gōng qī nián
庄公七年 …… 83
zhuāng gōng bā nián
庄公八年 …… 85
zhuāng gōng jiǔ nián
庄公九年 …… 87
zhuāng gōng shí nián
庄公十年 …… 90
zhuāng gōng shí yī nián
庄公十一年 …… 92
zhuāng gōng shí èr nián
庄公十二年 …… 93
zhuāng gōng shí sān nián
庄公十三年 …… 95
zhuāng gōng shí sì nián
庄公十四年 …… 97
zhuāng gōng shí wǔ nián
庄公十五年 …… 98
zhuāng gōng shí liù nián
庄公十六年 …… 99
zhuāng gōng shí qī nián
庄公十七年 …… 101
zhuāng gōng shí bā nián
庄公十八年 …… 103
zhuāng gōng shí jiǔ nián
庄公十九年 …… 105
zhuāng gōng èr shí nián
庄公二十年 …… 107
zhuāng gōng èr shí yī nián
庄公二十一年 …… 108
zhuāng gōng èr shí èr nián
庄公二十二年 …… 109
zhuāng gōng èr shí sān nián
庄公二十三年 …… 111
zhuāng gōng èr shí sì nián
庄公二十四年 …… 114
zhuāng gōng èr shí wǔ nián
庄公二十五年 …… 117
zhuāng gōng èr shí liù nián
庄公二十六年 …… 119
zhuāng gōng èr shí qī nián
庄公二十七年 …… 120
zhuāng gōng èr shí bā nián
庄公二十八年 …… 122
zhuāng gōng èr shí jiǔ nián
庄公二十九年 …… 125
zhuāng gōng sān shí nián
庄公三十年 …… 127
zhuāng gōng sān shí yī nián
庄公三十一年 …… 129
zhuāng gōng sān shí èr nián
庄公三十二年 …… 131

mǐn gōng yuán nián èr nián
闵公（元年~二年）

mǐn gōng yuán nián
闵公元年 …… 134
mǐn gōng èr nián
闵公二年 …… 136

xī gōng yuán nián sān shí sān nián
僖公（元年~三十三年）

xī gōng yuán nián
僖公元年 …… 139
xī gōng èr nián
僖公二年 …… 143
xī gōng sān nián
僖公三年 …… 147
xī gōng sì nián
僖公四年 …… 149
xī gōng wǔ nián
僖公五年 …… 152
xī gōng liù nián
僖公六年 …… 156
xī gōng qī nián
僖公七年 …… 157
xī gōng bā nián
僖公八年 …… 158
xī gōng jiǔ nián
僖公九年 …… 160
xī gōng shí nián
僖公十年 …… 163
xī gōng shí yī nián
僖公十一年 …… 167
xī gōng shí èr nián
僖公十二年 …… 168

僖公十三年 …… 170
僖公十四年 …… 171
僖公十五年 …… 173
僖公十六年 …… 176
僖公十七年 …… 178
僖公十八年 …… 180
僖公十九年 …… 182
僖公二十年 …… 184
僖公二十一年 …… 186
僖公二十二年 …… 188
僖公二十三年 …… 191
僖公二十四年 …… 192
僖公二十五年 …… 193
僖公二十六年 …… 195
僖公二十七年 …… 198
僖公二十八年 …… 200
僖公二十九年 …… 206
僖公三十年 …… 207
僖公三十一年 …… 209
僖公三十二年 …… 211
僖公三十三年 …… 212

文公（元年~十八年）

文公元年 …… 217
文公二年 …… 219
文公三年 …… 222
文公四年 …… 224
文公五年 …… 226
文公六年 …… 228
文公七年 …… 231
文公八年 …… 233
文公九年 …… 235
文公十年 …… 238
文公十一年 …… 239
文公十二年 …… 241
文公十三年 …… 243
文公十四年 …… 245
文公十五年 …… 248
文公十六年 …… 250
文公十七年 …… 252
文公十八年 …… 253

宣公（元年~十八年）

宣公元年 …… 260
宣公二年 …… 263
宣公三年 …… 265
宣公四年 …… 267

xuān gōng wǔ nián
宣公五年 …… 269

xuān gōng liù nián
宣公六年 …… 270

xuān gōng qī nián
宣公七年 …… 271

xuān gōng bā nián
宣公八年 …… 272

xuān gōng jiǔ nián
宣公九年 …… 275

xuān gōng shí nián
宣公十年 …… 278

xuān gōng shí yī nián
宣公十一年 …… 281

xuān gōng shí èr nián
宣公十二年 …… 283

xuān gōng shí sān nián
宣公十三年 …… 284

xuān gōng shí sì nián
宣公十四年 …… 285

xuān gōng shí wǔ nián
宣公十五年 …… 286

xuān gōng shí liù nián
宣公十六年 …… 290

xuān gōng shí qī nián
宣公十七年 …… 291

xuān gōng shí bā nián
宣公十八年 …… 293

chéng gōng yuán nián shí bā nián

成公（元年～十八年）

chéng gōng yuán nián
成公元年 …… 296

chéng gōng èr nián
成公二年 …… 299

chéng gōng sān nián
成公三年 …… 303

chéng gōng sì nián
成公四年 …… 305

chéng gōng wǔ nián
成公五年 …… 306

chéng gōng liù nián
成公六年 …… 309

chéng gōng qī nián
成公七年 …… 311

chéng gōng bā nián
成公八年 …… 313

chéng gōng jiǔ nián
成公九年 …… 315

chéng gōng shí nián
成公十年 …… 318

chéng gōng shí yī nián
成公十一年 …… 319

chéng gōng shí èr nián
成公十二年 …… 320

chéng gōng shí sān nián
成公十三年 …… 321

chéng gōng shí sì nián
成公十四年 …… 323

chéng gōng shí wǔ nián
成公十五年 …… 324

chéng gōng shí liù nián
成公十六年 …… 327

chéng gōng shí qī nián
成公十七年 …… 330

chéng gōng shí bā nián
成公十八年 …… 333

xiāng gōng yuán nián sān shí yī nián

襄公（元年～三十一年）

xiāng gōng yuán nián
襄公元年 …… 337

xiāng gōng èr nián
襄公二年 …… 339

xiāng gōng sān nián
襄公三年 …… 341

xiāng gōng sì nián
襄公四年 …… 343

xiāng gōng wǔ nián
襄公五年 …… 344

xiāng gōng liù nián
襄公六年 …… 346

xiāng gōng qī nián
襄公七年 …… 348

xiāng gōng bā nián
襄公八年 …… 351

xiāng gōng jiǔ nián
襄公九年 …… 353

xiāng gōng shí nián
襄公十年 …… 355

襄公十一年 …… 358
襄公十二年 …… 360
襄公十三年 …… 361
襄公十四年 …… 362
襄公十五年 …… 364
襄公十六年 …… 365
襄公十七年 …… 367
襄公十八年 …… 368
襄公十九年 …… 370
襄公二十年 …… 373
襄公二十一年 …… 375
襄公二十二年 …… 377
襄公二十三年 …… 378
襄公二十四年 …… 380
襄公二十五年 …… 382
襄公二十六年 …… 385
襄公二十七年 …… 387
襄公二十八年 …… 390
襄公二十九年 …… 391
襄公三十年 …… 394
襄公三十一年 …… 397

昭公（元年～三十二年）

昭公元年 …… 399
昭公二年 …… 401
昭公三年 …… 402
昭公四年 …… 403
昭公五年 …… 406
昭公六年 …… 408
昭公七年 …… 409
昭公八年 …… 411
昭公九年 …… 414
昭公十年 …… 415
昭公十一年 …… 416
昭公十二年 …… 418
昭公十三年 …… 420
昭公十四年 …… 423
昭公十五年 …… 425
昭公十六年 …… 426
昭公十七年 …… 427
昭公十八年 …… 428
昭公十九年 …… 429
昭公二十年 …… 431
昭公二十一年 …… 433
昭公二十二年 …… 435
昭公二十三年 …… 437
昭公二十四年 …… 439

zhāo gōng èr shí wǔ nián
昭公二十五年 …………………… 440
zhāo gōng èr shí liù nián
昭公二十六年 …………………… 442
zhāo gōng èr shí qī nián
昭公二十七年 …………………… 444
zhāo gōng èr shí bā nián
昭公二十八年 …………………… 446
zhāo gōng èr shí jiǔ nián
昭公二十九年 …………………… 447
zhāo gōng sān shí nián
昭公三十年 …………………… 449
zhāo gōng sān shí yī nián
昭公三十一年 …………………… 450
zhāo gōng sān shí èr nián
昭公三十二年 …………………… 451

dìng gōng yuán nián shí wǔ nián
定公（元年~十五年）

dìng gōng yuán nián
定公元年 …………………… 454
dìng gōng èr nián
定公二年 …………………… 459
dìng gōng sān nián
定公三年 …………………… 460
dìng gōng sì nián
定公四年 …………………… 461
dìng gōng wǔ nián
定公五年 …………………… 467
dìng gōng liù nián
定公六年 …………………… 469
dìng gōng qī nián
定公七年 …………………… 470
dìng gōng bā nián
定公八年 …………………… 471
dìng gōng jiǔ nián
定公九年 …………………… 473
dìng gōng shí nián
定公十年 …………………… 474
dìng gōng shí yī nián
定公十一年 …………………… 477
dìng gōng shí èr nián
定公十二年 …………………… 479
dìng gōng shí sān nián
定公十三年 …………………… 481
dìng gōng shí sì nián
定公十四年 …………………… 483
dìng gōng shí wǔ nián
定公十五年 …………………… 485

āi gōng yuán nián shí sì nián
哀公（元年~十四年）

āi gōng yuán nián
哀公元年 …………………… 489
āi gōng èr nián
哀公二年 …………………… 492
āi gōng sān nián
哀公三年 …………………… 495
āi gōng sì nián
哀公四年 …………………… 497
āi gōng wǔ nián
哀公五年 …………………… 499
āi gōng liù nián
哀公六年 …………………… 500
āi gōng qī nián
哀公七年 …………………… 502
āi gōng bā nián
哀公八年 …………………… 504
āi gōng jiǔ nián
哀公九年 …………………… 506
āi gōng shí nián
哀公十年 …………………… 507
āi gōng shí yī nián
哀公十一年 …………………… 509
āi gōng shí èr nián
哀公十二年 …………………… 510
āi gōng shí sān nián
哀公十三年 …………………… 512
āi gōng shí sì nián
哀公十四年 …………………… 515

春秋穀梁传序

昔周道衰陵，乾纲绝纽，礼坏乐崩，彝伦攸斁。弑逆篡盗者国有，破义者比肩。是以妖灾因衅而作，民俗染化而迁，阴阳为之愆度，七耀为之盈，川岳为之崩竭，鬼神为之疵厉。故父子之恩缺，则小弁之刺作；之讽兴；夫妇之道绝，则谷风之篇奏；骨肉之亲离，则角弓之怨彰；君子之路塞，则白驹之诗赋。

天垂象，见吉见。圣作训，纪成败。欲人君戒慎厥行，增修德政。盖诲尔谆谆，听我藐藐，履霜坚冰，所由者渐。戎同贯，幽王以暴虐见祸，平王以微弱东迁。征伐不由天子之命，号令出自权臣之门，故两观表而臣礼亡，朱干设而君权丧。下陵上替，僭逼理极。天下荡荡，王道尽矣。

孔子观沧海之横流，迺喟然而叹曰："文王既没，文不在兹乎！"言文王之道丧，兴之者在己，于是就大师而正雅、颂，因鲁史而修春秋，列黍离于国风，齐王德于邦君，所以明其不能復雅。政化不足以补群后也。于时则接乎隐公，故因兹以托始，该二仪之化育，赞人道之幽变，举得失以彰黜陟，明成败以著劝诫，拯颓纲以继三五，一字之褒，宠踰华衮之赠。片言之贬，辱过市朝之挞。助，虽贱必申。义之所抑，虽贵必屈。故附势匿非者无所逃其罪，潜德独运者无所隐其名，信不易之宏轨，百王之通典也。先王之道既弘，麟感而来应。成天下之事业，定天下之邪正，莫善于春秋。

春秋之传有三，而为经之旨一，臧否褒贬殊致。盖九流分而微言隐，异端作而大义乖。左氏以鬻拳兵谏为爱君，文公纳币为用礼。穀梁以卫辄拒父为尊祖，不纳子纠为内恶。公羊以祭仲废君为行权，妾母称夫人为合正。以兵谏为爱君，是人主可得而协也；以拒父为尊祖，是为子可得而叛也；以不纳子纠为内恶，是仇雠可得而容也；以废君为行权，是神器可得而闚也；以妾母为夫人，是嫡庶可得而齐也。若此之类，伤教害义，不可强通者也。凡传以通经为主，经以必当为理。夫至当无二，而三传殊说，庸得不弃其所滞，择善而从乎？既不俱当，则固容俱失。若至言幽绝，择善靡从，庸得不并舍以求宗，据理以通经乎？虽我之所是，理未全当，安可以得当之难，而自绝于希通哉！而汉兴以来，环望硕儒，各信所习，是非纷错，准裁靡定。故有父子异同之论，石渠分争之说。废兴由于好恶，盛衰继之辨讷。斯盖非通方之至理，诚君子之所叹息也。左氏艳而富，其失也巫。穀梁清而婉，其失也短。公羊辨而裁，其失也俗。若能富而不巫，清而不短，裁而不俗，则深于其道者也。故君子之于春秋，没身而已矣。

升平之末，岁次大梁，先君北番迴轸，顿驾于吴，乃帅门生故吏、我兄弟子侄，研讲六籍，次及三传。左氏则有服、杜之注，公羊则有何、严之训。释穀梁传者虽近十家，皆肤浅末学，不经师匠。辞理典据，既无可观，又引左氏、公羊以解此传，文义违反，斯害也已。是乃商略名例，敷陈疑滞，博示诸儒同异之说。昊天不弔，大山其颓。匍匐墓次，死亡无日。日月逾迈，跂及亲息。乃与二三学士及诸子弟各记所识，并言其意。业未及终，严霜夏坠，从弟彫落，二子泯没。天实丧予，何痛如之！今撰诸子之言，各记其姓名，名曰春秋穀梁传集解。

yǐn gōng　yuán nián　shí yī nián

隐公（元年~十一年）

郑伯克段于鄢　虞公贪求玉剑图　清·佚名

yǐn gōng yuán nián

隐公元年

yuán nián chūn wáng zhēng yuè

经 元年①，春，王正月②。

suī wú shì bì jǔ zhēng yuè jǐn shǐ yě gōng hé yǐ bù yán jí wèi chéng gōng zhì yě yān chéng zhī yán jūn zhī bù qǔ wéi gōng yě jūn zhī bù qǔ wéi gōng hé yě jiāng yǐ ràng huán yě ràng huán zhèng hū yuē bú zhèng chūn

传 虽无事③，必举正月④，谨始也⑤。公何以不言即位⑥？成公志也⑦。焉成之⑧？言君之不取为公也⑨。君之不取为公何也？将以让桓也⑩。让桓正乎⑪？曰："不正。《春

注释：①**元年**：即鲁隐公在位的第一年，也是周平王执政的第49年。是公元前722年。②**王正月**：王，指周平王。是东周时的周天子，名叫宜臼，周幽王的儿子。公元前770–前720年在位。母为申后，因幽王立褒姒的儿子伯服为太子，母子均被废，遂逃到申国外公家。申侯联合犬戎和鄫国，攻杀幽王灭西周，由申侯、鲁侯、许文公立平王。因镐京（今陕西西安西）残破，迁都洛邑（今河南洛阳东），此即东周之始。洛邑在镐京的东方，以洛邑为都城的周王朝，故称东周。东迁後，郑国武公、庄公父子相继任卿士，实掌王室之政。鲁隐公三年（前720年），欲分郑庄公的部分权力给虢公。庄公为此怨恨，乃与郑交换质子，以求相互信任。王正月，即周天王实行周历的正月。周武王灭商纣後，改正朔，易服色，行周历，称周王。周历以建子之月为岁首，即十一月为岁首。殷历以十二月为岁首。夏历以一月为岁首。夏历相当于今农历。王正月，就是周历的第一月。范甯集解："隐公之始年，周王之正月也。杜预曰：'凡人君即位，欲其体元以居正，故不言一年一月也。'"范甯集解，以下作"范解"。③**虽**：即使。**无事**：没有什么有意义的事情值得记载。④**举**：列举出。这里指写出。⑤**谨始也**：唐朝杨士勋疏（以下作"杨疏"）："谨始也者，谨人君即位之始。"即鲁隐公开始登上鲁国国君的君位，执政發号施令。⑥**公**：指鲁隐公。他是春秋时鲁国的国君。名息姑，一作息。惠公的儿子。公元前722—前712年在位。母为惠公继室声子。後惠公以宋女仲子为夫人，生太子轨（桓公）。惠公卒，太子轨年幼，隐公摄政而率国人奉轨。十一年（712年）冬，为桓公及大夫羽父谋杀。《春秋》一书记事，开始于鲁隐公元年（前722年）。⑦**成**：成全。**公志**：鲁隐公的心意。⑧**焉成之**：焉是疑问代词。文言作"何"讲，白话与"哪儿"一样。焉成之，是何成全他？哪儿成全他呢？⑨**不取**：不求取，指无意。**公**：范甯云："公，君也。上言君，下言公，互辞。""君"与"公"均指鲁国君王鲁隐公。⑩**以**：介词。把。"以"後省略了"位（君位）"。**让**：推让。⑪**正**：合乎法度或常情。

秋》成人之美，不成人之恶。”隐不正而成之，何也？将以恶桓也[①]。其恶桓何也？隐将让而桓弑之[②]，则桓恶矣[③]。桓弑而隐让，则隐善矣[④]。善则其不正焉何也[⑤]？《春秋》贵义而不贵惠[⑥]，信道而不信邪[⑦]。孝子扬父之美[⑧]，不扬父之恶[⑨]。先君之欲与桓，非正也，邪也。虽然，既胜其邪心以与隐矣，已探先君之邪志而遂以与桓，则是成父之恶也。兄弟，天伦也[⑩]。为子受之父，为诸侯受之君。已废天伦而忘君父以行小惠，曰小道也。若隐者可谓轻千乘之

注释：①**恶桓**：厌恶桓公。②**弑**：古代卑幼杀死尊长叫弑。多指臣子杀死君主，子女杀死父母。③**则桓恶矣**：那么桓公的坏处就显现出来了。④**善**：好。⑤**其**：代词。指《春秋》。**焉**：代词。指隐公。此句意思是：既然隐公好，《春秋》却认为他不合乎法度，这是为什么。⑥《春秋》贵义而不贵惠：贵义，《国语·晋语》注："贵，重也。"义为大义，义理。贵义是重大义，崇尚礼义。贵惠，范解："惠谓和惠。"即个人的小恩小惠。贵惠，为重个人的私利。句意为：《春秋》一书，重视礼义而不重个人私利。⑦信道而不信邪：范解："信，申字。古今所共用。"韦昭《国语》注曰："信，古申字。"句意为申张正道而不申张邪心。⑧**扬**：發扬，宣扬，张扬。**美**：美好德行。⑨**恶**：丑恶品行。⑩**天伦**：范解："兄先弟後，天之伦次。"《穀梁补注》说："兄弟，兼嫡兄弟、庶兄弟言之。"《公羊》称：诸侯一聘九女，谓夫人八妾也。夫人之长子为太子，太子死则立其母弟，是立嫡依兄弟之伦也。八妾所生子通以年长幼为兄弟。无太子嫡子，则立庶子最长者一人，是立庶亦依兄弟之伦也。惠公元妃孟子早卒，无太子嫡子，隐以长庶为兄宜立，桓为弟不宜立。意为：天生伦次。上天所规定的次序。

guó dǎo dào zé wèi yě
国，蹈道则未也。

经 sān yuè gōng jí zhū yí fǔ méng yú miè
三月，公及邾仪父盟于昧①。

传 jí zhě hé nèi wéi zhì yān ěr yí zì yě fǔ yóu fù yě nán zǐ zhī měi chēng yě qí bù yán zhū zǐ hé yě zhū zhī shàng gǔ wēi wèi jué mìng yú zhōu yě bú rì qí méng yú yě miè dì míng yě
及者何？内为志焉尔②。仪，字也。父，犹傅也③，男子之美称也④。其不言邾子何也？邾之上古微⑤，未爵命于周也⑥。不日⑦，其盟渝也⑧。昧，地名也。

经 xià wǔ yuè zhèng bó kè duàn yú yān
夏，五月，郑伯克段于鄢⑨。

传 kè zhě hé néng yě hé néng yě néng shā yě hé yǐ bù yán shā xiàn duàn zhī yǒu tú zhòng yě duàn zhèng bó dì yě hé yǐ zhī qí wéi dì yě shā shì zǐ mǔ dì mù
克者何？能也。何能也？能杀也。何以不言杀？见段之有徒众也⑩。段，郑伯弟也。何以知其为弟也⑪？杀世子、母弟目

注释：①**邾仪父**：邾为国名。仪父为邾国君名。邾为周代封国。一作朱、邾娄、邹、驺。曹姓。始封君挟（或作侠）为颛顼之後。周武王伐纣後受封。春秋时国都原在今山东曲阜东。公元前迁于绎（今山东邹城东南），依山建城。战国时灭于楚。仪父为国君名。昧：左氏作蔑。蔑，鲁国地名。又称姑蔑。在今山东泗水东。②**内**：范解："内，谓鲁也。"内，为鲁国。③**父，犹傅也**：范解："傅，师傅，附庸之君，未王命，例称名。善其结信于鲁，故以字配之。"④**美称**：美好称谓。⑤**邾之上古微**：邾国在古代，国家小，力量微弱。⑥**未爵命**：未曾封赐爵位和周天子的赠给君位。爵为封赐爵位。命为天子的王命。⑦**日**：动词。记载日子。⑧**渝**：《易·讼》注："渝，变也。"改变，变动。⑨**郑伯**：即郑庄公。春秋时郑国国君。名寤生。郑武公的儿子，继武公即位。公元前743—前701年在位。即位後任祭仲为卿。封其弟叔段于京（今河南荥阳东），号京城太叔。叔段与其母武姜据京城叛，乃發兵平叛，叔段出奔共（今河南辉县市），遂迁武姜于城颍（今河南登封西），誓言"不及黄泉，无相见也"（《左传·隐公元年》）。居年馀，悔迁母。颍谷封人颍考叔，为其掘地相见。为平王卿士时，曾联齐、鲁击败宋、卫。後侵周地，割取禾麦。鲁隐公五年（前707年），周桓王免其卿士职位，遂不朝周。周桓王率蔡、卫、陈等诸侯之师伐郑。他率部抵抗，在繻葛大败王师，桓王中箭受伤。⑩**见**："现"的古字。表明，表示。**徒众**：军队。⑪**其**：代词。指段。

jūn yǐ qí mù jūn zhī qí wéi dì yě duàn dì yě ér

君①。以其目君②，知其为弟也。段，弟也而

fú wèi dì gōng zǐ yě ér fú wèi gōng zǐ biǎn zhī yě

弗谓弟③；公子也④，而弗谓公子；贬之也⑤。

duàn shī zǐ dì zhī dào yǐ jiàn duàn ér shèn zhèng bó yě hé

段失子弟之道矣⑥，贱段而甚郑伯也。何

shèn hū zhèng bó shèn zhèng bó zhī chǔ xīn jī lǜ chéng yú shā yě

甚乎郑伯？甚郑伯之处心积虑成于杀也。

yú yān yuǎn yě yóu yuē qǔ zhī qí mǔ zhī huái zhōng ér shā zhī

于鄢，远也。犹曰取之其母之怀中而杀之

yún ěr shèn zhī yě rán zé wéi zhèng bó zhě yí nài hé huǎn

云尔，甚之也。然则为郑伯者宜奈何？缓

zhuī yì zéi qīn qīn zhī dào yě

追逸贼⑦，亲亲之道也⑧。

qiū qī yuè tiān wáng shǐ zǎi xuǎn lái guī huì gōng

经 秋，七月，天王使宰咺来归[馈]惠公、

zhòng zǐ zhī fèng

仲子之赗⑨。

mǔ yǐ zǐ shì zhòng zǐ zhě hé huì gōng zhī mǔ

传 母以子氏⑩，仲子者何？惠公之母⑪，

xiào gōng zhī qiè yě lǐ fèng rén zhī mǔ zé kě fèng rén

孝公之妾也⑫。礼⑬，赗人之母则可⑭，赗人

注释：①**目君**：称君。范解："目君，谓称郑伯。"②**以**：因为。③**而**：连词。表转折。**弗**：不。**谓**：称作。④**公子**：古代称诸侯的儿子或女儿。⑤**贬**：贬低。**之**：代词。指段。⑥**失子弟之道**：不能遵奉作为公子、弟弟之道。⑦**缓追逸贼**：缓追，缓慢追逐，或从缓追杀。逸贼，为逃逸的贼子，或逃跑的贼人。句意为：缓慢追逐逃跑的贼子。这里的贼子、贼人，指郑庄公的弟弟共叔段。⑧**亲亲之道**：前一个"亲"字作动词，後一个"亲"字作名词。《礼记·中庸》："亲亲，则诸父昆弟不怨。"句意为：亲爱自己的亲人的正道或办法。⑨**宰咺**：宰为官名。宰咺，即宰官名叫咺的人。**归**：通馈。赠送。**赗**：助生送死之礼。《说文》："赗，赠死者。从贝从冒。冒者，衣衾覆冒之义。扶凤切。"⑩**母以子氏**：母亲用子姓作她的姓氏。惠公的母亲是宋武公第二个女儿，叫仲子。仲，是伯、仲、叔、季的仲，是兄弟姊妹的排行，居第二。子，是宋国国君的姓。周初，成王封纣王的庶兄微子于宋，微子为子姓。此後宋国的国君为子姓。宋国国君的女儿出嫁到鲁国，也是用父亲的子姓为姓氏。⑪**惠公**：鲁惠公，东周初鲁国国君。⑫**孝公**：即鲁孝公。是西周末鲁国国君。名称。鲁懿公的弟弟。公元前796–前769年在位。周宣王二十一年（前807年），鲁懿公兄括之子伯御弑懿公自立。三十二年，周宣王率军伐鲁，杀伯御。他被宣王立为鲁君。⑬**礼**：指按照礼仪制度。⑭**人**：别人，他人。**母**：母亲。**则**：副词。用于判断句，表示肯定，相当于"就"。**可**：可以。

之妾则不可[1]。君子以其可辞受之[2]。其志[3]，不及事也[4]。赗者何也？乘马曰赗，衣衾曰襚[5]，贝玉曰含[6]，钱财曰赙[7]。

经 **九月，及宋人盟于宿[8]。**

传 及者何？内卑者也。宋人，外卑者也。卑者之盟不日。宿，邑名也。

经 **冬，十有（又）二月，祭伯来[9]。**

传 来者，来朝也。其弗谓朝何也？寰内诸侯[10]，非有天子之命，不得出会诸侯。不正其外交[11]，故弗与朝也[12]。聘弓鍭矢不出

注释：①**妾**：男人在妻子之外另娶的女人，俗称“小老婆”。②**君子**：这里指修史书的人。**以其可辞受之**：认为鲁国有可以令人接受的理由收受这些助人办丧事的物品。③**其志**：指《春秋》记载此事。④**不及事**：指助葬品没能及时在办丧事时赠送。⑤**乘马曰赗，衣衾曰襚**：乘马，四匹马拉一辆车为一乘。乘马即车马。送给死者车马随葬叫赗。衣衾，指衣服、被盖。送给死者衣服、被盖随葬，叫襚。⑥**贝玉曰含**：贝是贝壳。玉是玉石、珠玉。含是含在口中。送给死者贝壳、玉石，含在口中，叫含。古人认为玉可以寒尸、防腐，故给死者口中含玉石。⑦**钱财曰赙**：送给死者之家助葬的钱币、财物，叫赙。⑧**宿**：周代国名。风姓，太皞之後。传封于周武王时，在今山东东平东。春秋时，公元前684年，宋取其地，迁其民于今江苏宿迁。春秋初，鲁、宋对抗齐、郑，在宿国结盟。鲁惠公末年，曾伐宋。鲁隐公继位後，又与齐争衡。鉴于齐、郑结成盟国，鲁隐公元年（前722年），鲁与宋言和，并在宿国结盟盟誓，共同对付齐、郑。⑨**祭伯**：祭，周王畿内采邑名。⑩**寰内诸侯**：《穀梁传·定公四年》注：“天子畿内大夫有采地者，谓之寰内诸侯。”⑪外交：与外界交往。⑫**故**：所以。**弗**：不。**与**：赞许，赞同。**朝**：朝见。

竟[境]場①，束脩之肉不行竟[境]中②，有至尊者不贰之也③。

经 公子益师卒④。

传 大夫日卒⑤，正也⑥。不日卒，恶也⑦。

注释：①**鏃**：扬雄《方言》："关西曰箭，江淮曰鏃。"鏃就是箭。**竟場**：竟通境。場，指疆界。《广雅·释诂》："場，界也。"《说文》："場，疆也。从土易声。"竟場，指边境疆界。②**束脩**：十条干肉称为束脩。是春秋时用于馈赠的礼物。**竟中**：即境中，就是境内。③**至尊者**：至高无上的人。指天子。**不贰之**：不可以和他并列。④**益师**：字众父。⑤**日卒**：记载卒的日子。⑥**正**：合乎法度或情理。⑦**恶**：表示有过恶的行为。

yǐn gōng èr nián

隐公二年

èr nián chūn gōng huì róng yú qián

经 二年春，公会戎于潜①。

huì zhě wài wéi zhǔ yān ěr zhì zhě lǜ yì zhě xíng rén zhě shǒu yǒu cǐ sān zhě rán hòu kě yǐ chū huì huì róng wēi gōng yě

传 会者，外为主焉尔②。知（智）者虑③，义者行④，仁者守⑤，有此三者⑥，然後可以出会⑦。会戎，危公也⑧。

xià wǔ yuè jǔ rén rù xiàng

经 夏，五月，莒人入向⑨。

rù zhě nèi fú shòu yě xiàng wǒ yì yě

传 入者，内弗受也⑩。向，我邑也⑪。

wú gāi shuài shī rù jí

经 无侅帅师入极⑫。

注释：①**公会戎于潜**：公，为鲁隐公。戎，古国名，春秋时属曹地。现今的地理位置一说是山东菏泽西南，一说山东曹县东南，一说山东曹县西北。後地入于卫。杜预云："陈留济阳县东南有戎之城，古国名。"②**外**：指鲁国以外的国家、地区或民族。**为主**：作为主人。**焉、尔**：均为语气助词。③**知者虑**：知，同智。范解："察安审危。"钟文烝《穀梁补注》（以下简称"钟补"）说："谓卿为司徒，主教民，察民之安危也。"④**义者行**：范解："临者能断。"钟补："临事能断。补曰：疏曰谓卿为司马，司马主断制也。"即遇事能作出决断。⑤**仁者守**：范解："众之所归，守必坚固。"唐杨士勋疏（以下简称"杨疏"）："仁者守，谓卿为司空，司空主守也。人君之行，二卿从，一卿守。然後可会中国之君。桓无三臣之策而出会齐侯，身死于外，故重起侧，明其不可。是以此注云：'无此三臣，不可以会，而况会戎乎！'兼为桓公生此意也。"⑥**有此三者**：有这样三种大臣相助。三者，即知者、义者、仁者。⑦出会：出国去会见国外之人。⑧**危公**：为隐公生危惧之意。⑨**莒人入向**：莒一作筥，金文作篖。周代国名。己姓。或说少昊之後，嬴姓。周武王封兹舆期于莒。原都计斤（一作计基、介根，在今山东胶州市西南），春秋初迁莒（在今山东莒县），有今山东一部分。公元前431年为楚国所灭。向，为周代国名。姜姓。在今山东莒县西南。春秋时，公元前721年，为莒所灭。意为：莒国人侵入向国。⑩内弗受：指想进入的地方不肯接受想要进去的人。⑪**我**：我国。指鲁国。⑫无侅帅师入极：侅，《左传》、《公羊传》作骇。无侅是鲁国公子展的孙子，死後命为展氏。《左传》说无侅曾作鲁国的司空官。钟补："帅，《公羊传》作率。终春秋皆然。《公羊》于帅师字，本皆作率师。"帅师，就是率领军队。极为古国名。姬姓。极在今山东金乡南。春秋时为鲁国的附庸国。句意为：鲁国的无侅领兵侵入极国。

rù zhě nèi fú shòu yě jí guó yě gǒu yān yǐ rù

传 入者，内弗受也。极，国也。苟焉以入

rén wéi zhì zhě rén yì rù zhī yǐ bù chēng shì zhě miè tóng

人为志者①，人亦入之矣。不称氏者，灭同

xìng biǎn yě

姓，贬也。

qiū bā yuè gēng chén gōng jí róng méng yú táng

经 **秋，八月庚辰，公及戎盟于唐②。**

jiǔ yuè jì lǚ xū lái nì nǚ

九月，纪履緰来逆女③。

nì nǚ qīn zhě yě shǐ dà fū fēi zhèng yě yǐ

传 逆女，亲者也。使大夫④，非正也⑤。以

guó shì zhě wèi qí lái jiāo jiē yú wǒ gù jūn zǐ jìn zhī

国氏者⑥，为其来交接于我⑦，故君子进之

yě

也⑧。

dōng shí yuè bó jī guī yú jì

经 **冬，十月，伯姬归于纪⑨。**

lǐ fù rén wèi jià yuē guī fǎn yuē lái guī cóng

传 礼：妇人谓嫁曰归，反[返]曰来归⑩，从

rén zhě yě fù rén zài jiā zhì yú fù jì jià zhì yú fū

人者也⑪。妇人在家制于父⑫，既嫁制于夫⑬，

注释：①**苟**：如果。**焉**：文言助词。②**公及戎盟于唐**：公，是鲁隐公。及，义为与。唐，是鲁国的城邑。在今山东鱼台东北。一作棠。③**纪履緰来逆女**：纪为周代国名。一作己。姜姓。在今山东寿光南。春秋时，鲁庄公三年（前691年），沦为齐国附庸。公元前690年，为齐国所灭。履緰，《左传》作裂繻。履緰为纪国的大夫。也称纪子帛。《说文》："逆，迎也。"句意为：纪国的大夫名履緰的，到鲁国来替纪国国君迎娶鲁君的女儿作夫人。④**使**：派。**大夫**：古代官名。西周以後的诸侯国中，国君下有卿、大夫十三级，"大夫"世袭，且有封地。⑤**正**：正当。这里指合乎法度或情理。⑥**以国氏**：用国作为氏。⑦**为**：因为。**交接于我**：和我们鲁国打交道。⑧**故**：所以。君子：指负责修史的人员。**进之**：进一步提升他的地位等级。⑨**伯姬归于纪**：伯是长女。姬是鲁国国君的姓。归，范解："嫁而曰归，明外属也。"杨疏："妇人谓嫁曰归，此伯姬归于纪是也。"意为：鲁君的大女儿嫁到纪国去。⑩**反曰来归**：反，通返。范解："反，谓为夫家所遣。"意为：女子出嫁後，被夫家遣返回娘家叫来归。⑪**从人者**：随从别人的人。⑫**制于父**：受到父亲的制约。⑬**既**：已经。

fū sǐ cóng zhǎng zǐ fù rén bù zhuān xíng bì yǒu cóng yě bó
夫死从长子。妇人不专行，必有从也。伯

jī guī yú jì cǐ qí rú zhuān xíng zhī cí hé yě yuē fēi
姬归于纪，此其如专行之辞，何也？曰非

zhuān xíng yě wú bó jī guī yú jì gù zhì zhī yě qí bù
专行也，吾伯姬归于纪，故志之也①。其不

yán shǐ hé yě nì zhī dào wēi wú zú dào yān ěr
言使，何也？逆之道微，无足道焉尔。

jì zǐ bó jǔ zǐ méng yú mì
经 **纪子伯、莒子盟于密②。**

huò yuē jì zǐ bó jǔ zǐ ér yǔ zhī méng huò yuē
传 或曰：纪子伯·莒子而与之盟。或曰：

nián tóng jué tóng gù jì zǐ yǐ bó xiān yě
年同爵同，故纪子以伯先也。

shí yòu èr yuè yǐ mǎo fū rén zǐ shì hōng
经 **十有又二月乙卯，夫人子氏薨。**

fū rén hōng bú dì fū rén zhě yǐn zhī qī yě zú
传 夫人薨不地。夫人者，隐之妻也。卒

ér bù shū zàng fū rén zhī yì cóng jūn zhě yě
而不书葬③，夫人之义从君者也④。

zhèng rén fá wèi
经 **郑人伐卫⑤。**

注释：①**志之也**：《周礼·小史》疏：“志者，记也。”《国语·楚语》注：“志，记也。”记载这件事。②**纪子伯、莒子盟于密**：纪国的国君，子爵，名伯。或曰，伯与帛为同音通假字。纪子伯就是纪子帛，为纪国的大夫履緰。或说伯为长子、老大，兄弟排行为第一。纪子年长于莒子，故密之盟誓，由纪子主盟。**密**：春秋莒邑，在今山东昌邑市东南。③**书葬**：记载安葬的事情。④**夫人**：古代指诸侯之妻。**义**：义理。**从君**：随从君主。⑤**郑人伐卫**：郑，周代国名。姬姓。公元前806年，周宣王封其弟友于郑（今陕西华县东），为郑桓公。前774年，郑桓公为王朝司徒，见王室将乱，把家室资财迁移到东方的东虢与郐之间，本人死于西周覆亡时。周平王东迁後，郑武公灭东虢与郐，重建郑国。直到战国时，前375年，郑为韩国所灭。卫为周代国名。姬姓。周武王封弟康叔于卫，都朝歌（今河南淇县）。春秋鲁闵公二年（前660年），狄人侵灭卫国，齐桓公迁卫于楚丘（今河南滑县东）。鲁僖公三十一年（前629年），为避狄人，再迁至帝岳（今河南濮阳西南）。其疆土辖有今河北南端，河南北端，及山东西北角一部分。秦二世时，秦始废其君为庶人。句意为，郑国人征伐卫国。

yǐn gōng sān nián

隐公三年

sān nián chūn wáng èr yuè jǐ sì rì yǒu shí zhī

经 三年春，王二月①，己巳，日有食之②。

yán rì bù yán shuò shí huì rì yě qí rì yǒu shí

传 言日不言朔③，食晦日也④。其日有食

zhī hé yě tǔ zhě wài rǎng shí zhě nèi rǎng quē rán bú

之何也？吐者外壤⑤，食者内壤⑥。阙然不

jiàn qí rǎng yǒu shí zhī zhě yě yǒu nèi cí yě huò wài

见其壤⑦，有食之者也。有，内辞也。或，外

cí yě yǒu shí zhī zhě nèi yú rì yě qí bù yán shí zhī

辞也；有食之者，内于日也。其不言食之

zhě hé yě zhī qí bù kě zhī zhì yě

者，何也？知其不可知，知[智]也⑧。

sān yuè gēng xū tiān wáng bēng

经 三月庚戌，天王崩⑨。

gāo yuē bēng hòu yuē bēng zūn yuē bēng tiān zǐ zhī bēng

传 高曰崩，厚曰崩，尊曰崩。天子之崩，

yǐ zūn yě qí bēng zhī hé yě yǐ qí zài mín shàng gù bēng

以尊也。其崩之何也？以其在民上，故崩

注释： ①**王二月**：周天子所颁行历法的二月。王，《公羊传》认为是周文王。徐彦疏云："若是当时平王，应如下文'秋，七月，天王使宰咺来归惠公、仲子之赗'，是其事也。今无此事，直言王，故疑非谓当时之王矣。"《左传》认为是周平王。孔颖达疏云："始改正朔，自是文王所为，颁于诸侯，非复文王之历。"②**日有食之**：唐陆德明曰："日有食之，本亦作蚀，音同，後皆仿此。"即鲁国發生日蚀。③**朔**：《说文》："朔，月一日始苏也。"《仪礼·士丧礼》："朔月，月朔日也。"《释名·释天》："朔，月初之名也。"每个月的初一日为朔。④**晦**：《穆天子传》注："月终为晦。"《释名·释天》："晦，月尽之名也。晦，灰也，火死为灰，月光尽似之也。"《论衡四讳》："三十日，日月合宿谓之晦。"晦，旧历指每个月的最後一天。⑤**吐者外壤**：指吐出时，日的形体在外，是可见的。**壤**：动词。凿地出土。⑥食：吞食。⑦**阙然**：空空的样子。⑧**知**：同智。智慧，聪明。⑨**天王崩**：即周平王死了。《礼记·曲礼下》："天子死曰崩，诸侯曰薨，大夫曰卒，士曰不禄，庶人曰死。"高曰崩。范解："梁山崩。"即高的山峰崩塌下来。厚曰崩。范解："沙鹿崩。"

zhī qí bù míng hé yě dà shàng gù bù míng yě
之。其不名何也？大上①，故不名也。

xià sì yuè xīn mǎo yǐn shì zú
经 **夏，四月辛卯，尹氏卒②。**

yǐn shì zhě hé yě tiān zǐ zhī dà fū yě wài dà fū bù zú cǐ hé yǐ zú zhī yě yú tiān zǐ zhī bēng wéi lǔ zhǔ gù yǐn ér zú zhī
传 尹氏者何也？天子之大夫也③。外大夫不卒④，此何以卒之也⑤？于天子之崩为鲁主⑥，故隐而卒之⑦。

qiū wǔ shì zǐ lái qiú fù
经 **秋，武氏子来求赙。**

wǔ shì zǐ zhě hé yě tiān zǐ zhī dà fū yě tiān zǐ zhī dà fū qí chēng wǔ shì zǐ hé yě wèi bì sāng gū wèi jué wèi jué shǐ zhī fēi zhèng yě qí bù yán shǐ hé yě wú jūn yě kuì sǐ zhě yuē fèng kuì shēng zhě yuē fù yuē kuì zhī zhě zhèng yě qiú zhī zhě fēi zhèng yě
传 武氏子者何也？天子之大夫也。天子之大夫，其称武氏子何也？未毕丧⑧，孤未爵⑨。未爵使之⑩，非正也⑪。其不言使何也？无君也。归馈死者曰賵⑫，归馈生者曰赙。曰归馈之者，正也。求之者，非正也。

注释：①**大上**：钟文烝注："大上者，最上之称。"也就是至高无上。②**尹氏**：周世族大夫。③**天子**：古时认为君权乃神所授，故称帝王为天子。**大夫**：古代官名。西周以後的诸侯国中，国君下有卿、大夫十三级，"大夫"世袭，且有封地。④**外**：国外。**卒**：动词。记载卒的事情。⑤**卒之**：记载他卒的事情。**之**：代词。指尹氏。⑥**于天子之崩为鲁主**：《公羊传》何休注："时天王崩，鲁隐往奔丧。尹氏主傧赞诸侯，与隐交接而卒，恩隆于王者，则加礼录之，故为隐恩录痛之。"句意为：周平王死後，鲁隐公和诸侯去奔丧。尹氏是主持丧礼仪式、接待诸侯这些宾客的人。⑦**故隐而卒之**：范解："隐犹痛也。"尹氏为周天子的大夫，周平王死，鲁隐公前去吊丧，就住在尹氏家里，所以鲁君把他当主人，所以尹氏死了，鲁国人感到悲痛，从而记下他死亡的日子。⑧**未毕丧**：为天子服丧（共二十五个月）还没有结束。⑨**孤未爵**：钟补："孤谓新君未爵者，未爵命。"即周平王死了，新君守丧二十五个月未满，还未赐给他爵位，没有下命令。⑩**使**：派遣。⑪**正**：合乎法度或情理。⑫**归死者曰賵，归生者曰赙**：钟补："《士丧礼·下篇》曰：知死者赠，知生者赙。疑传賵字亦当为赠。"意为：赠送给死者助葬的，叫做賵；赠送给丧家的慰问品，叫做赙。

zhōu suī bù qiú lǔ bù kě yǐ bú kuì lǔ suī bú kuì

周虽不求，鲁不可以不归**馈**。鲁虽不归**馈**，

zhōu bù kě yǐ qiú zhī qiú zhī wéi yán dé bù dé wèi kě zhī

周不可以求之。求之为言，得不得未可知

zhī cí yě jiāo jī zhī

之辞也。交讥之[①]。

bā yuè gēng chén sòng gōng hé zú

经 八月庚辰，宋公和卒[②]。

zhū hóu rì zú zhèng yě

传 诸侯日卒[③]，正也[④]。

dōng shí yòu èr yuè qí hóu zhèng bó méng yú shí

经 冬，十有**又**二月[⑤]，齐侯、郑伯盟于石

mén guǐ wèi zàng sòng mù gōng

门[⑥]。癸未，葬宋缪**穆**公。

rì zàng gù yě wēi bù dé zàng yě

传 日葬，故也[⑦]，危不得葬也[⑧]。

注释：①**交讥之**：钟补："何休曰：讥犹谴也。""交犹俱也。"即周、鲁都应受到讥刺、谴责。②**宋公和卒**：即宋穆公名叫和的死了。宋穆公，是春秋时宋国的国君。名和，宋武公的儿子，宣公的弟弟。公元前728—前720年在位。宣公病重，以"父死子继，兄死弟及，天下通义也"为由，立其为君。隐公元年（公元前722年），和鲁在宿（今山东东平东南）结盟和好。病重时嘱大司马孔父嘉于自己死後立宣公之子与夷（殇公）。孔父嘉说群臣愿立子冯。他遂使公子冯出居郑。死後，宋立殇公。③**日卒**：记载卒的日子。④**正**：合乎法度或常情。⑤**有**：通又。用于整数和零数之间。⑥**齐侯**：即齐釐公。**郑伯**：即郑庄公。春秋时郑国的国君。名寤生。郑武公的儿子，继武公即位。公元前743–前701年在位。即位後任祭伯为卿。封其弟叔段于京（今河南荥阳东南），号京城太叔。叔段与其母武姜据京城叛，乃發兵平叛，叔段出奔共（今河南辉县市），遂迁武姜于城颍（今河南登封西），誓言"不及黄泉，无相见也"（《左传·隐公元年》）。居年馀，悔迁母，颍谷封人颍考叔为其掘地相见。为周平王卿士。曾联齐、鲁击败宋、卫。後侵周地，割取禾麦。隐公五年（公元前707年），周桓王免其卿士职位，遂不朝周。周桓王率蔡、卫、陈等诸侯之师伐郑。他率部抵抗，在繻葛大败王师，桓王中箭受伤。**石门**：齐国地名。在今山东长清西南。⑦**故**：变故。⑧**危**：指嗣君危惧。**不得葬**：不能按完整的礼仪安葬。

yǐn gōng sì nián

隐公四年

sì nián chūn wáng èr yuè jǔ rén fá qǐ qǔ móu lóu

经 四年，春，王二月，莒人伐杞，取牟娄①。

zhuàn yuē yán fá yán qǔ suǒ wù yě zhū hóu

传 《传》曰②：言伐言取，所恶也③。诸侯

xiāng fá qǔ dì yú shì shǐ gù jǐn ér zhì zhī yě

相伐取地于是始④，故谨而志之也⑤。

wù shēn wèi zhù xū shì qí jūn wán

经 戊申，卫祝吁弑其君完⑥。

dà fū shì qí jūn yǐ guó shì zhě xián yě shì ér

传 大夫弑其君，以国氏者⑦，嫌也，弑而

dài zhī yě

代之也。

xià gōng jí sòng gōng yù yú qīng

经 夏，公及宋公遇于清⑧。

jí zhě nèi wéi zhì yān ěr yù zhě zhì xiāng dé yě

传 及者，内为志焉尔。遇者，志相得也。

注释：①**取牟娄**：牟娄，为杞的城邑，在今山东诸城西。莒国出兵夺取了杞国的城邑牟娄。②**《传》**：传授经义的《传》。这是穀梁子没有亲自当面由老师传授的知识。③**恶**：憎恶。④**相伐取地**：相互攻伐夺取土地。**于是始**：在这个时候开始。⑤**谨而志之也**：《诗·民劳》笺："谨，犹慎也。"《周礼·小史》疏："志者，记也。"句意为：谨慎地把它记载下来。⑥**祝吁**：卫国公子。嬖人之子。弑：古代卑幼杀死君长叫弑。多指臣子杀死君主，子女杀死父母。**完**：卫桓公。此在其十六年。⑦以国氏：以国作为氏。⑧**公及宋公遇于清**：宋公，即宋殇公。为春秋时宋国国君，名舆夷，宋宣公的儿子，继叔父穆公之後立为国君。公元前719—前710年在位。联合卫、陈、蔡，同郑争衡，以向外發展。宋是周代国名。子姓。始封君为商纣王庶兄微子启，成王时，周公平叛之後，封微子于商故都商丘（今河南商丘东南），以续商祀。清，为卫国地名。在今山东东阿南。句意为：鲁隐公与宋殇公在清这个地方相会。

sòng gōng chén hóu cài rén wèi rén fá zhèng

经 宋公、陈侯、蔡人、卫人伐郑①。

qiū huī shuài shī huì sòng gōng chén hóu cài rén wèi rén

秋，翚帅师会宋公、陈侯、蔡人、卫人

fá zhèng

伐郑。

huī zhě hé yě gōng zǐ huī yě qí bù chēng gōng zǐ

传 翚者何也？公子翚也②。其不称公子

hé yě biǎn zhī yě hé wèi biǎn zhī yě yù yú shì gōng

何也？贬之也。何为贬之也？与于弑公③，

gù biǎn zhī yě

故贬之也。

jiǔ yuè wèi rén shā zhù xū yú pú

经 九月，卫人杀祝吁于濮④。

chēng rén yǐ shā shā yǒu zuì yě zhù xū zhī qiè

传 称人以杀⑤，杀有罪也⑥。祝吁之挈⑦，

shī xián yě qí yuè jǐn zhī yě yú pú zhě jī shī zéi yě

失嫌也⑧。其月，谨之也。于濮者，讥失贼也。

注释： ①**陈侯：** 即陈桓公。陈为周代国名。妫姓。武王以长女太姬嫁给舜的後裔胡公满，封于陈（今河南淮阳）。陈桓公是春秋时陈国的国君。名鲍。陈文公的儿子。公元前744—前707年在位。死後，其弟佗（即五父）杀太子免自立。**蔡人：** 周代国名。姬姓。周武王伐纣後，封弟叔度于蔡（今河南上蔡西南），为三监之一。成王时蔡叔、管叔、武庚叛周，周公平叛後，被放逐而死，周公重封叔度子蔡仲（名胡）于蔡。春秋时，蔡常受楚逼迫。蔡人即蔡国人。**卫人：** 卫为周代国名。姬姓。始封君为武王弟康叔，周公东征後，受封于商之故地，都朝歌（今河南淇县）。春秋鲁闵公二年（前640年），狄人侵卫，齐迁卫，都楚丘（今河南滑县东）。鲁僖公三十一年（前629年），为避狄人，再迁帝丘（今河南濮阳西南）。**郑：** 郑为周代国名。姬姓。公元前806年，周宣王封其弟友于郑（今陕西华县东）为郑桓公。公元前774年，桓公任王朝司徒，见王室将乱，把家室资产迁移到东方的虢与郐之间，本人则死于西周覆灭之时。周平王东迁後，郑武公灭东虢与郐，重建郑国，都城在今河南新郑。武公、庄公皆为周王卿士，国势颇强。春秋中期，部分土地为晋、楚侵夺，国力渐衰。公元前375年，郑为韩所灭。②**公子翚：** 春秋时鲁国大夫。字羽父。鲁隐公十一年（前712年），欲谋求作太宰，请隐公杀其弟轨，隐公不答复。因惧轨知其事不利于己，遂向轨谮隐有谋杀之心。请杀隐公。同年十一月，使人杀隐公，立轨为桓公。③**与于弑公：** 参与杀鲁隐公的事。公为鲁隐公。④**濮：** 陈地，水名。在今河南濮阳、封丘之间。或说濮为陈国地名，在今安徽亳州市东南。⑤**称人以杀：** 说是人杀的。⑥**有罪：** 有罪之人。⑦**祝吁之挈：** 单独举出祝吁（不像前边那样以国为氏）。挈，举。⑧**失嫌：** 指祝吁失去了国家权柄。嫌，范甯云：“凡非正嫡，则谓之嫌。”指嗣君是不合乎法度、法规的。

dōng shí yòu èr yuè wèi rén lì jìn

经 冬，十有[又]二月，卫人立晋①。

wèi rén zhě zhòng cí yě lì zhě bù yí lì zhě yě

传 卫人者，众辞也。立者，不宜立者也。

jìn zhī míng è yě qí chēng rén yǐ lì zhī hé yě dé zhòng

晋之名，恶也。其称人以立之，何也？得众

yě dé zhòng zé shì xián yě xián zé qí yuē bù yí lì hé

也。得众则是贤也。贤则其曰不宜立，何

yě chūn qiū zhī yì zhū hóu yǔ zhèng ér bù yǔ xián yě

也？《春秋》之义，诸侯与正而不与贤也②。

注释：①**卫人立晋**：晋为公子晋。卫人立他为卫宣公。卫宣公是春秋时卫国的国君，名晋，卫桓公的弟弟。祝吁被杀後，卫人迎他即位。公元前718—前700年在位。夫人夷姜所生子伋，立为太子。太子伋去齐迎娶齐女为妻，他见女美而自娶，後齐女生寿、朔二子。夷姜死，听齐女与公子朔谗言，废太子伋，立朔为太子。②**诸侯与正不与贤也**：诸侯的国君死了，其位传给嫡妻所生的嫡长子，而不会把君位传给众多儿子中的贤者。

yǐn gōng wǔ nián

隐公五年

wǔ nián chūn gōng guān yú yú táng

经 五年，春，公观鱼于棠①。

zhuàn yuē cháng shì yuē shì fēi cháng yuē guān lǐ

传 《传》曰②：常事曰视③，非常曰观④。礼⑤：

zūn bù qīn xiǎo shì bēi bù shī dà gōng yú bēi zhě zhī

尊不亲小事⑥，卑不尸大功⑦。鱼⑧，卑者之

shì yě gōng guān zhī fēi zhèng yě

事也⑨，公观之，非正也⑩。

xià sì yuè zàng wèi huán gōng

经 夏，四月，葬卫桓公。

yuè zàng gù yě

传 月葬，故也⑪。

qiū wèi shī rù chéng

经 秋，卫师入郕⑫。

rù zhě nèi fú shòu yě chéng guó yě jiàng bēi shī zhòng

传 入者，内弗受也。郕，国也。将卑师众

yuē shī

曰师。

jiǔ yuè kǎo zhòng zǐ zhī gōng

经 九月，考仲子之宫⑬。

注释：①**棠**：鲁地名。在今山东鱼台东。观鱼：《左传》作“矢鱼”。鱼，渔的古体，捕鱼。②**《传》**：传授经义的《传》。这是穀梁子没有亲自当面由老师传授的知识。③**常事**：指处理一般的事务。范甯云：“视朔之类是。”④**非常**：指观看非常规的事情。范甯云：“观鱼之类是。”⑤**礼**：指按照礼仪制度的规定。⑥**尊**：尊贵的人。**亲**：亲自（去做）。⑦**卑不尸大功**：尸，主。意为：身份地位卑微的人不主办有大功的事。⑧**鱼**：动词。捕鱼。⑨**事**：所做的事。⑩**非正也**：不合正规礼制或违背正规礼制。⑪**故**：有缘故。⑫**郕**：周代国名。姬姓。始封君为周武王叫叔武的弟弟。在今山东宁阳北。一说在今河南范县东南。⑬**考仲子之宫**：建成仲子的宗庙之宫。

kǎo zhě hé yě kǎo zhě chéng zhī yě chéng zhī wéi fū
传　考者，何也？考者，成之也，成之为夫
rén yě lǐ shù zǐ wéi jūn wèi qí mǔ zhù gōng shǐ gōng zǐ
人也。礼：庶子为君，为其母筑宫，使公子
zhǔ qí jì yě yú zǐ jì yú sūn zhǐ zhòng zǐ zhě huì gōng
主其祭也。于子祭，于孙止。仲子者，惠公
zhī mǔ yǐn sūn ér xiū zhī fēi yǐn yě
之母；隐孙而修之①，非隐也②。

chū xiàn liù yǔ
经　初献六羽③。

chū shǐ yě gǔ liáng zǐ yuē wǔ xià tiān zǐ
传　初，始也。穀梁子曰：舞《夏》④，天子
bā yì zhū gōng liù yì zhū hóu sì yì chū xiàn liù
八佾⑤，诸公六佾⑥，诸侯四佾⑦。初献六
yǔ shǐ jiàn yuè yǐ shī zǐ yuē wǔ xià zì tiān
羽，始僭乐矣⑧。《尸子》曰⑨：舞《夏》，自天
zǐ zhì zhū hóu jiē yòng bā yì chū xiàn liù yǔ shǐ lì yuè
子至诸侯皆用八佾。初献六羽⑩，始厉乐
yǐ
矣⑪。

zhū rén zhèng rén fá sòng míng
经　邾人、郑人伐宋。螟⑫。

注释：①**隐孙**：隐公作为孙子。修之：修建庙。②**非隐**：指责隐公。③**初献六羽**：六羽，《左传》孔颖达正义曰："六羽谓六行之人，秉羽舞也。"六羽乃古代诸公的乐舞。有六列，每列六人，持羽而舞，所以舞名叫六羽。六羽又叫六佾，《公羊传》云："佾者，列也。"另外，也有人认为六羽每列的人数为八人。④**《夏》**：范甯云："夏，大也。大谓大雉。大雉，翟雉。"⑤**天子八佾**：按周礼规定：八佾舞，是只有天子才能观看的舞蹈名称。八佾，只八排，每排八人，共有64人，手里拿着雉鸡的长尾毛跳舞，叫做"八佾"舞。诸公只能观看六佾舞，如观看了"八佾"，就是僭越违礼。⑥**诸公六佾**：诸公观看六佾舞。六佾是六人一排，共六排，合计共36人。手中拿着雉尾长毛跳舞。⑦**诸侯四佾**：诸侯只能观看四个人一排、共四排、合计16人跳的四佾舞。⑧**始僭乐矣**：范甯集解："下犯上谓之僭。"钟文烝补注："何休曰：僭，齐也。下效上之辞。"开始僭越，违反周礼关于礼制的规定。⑨**《尸子》**：即尸佼。战国时期的学者，晋国人，一说鲁国人。曾参与秦国的商鞅变法，後因变法失败而逃往蜀地。著有《尸子》一书，早已散佚，後人有辑本。⑩**初献六羽**：初次献上六列手执羽毛的乐舞。⑪**始厉乐**：开始裁减乐舞的队列数目。厉，减厉，裁减。王引之说："厉，裂也。裂，裁也。"⑫**螟**：《尔雅·释虫》："食苗心，螟。"蛾的幼虫，专门蛀食水稻茎干的心。

chóng zāi yě shèn zé yuè bú shèn zé shí

传 虫灾也。甚则月[①]，不甚则时[②]。

dōng shí yòu èr yuè xīn sì gōng zǐ kōu zú

经 **冬，十有[又]二月辛巳，公子彄卒。**

yǐn bù jué mìng dà fū qí yuē gōng zǐ kōu hé yě xiān jūn zhī dà fū yě

传 隐不爵命大夫，其曰公子彄何也？先君之大夫也[③]。

sòng rén fá zhèng wéi cháng gé

经 **宋人伐郑，围长葛[④]。**

fá guó bù yán wéi yì cǐ qí yán wéi hé yě jiǔ zhī yě fá bù yú shí zhàn bù zhú bēn zhū bú zhèn fú fú rén mín qū niú mǎ yuē qīn zhǎn shù mù huài gōng shì yuē fá

传 伐国不言围邑，此其言围何也？久之也。伐不逾时，战不逐奔，诛不填[镇]服[⑤]。苞[俘]人民、敺牛马[⑥]，曰侵。斩树木，坏宫室，曰伐。

注释：①**甚则月**：指虫灾厉害时就记载虫灾發生的月份。②**不甚则时**：《淮南子·修务训》注：“甚，重也。”《吕览·季秋纪·知士》注：“甚犹深。”时，《说文》：“时，四时也。”《管子·问》注：“三时谓春、夏、秋。”时，就是四个时节中的一个季节。意为：不严重就只记载时节。③**先君**：已故的君王。④**长葛**：郑国城邑。在今河南长葛北。⑤**诛不填服**：范解：“来服者，不复填厌之。”意为：不诛杀、镇压已经降服的人。填，通镇。一说读tiǎn，“灭绝”之义。钟补：“填读为殄，谓殄戮之也。”“不殄服，犹言不杀降，作填者假借字耳。”⑥**苞人民**：苞通俘，钟文烝注：“苞读为俘。俘，取也。”“凡从包，从孚之字，多以声近而通。”意为：俘取人民。**敺**：“驱”的古字。驱赶，驱使。

yǐn gōng liù nián

隐公六年

liù nián chūn zhèng rén lái shū píng

经 六年，春，郑人来输平①。

shū zhě huī yě píng zhī wéi yán yǐ dào chéng

传 输者，堕〔隳〕也②。平之为言③，以道成

yě lái shū píng zhě bù guǒ chéng yě

也④。来输平者，不果成也⑤。

xià wǔ yuè xīn yǒu gōng huì qí hóu méng yú ài

经 夏，五月辛酉，公会齐侯⑥，盟于艾⑦。

qiū qī yuè

秋，七月⑧。

dōng sòng rén qǔ cháng gé

冬，宋人取长葛⑨。

wài qǔ yì bú zhì cǐ qí zhì hé yě jiǔ zhī yě

传 外取邑不志⑩，此其志何也？久之也。

注释：①**来输平**：《左传》作"来渝平"。《公羊传》说："输平者何？输平犹堕成也。何言乎堕成？败其成也。"《左传》杜预注："和而不盟曰平。""渝，变也。"钟补注："堕，谓败坏也。""输与堕可互训，又与渝通。"句意为：郑国人到鲁国来，败坏不盟而成的和平。②**堕**：通隳。毁坏。③**平之为言**：和平约言。指春秋前鲁与郑平。④**以道成**：指从道义上出發而达成。⑤**不果成**：最终没有达成和平协议。⑥**齐侯**：齐釐（或作僖）公。此在其十四年。⑦**艾**：鲁国地名。在今山东莱芜东南。⑧**秋，七月**：《公羊传》说："秋，七月。此无事，何以书？《春秋》虽无事，首时过则书。首时过，则何以书？《春秋》编年，四时具，然後为年。"何休注："首，始也。时，四时也。过，历也。春以正月为始，夏以四月为始，秋以七月为始，冬以十月为始，历一时，无事则书其始月也。"《春秋》是一部编年史书，夏、夏、秋、冬四时都具备，才成为一年。四时中的任何一时，如果没有什么值得记载的事，也要把这个季度的第一个月记载下来，才算完备。⑨**长葛**：郑国地名，在今河南长葛北。⑩**外**：鲁国以外的国家、地区或民族。

yǐn gōng qī nián

隐公七年

chūn wáng sān yuè shū jī guī yú jì

经 春，王三月，叔姬归于纪①。

qí bù yán nì hé yě nì zhī dào wēi wú zú dào yān ěr

传 其不言逆何也②？逆之道微③，无足道焉尔④。

téng hóu zú

经 滕侯卒⑤。

téng hóu wú míng shào yuē shì zǐ zhǎng yuē jūn dí dào yě qí bú zhèng zhě míng yě

传 滕侯无名⑥，少曰世子⑦，长曰君⑧，狄道也⑨。其不正者名也。

xià chéng zhōng qiū

经 夏，城中丘⑩。

chéng wèi bǎo mín wéi zhī yě mín zhòng chéng xiǎo zé yì

传 城为保民为之也。民众城小则益

注释：①**叔姬归于纪**：范解："叔姬，伯姬之娣。至此归者，待年于父母之国，六年乃归。媵之为言送也，从也。不与嫡俱行，非礼也。""许慎曰：侄娣十五以上，能共事君子，可以往；二十而御。"叔，伯，为姊妹大小排行，姬为父母之国鲁国国君的姓。归，《礼记·礼运》疏："女谓嫁为归。"《公羊传·隐公二年》注："妇人生以父母为家，嫁以夫为家。故谓嫁为归。"纪，为周代国名。姜姓。在今山东寿光南。鲁庄公元年，齐吞并纪的三个邑。三年纪成为齐国的附庸国。次年纪侯出生，纪国故土尽为齐所有。句意为：鲁国国君的二女儿嫁到纪国去，作纪侯的夫人。②**逆**：迎接。③逆之道微：指来迎娶的人并非卿，地位卑下，这是轻视迎娶女子的惯常规矩。④**无足道焉尔**：对这样的迎娶就没有什么值得称道了。⑤滕侯：滕，周代国名。姬姓。文王的儿子叔绣所封。在今山东滕州西南。滕，为封国号。侯为爵位。即滕国侯爵的国君。⑥滕侯无名：指《春秋》没有记载滕侯的名。⑦**世子**：是天子、诸侯的嫡长子。《孟子·滕文公上》："滕文公为世子。"焦循正义引《礼记·丧服小记》云："世子，天子、诸侯之嫡子。"⑧**长**：年长。⑨狄：夷狄。古时称东方部族为夷，北方部族为狄。常用来泛称除华夏族以外的各族。⑩**城中丘**：城，《左传·庄公二十八年》："邑曰筑，都曰城。"《管子·轻重》："城者，筑城也。"中丘，在今山东临沂东北。句意为：鲁国在中丘这个地方筑城。

chéng yì chéng wú jí fán chéng zhī zhì jiē jī yě
城[①]。益城无极。凡城之志，皆讥也。

qí hóu shǐ qí dì nián lái pìn
经 **齐侯使其弟年来聘。**

zhū hóu zhī zūn dì xiōng bù dé yǐ shǔ tōng qí dì yún
传 诸侯之尊，弟兄不得以属通。其弟云

zhě yǐ qí lái jiē yú wǒ jǔ qí guì zhě yě
者，以其来接于我，举其贵者也。

qiū gōng fá zhū
经 **秋，公伐邾[②]。**

dōng tiān wáng shǐ fán bó lái pìn róng fá fán bó yú
冬，天王使凡伯来聘[③]。戎伐凡伯于

chǔ qiū yǐ guī
楚丘以归[④]。

fán bó zhě hé yě tiān zǐ zhī dà fū yě guó ér
传 凡伯者何也？天子之大夫也[⑤]。国而

yuē fá cǐ yì rén ér yuē fá hé yě dà tiān zǐ zhī mìng
曰伐，此一人而曰伐，何也？大天子之命

yě róng zhě wèi yě róng wèi zhě wèi qí fá tiān zǐ zhī
也[⑥]。戎者，卫也。戎卫者，为其伐天子之

shǐ biǎn ér róng zhī yě chǔ qiū wèi zhī yì yě yǐ guī
使，贬而戎之也。楚丘，卫之邑也。以归，

yóu yù hū zhí yě
犹愈乎执也。

注释：①**民众城小则益城**：《说文》："城，以盛民也。"益，《广雅·释诂》："益，加也。"《易·益》释文："益，增长之名。"句意为：民众人口增多，城的面积小，容纳不下，就扩大城的面积，增加城的范围。②**公伐邾**：邾，一作邾娄、邹、驺、朱。周代国名。曹姓。始封君挟（或作侠）为颛顼之後，周武王伐纣後受封。春秋时国都原在今山东曲阜东。公元前641年迁于绎（今山东邹城东南），城依山而建。战国时灭于楚。句意为：鲁隐公出兵讨伐邾娄国。③**天王使凡伯来聘**：凡或作邧。周代国名。姬姓。在今河南辉县市西南。始封君为周公旦的儿子，春秋前期尚存。伯为凡国国君的爵位。凡伯是凡国的国君，也是在周王室帮助周桓王处理政务的卿大夫。句意为：周桓王派凡伯作使臣到鲁国来聘问鲁隐公。④**楚丘**：卫国城邑名。在今山东曹县东南。⑤**天子**：古时认为君权神授，故称帝王为天子。**大夫**：古代官名。西周以後的诸侯国中，国君下有卿、大夫十三级，"大夫"世袭，且有封地。⑥**大**：尊重。**天子之命**：负有天子使命的人。

yǐn gōng bā nián

隐公八年

bā nián chūn sòng gōng wèi hóu yù yú chuí

经 八年春，宋公、卫侯遇于垂[1]。

bù qī ér huì yuē yù yù zhě zhì xiāng dé yě

传 不期而会曰遇[2]。遇者，志相得也[3]。

sān yuè zhèng bó shǐ wǎn lái kuì bǐng

经 三月，郑伯使宛来归馈邴[4]。

míng wǎn suǒ yǐ biǎn zhèng bó wù yǔ dì yě

传 名宛[5]，所以贬郑伯[6]，恶与地也[7]。

gēng yín wǒ rù bǐng

经 庚寅，我入邴[8]。

rù zhě nèi fú shòu yě rì rù wù rù zhě yě

传 入者，内弗受也[9]。日入[10]，恶入者也。

bǐng zhě zhèng bó suǒ shòu mìng yú tiān zǐ ér jì tài shān zhī yì yě

邴者，郑伯所受命于天子而祭泰山之邑也[11]。

xià liù yuè jǐ hài cài hóu kǎo fǔ zú

经 夏，六月己亥，蔡侯考父卒[12]。

注释： ①**宋公：** 即宋殇公。春秋时宋国国君。名与夷。宋宣公的儿子。继叔父穆公之後主为国君。公元前719–前710年在位。**卫侯：** 即卫宣公。春秋时卫国国君。名晋。卫桓公的弟弟。祝吁被杀後，卫人迎而即位。公元前718–前700年在位。**垂：** 卫国地名。在今山东菏泽北。②**不期：** 事先没有约定。**会：** 会见，会晤。③**志相得：** 双方志意相投。④**邴：** 《左传》作祊，在今山东费县西南。邴为郑邑。⑤**名宛：** 记载宛的名。⑥**郑伯：** 即郑庄公。春秋时郑国的国君。郑武公的儿子，继武公即君位。公元前743–前701年在位。⑦**恶与地：** 对郑伯给予邴地表示厌恶。⑧**入：** 进入。⑨**内弗受：** 指所要进入的地方不肯接纳进入的人。⑩**日入：** 记载进入的日子。⑪**受命：** 受到赐命。⑫**蔡侯考父卒：** 蔡侯即蔡宣侯，又称蔡宣公。考父，或称考夫、措夫。为蔡宣侯的名字。公元前749—前715年在位。

zhū hóu rì zú zhèng yě

传 诸侯日卒[①]，正也[②]。

xīn hài sù nán zú

经 辛亥，宿男卒[③]。

sù wēi guó yě wèi néng tóng méng gù nán zú yě

传 宿，微国也。未能同盟，故男卒也。

qiū qī yuè gēng wǔ sòng gōng qí hóu wèi hóu méng yú wǎ wū

经 秋，七月庚午，宋公、齐侯、卫侯盟于瓦屋[④]。

wài méng bú rì cǐ qí rì hé yě zhū hóu zhī cān méng yú shì shǐ gù jǐn ér rì zhī yě gào shì bù jí wǔ dì méng zǔ bù jí sān wáng jiāo zhì zǐ bù jí èr bà

传 外盟不日，此其日何也？诸侯之参盟于是始[⑤]，故谨而日之也[⑥]。诰誓不及五帝[⑦]，盟诅不及三王[⑧]，交质子不及二伯霸[⑨]。

bā yuè zàng cài xuān gōng

经 八月，葬蔡宣公[⑩]。

yuè zàng gù yě

传 月葬[⑪]，故也[⑫]。

jiǔ yuè xīn mǎo gōng jí jǔ rén méng yú fú lái

经 九月辛卯，公及莒人盟于包来[⑬]。

注释：①**日卒**：记载卒的日子。②**正**：合乎法度或情理。③**宿男卒**：宿为周代国名。风姓。太皞之後。传为武王时封。在今山东东平东。春秋时，公元前684年，宋取其地。迁其民于今江苏宿迁。④**瓦屋**：周王室地名。在今河南温县西北。⑤**诸侯**：指三国诸侯。**参盟**：参加同盟。**于是始**：从这个时候开始。⑥**谨**：慎重。**日之**：记下这个日子。⑦**诰誓不及五帝**：范解："五帝，谓黄帝、颛顼、帝喾、帝尧、帝舜也。诰誓，《尚书》六誓七诰是其遗文。五帝之世道化淳备，不须诰誓而信自著。"意为：五帝时代，道化淳备，不需要设诰誓。⑧**盟诅不及三王**：范解："三王，谓夏、殷、周也。"杨士勋疏（以下简称"杨疏"）："三王从所归信，故不设盟诅也。"钟补注："诅以祸福之言相要。""先儒以为，诅小于盟，盟者盟将来，诅者诅过往也。"意为：三王时代，众所归信，不需设盟诅。⑨**交质子不及二伯**：范解："二伯谓齐桓、晋文。""诸侯率服，不质任也。"伯，通霸。意为：齐桓公、晋文公时，诸侯们都信服他们，不需要彼此交换儿子为质子作担保，以示信守誓言。⑩**蔡宣公**：即蔡侯考父。又称蔡宣侯。考父，一作考夫，又作措夫。古代男子的美称为父，又称夫。或称甫。⑪**月葬**：记载安葬的月份。⑫**故**：变故。⑬**包来**：《左传》作"浮来"。在今山东沂水县西北。一说在今山东莒县西北。

传 可言公及人，不可言"公及大夫"。

螟[①]。

经 冬，十有二月，无侅卒[②]。

传 无侅之名，未有闻焉。或曰，隐不爵大夫也。或说曰，故贬之也。

注释：①**螟**：螟虫。螟蛾的幼虫。主要生活在稻茎中，食其髓部，危害极大。②**无侅**：《左传》作无骇。鲁卿。

yǐn gōng jiǔ nián

隐公九年

jiǔ nián chūn tiān wáng shǐ nán jì lái pìn

经 九年，春，天王使南季来聘[①]。

nán shì xìng yě jì zì yě pìn wèn yě

传 南，氏姓也[②]。季，字也[③]。聘[④]，问也。

pìn zhū hóu fēi zhèng yě

聘诸侯，非正也。

sān yuè guǐ yǒu dà yǔ zhèn diàn

经 三月癸酉，大雨，震，电。

zhèn léi yě diàn tíng yě

传 震，雷也。电，霆也。

gēng chén dà yù xuě zhì shū shuò yě

经 庚辰，大雨雪。志疏数也[⑤]。

bā rì zhī jiān zài yǒu dà biàn yīn yáng cuò xíng gù

传 八日之间再有大变，阴阳错行[⑥]，故

jǐn ér rì zhī yě yǔ yuè zhì zhèng yě

谨而日之也。雨月[⑦]，志正也。

注释：①**天王**：即周桓王。东周时的周王。名林，周平王的孙子。公元前719—前697年在位。即位初欲削郑庄公权势。鲁桓公五年（公元前707年）免去郑庄公卿士职权，郑因此不朝王室。同年秋，周师伐郑，战于繻葛（今河南长葛），为郑所败，射王中肩，王受伤。②**氏姓**：以氏为姓。按，秦汉以前，“姓”和“氏”不同，“姓”为“氏”之本，“氏”自“姓”出。夏、商、周三代，氏是姓的支系，用以区别子孙之所由出生。《通志·略·氏族》云：“三代之前，姓氏分而为二。男子称氏，妇人称姓。氏所以别贵贱，贵者有氏，贱者有名无氏。”③**字**：表字，人的别字。字和名常有意义上的联系。自称用名，表示谦虚；称人用字，表示尊敬。④**聘**：聘问。专指天子与诸侯或诸侯与诸侯间的遣使通问。一般而言，小规模的聘叫问。⑤**志疏数也**：杨疏：“谓灾有远近也，远者为疏，近者为数。”志为记。句意为：记载灾害發生的时间，有远有近。⑥**八日之间再有大变，阴阳错行**：八日之间，指从“三月癸酉”，中经甲戌、乙亥、丙子、丁丑、戊寅、乙卯、到庚辰，共计八日。阴阳错行。范甯集解：“雷电阴也，雨雪阴也。雷出非其时者，是阳不能闭阴，阴气纵逸而将为害也。”“错，乱也。”句意为：八天的时间，發生大的变化，阴（指雨雪）、阳（指雷电）错乱运行。⑦**雨月，志正也**：范解：“雨得其时则月。”句意：適时下雨，记录下雨的月份，这是合乎常规的。

经 侠卒。

传 侠者，所侠也[①]。弗大夫者，隐不爵大夫也。隐之不爵大夫何也？曰不成为君也[②]。

经 夏，城郎[③]。

秋，七月。

传 无事焉[④]，何以书？不遗时也[⑤]。

冬，公会齐侯于防[⑥]。会者，外为主焉尔[⑦]。

注释：①**曰所侠**：一说所是侠的氏。一说所非氏，是斥的意思。②**不成为君也**：钟补注："明将主桓。补曰：不自成为君也，犹云不取为公。"句意：说鲁隐公将要使自己不成为鲁国的国君。③**城郎**：鲁国在郎地筑城墙。郎，鲁边邑。其地当今山东省鱼台县东北。《左传·隐公元年》："夏四月，费伯帅师城郊。"杜预注："郎，鲁邑。高平方舆县东南有郁郎亭。"④**无事焉**：吕叔湘《文言虚字》101页，说"焉字所表示的语气，和白话的'呢'字的语气很相近"（以下简称吕叔湘说）。无事焉，就是没有值得记载的事呢。⑤**不遗时也**：范解："四时不具，不成年也。"钟补注："公羊曰：《春秋》虽无事，首时过则书。何休曰：过，历也。历一时，无事则其始月。"句意为：不遗漏一个季节。⑥**防**：鲁国地名。在今山东费县东北。⑦**外为主焉尔**：焉字，吕叔湘说：这个"焉"字等于"于是"（"是"指地）。句意：鲁国国君以外的诸侯作这次防地会见的主持人。

yǐn gōng shí nián

隐公十年

shí nián chūn wáng èr yuè gōng huì qí hóu zhèng bó yú zhōng qiū

经 十年，春，王二月，公会齐侯、郑伯于中丘①。

xià huī shuài shī huì qí rén zhèng rén fá sòng

夏，翚帅师会齐人、郑人伐宋②。

liù yuè rén xū gōng bài sòng shī yú guān

六月壬戌，公败宋师于菅③。

nèi bù yán zhàn jǔ qí dà zhě yě

内不言战④，举其大者也⑤。

xīn wèi qǔ gào xīn sì qǔ fáng

传 辛未，取郜⑥，辛巳取防⑦。

qǔ yì bú rì cǐ qí rì hé yě bú zhèng qí chéng bài rén ér shēn wéi lì qǔ èr yì gù jǐn ér rì zhī yě

取邑不日⑧，此其日何也？不正其乘败人而深为利⑨，取二邑，故谨而日之也⑩。

qiū sòng rén wèi rén rù zhèng sòng rén cài rén wèi

经 秋，宋人、卫人入郑。宋人、蔡人、卫

注释：①**中丘**：鲁国地名。在今山东临沂东北。②**翚**：公子翚，又称羽父。鲁大夫。**帅**：率领。③**菅**：宋国地名。在今山东金乡西南。④**内**：指鲁国。**战**：作战。⑤**举**：提出。**大**：重大。⑥**郜**：周代国名。始封君为周文王的儿子，故城在今山东成武东南。春秋时为宋所灭。**作为城名有二**：一为北郜，即郜国故都城。一为南郜，春秋时宋国城邑，故址在北郜城南二里，公元前713年郑师入郜，即此。⑦**防**：防有东西二防之分。东防为春秋时鲁地，世为臧氏食邑。在今山东费县东北。《春秋》隐公九年（公元前714年）："公会齐侯于防。"即此。西防，是春秋时宋国地名，後属鲁。在今山东金乡西。《春秋》隐公十年（公元前713年）："公败宋师于菅……辛巳取防。"即此。⑧**取邑**：夺取城邑。日：动词。记载日子。⑨**正**：指合乎法度或情理。乘败人：乘打败别人之机。**深为利**：获取重利。⑩**谨**：慎重，郑重。

rén fá dài zhèng bó fá qǔ zhī

人伐载[1]。郑伯伐取之[2]。

bú zhèng qí yīn rén zhī lì ér yì qǔ zhī gù zhǔ qí shì yě

传 不正其因人之力而易取之[3]，故主其事也。

dōng shí yuè rén wǔ qí rén zhèng rén rù chéng

经 冬，十月壬午，齐人、郑人入郕[4]。

rù zhě nèi fú shòu yě rì rù wù rù zhě yě chéng guó yě

传 入者，内弗受也[5]。日入[6]，恶入者也。郕，国也。

注释：①**载**：《左传》作戴，《说文》《字林》作"𢧵"。戴为古国名。西周金文作𢦏。姬姓。在今河南民权东。春秋时，为宋灭。②**郑伯**：郑庄公。③**其**：代词。指郑伯。**因**：凭借。**易**：轻易。④**郕**：周代国名。一作成、盛。姬姓。始封君为周文王的儿子叔武。故址在今山东汶山北。一说在今河南濮阳东南。⑤**内**：指想要进入的地方。**弗受**：不肯接纳要进入的人。⑥**日入**：记载进入的日子。

yǐn gōng shí yī nián

隐公十一年

shí yòu yī nián chūn téng hóu xuē hóu lái cháo

经 十有又一年春[1]，滕侯薛侯来朝[2]。

tiān zǐ wú shì zhū hóu xiāng cháo zhèng yě kǎo lǐ xiū dé suǒ yǐ zūn tiān zǐ yě zhū hóu lái cháo shí zhèng yě tè yán tóng shí yě lěi shǔ jiē zhì yě

传 天子无事[3]，诸侯相朝[4]，正也[5]。考礼修德[6]，所以尊天子也[7]。诸侯来朝，时[8]，正也；犆言，同时也[9]；累数，皆至也[10]。

xià wǔ yuè gōng huì zhèng bó yú shí lái

经 夏，五月，公会郑伯于时来[11]。

qiū qī yuè rén wǔ gōng jí qí hóu zhèng bó rù xǔ

秋，七月壬午，公及齐侯、郑伯入许[12]。

注释：①**有**：通又，用于整数和零数之间。②**滕侯**：即滕国封为侯爵的国君。滕是周代国名。姬姓。周文王的儿子叔绣所封。在今山东滕州西南。公元前414年被越灭，後又复国。战国时为宋所灭。或说为齐、为楚所灭。**薛侯**：即薛国封为侯爵的国君。薛为古代国名。任姓。祖先奚仲为夏朝车正，传为车的创始人，居于薛（今山东滕州东南）。周初分封为诸侯。战国初为齐所灭。**来朝**：钟补注："传曰：诸侯相见曰朝。"意为：诸侯之间，彼此相见，叫作朝。来朝是到鲁国来朝见鲁君。③**天子**：古时认为君权神授，故称帝王为天子。④**诸侯**：古时帝王所辖各小国的王侯。相朝：相互朝见。⑤**正**：指合乎法度或情理。⑥**考礼修德**：即考礼乐，修善德行。⑦**所以**：所用，用来。**尊**：尊敬，尊重。⑧**时**：记载季度。⑨**犆言，同时也**：陆德明曰："犆音特，独也。本或作特。"意为：分别记载，就是两个国君是在同一个季节先後来到鲁国。⑩**累数，皆至也**：范解："累数，总言之也。若滕侯、薛侯来朝，同时俱至。"意为：总括起来记载，就是两个国君在同一天到达鲁国。按照《左传》记载："滕侯、薛侯来朝争长。"争论相持不下。鲁国隐公对薛侯说："周之宗盟，异姓为後。"滕侯为姬姓，薛侯为任姓。这时才"薛侯许之，乃长滕侯"。既然两侯在隐公面前相争，可见滕侯、薛侯是同一天到达鲁国的。以"累数，皆至"为是。⑪**时来**：《春秋经》作"时来"。《左传》作"郲"。《公羊传》作"祁黎"。《穀梁传》作"时来"，不作"祁黎"，范甯解："时来，郑地。"杜预注经："时来，郲也。荥阳县东有釐城，郑地也。"时来，在今河南郑州北之广武东南。按《公羊传》是师徒相传。《左传》及经文是孔壁古文，《左传》及经文所记，更近真实。《左传》记鲁隐公与郑庄公于时来会见，是为"谋伐许"。⑫**许**：金文作鄦。周代国名。姜姓。男爵。始封君传为伯夷之後文叔，在河南许昌东。春秋时夹处郑、楚之间。曾数次被迁，後为楚所灭。

dōng shí yòu yī yuè rén chén gōng hōng
冬，十有又一月壬辰，公薨[1]。

gōng hōng bú dì gù yě yǐn zhī bù rěn dì
公薨不地[2]，故也[3]。隐之[4]，不忍地
yě qí bù yán zàng hé yě jūn shì zéi bù tǎo bù shū
也。其不言葬何也？君弑[5]，贼不讨，不书
zàng yǐ zuì xià yě yǐn shí nián wú zhēng yǐn bú zì zhèng
葬，以罪下也。隐十年无正[6]，隐不自正
yě yuán nián yǒu zhēng suǒ yǐ zhèng yǐn yě
也[7]。元年有正[8]，所以正隐也[9]。

注释：①**公薨**：鲁隐公死了。钟补注："桓公与公子翚弑隐公。"即鲁隐公是被桓公与公子翚杀死的。②**地**：记载地点。③**故**：变故。指有变故。④**隐之**：范解："隐，犹痛也。"意为：隐痛他，或替他悲痛。⑤**君弑**：国君被杀。**弑**：古代卑幼杀死尊长叫弑。多指臣子杀死君主，子女杀死父母。⑥隐十年无正：《穀梁传》在记载鲁隐公执政的十一年中，除元年写有"正月"外，其馀十年均未写"正月"。⑦**隐不自正**：鲁隐公自己不愿意使自己的君王地位合法化。⑧**元年**：鲁隐公元年。**有正**：记有正月。⑨**所以正隐也**：鲁隐公是名正言顺地得到君位啊！

huán gōng yuán nián shí bā nián

桓公（元年~十八年）

鲁桓公夫妇如齐图　清·佚　名

桓公元年

huán gōng yuán nián

经 元年[①]，春，王[②]。

yuán nián chūn wáng

传 桓无王[③]，其曰王何也？谨始也[④]。其曰无王何也？桓弟弑兄[⑤]，臣弑君，天子不能定[⑥]，诸侯不能救[⑦]，百姓不能去[⑧]。以为无王之道，遂可以至焉尔。元年有王，所以治桓也[⑨]。

huán wú wáng qí yuē wáng hé yě jǐn shǐ yě qí yuē wú wáng hé yě huán dì shì xiōng chén shì jūn tiān zǐ bù néng dìng zhū hóu bù néng jiù bǎi xìng bù néng qù yǐ wéi wú wáng zhī dào suì kě yǐ zhì yān ěr yuán nián yǒu wáng suǒ yǐ zhì huán yě

经 正月[⑩]，公即位。

zhēng yuè gōng jí wèi

注释：①**元年**：鲁桓公即位的第一年，即公元前711年，《左传》杜预注："嗣子位定于初丧，而改元必须逾年。"鲁桓公，姬姓，名允。是隐公的同父异母弟。父为惠公。母为惠公继室声子。後惠公以宋女仲子为夫人，生兄，为太子，後立为桓公。惠公死，允年幼，隐公即位。後允杀兄自立。公元前711—前694年在位。②**王**：《左传》、《公羊》在此字下有"正月，公即位"五个字。今从中华书局影印《十三经注疏》本不改。③**桓无王**：桓公心目中没有君王。杨士勋疏：徐邈云："桓公篡立，不顾王命，王不能讨，故无王。"④**谨始**：郑重地记载鲁桓公开始即位。⑤**弟**：作为弟弟。**弑**：古代卑幼杀死尊长叫弑。多指臣子杀死君主，子女杀死父母。兄：兄长。指鲁隐公。⑥**定**：纠正。⑦**救**：《说文》："救，止也。"《周礼·地官·序官》注："救，犹禁也。以礼防禁人之过者也。"谓讨贼以止乱，或谓讨贼以禁乱。⑧**百姓**：古代时，百姓有时指普通人，有时又指百官贵族。这里当为百官贵族的统称。**去**：除去，灭掉。⑨**治**：声讨。⑩**正月**：钟文蒸认为这里的"正月"为"此以传合经者之误"。即认为这不合全书附经之体例，是合经者弄出的错。钟氏说法应当正确，应当把"正月"挪到上面的"元年，春，王"之後。

jì gù bù yán jí wèi zhèng yě jì gù bù yán jí

传 继故不言即位①，正也。继故不言即

wèi zhī wéi zhèng hé yě yuē xiān jūn bù yǐ qí dào zhōng zé

位之为正，何也？曰先君不以其道终②，则

zǐ dì bù rěn jí wèi yě jì gù ér yán jí wèi zé shì yù

子弟不忍即位也。继故而言即位，则是与

wén hū shì yě jì gù ér yán jí wèi shì wèi yù wén hū

闻乎弑也。继故而言即位，是为与闻乎

shì hé yě yuē xiān jūn bù yǐ qí dào zhōng jǐ zhèng jí wèi

弑，何也？曰：先君不以其道终，已正即位

zhī dào ér jí wèi shì wú ēn yú xiān jūn yě

之道而即位，是无恩于先君也。

sān yuè gōng huì zhèng bó yú chuí

经 **三月，公会郑伯于垂③。**

huì zhě wài wéi zhǔ yān ěr

传 会者，外为主焉尔④。

zhèng bó yǐ bì jiǎ xǔ tián

经 **郑伯以璧假许田⑤。**

jiǎ bù yán yǐ yán yǐ fēi jiǎ yě fēi jiǎ ér yuē

传 假，不言以⑥，言以非假也。非假而曰

jiǎ huì yì dì yě lǐ tiān zǐ zài shàng zhū hóu bù

假，讳易地也⑦。礼⑧：天子在上⑨，诸侯不

dé yǐ dì xiāng yǔ yě wú tián zé wú xǔ kě zhī yǐ bù

得以地相与也⑩。无田则无许可知矣⑪，不

注释：①**继故**：继承因發生变故而死的国君君位。或继承被弑国君的君位。②**先君**：已故的前代君王。③**垂**：《左传》作“大丘”。垂，卫国地名。在今山东曹县北。④**外**：国外（的人）⑤**以璧假许田**：《公羊传》：“其言以璧假之何？易之也。”《後汉书·和帝纪》注：“假，犹租赁。”假，意为交易，或租赁。意为：用玉璧交换许国的田地。许国的许田近郑。成王建治邑，以许田赐周公旦，作朝宿之邑。後鲁在此建庙，祭周公。⑥以：用（璧玉）。⑦**易地**：指鲁、郑两国之间交换土地。据《左传》“隐公八年”中的记载，郑庄公曾派使者宛至鲁国，建议用祊（《穀梁》作“邴”）交换许田。但隐公未同意。此时桓公已弑隐公而得国，想结交郑国，郑庄公与其会于垂，重提易地事。⑧**礼**：指按照礼仪制度的规定。⑨**天子**：古时认为君权为神所授，故称帝王为天子。⑩**诸侯**：古时帝王所辖各小国的王侯。**相与**：给予对方。**相**：指在存在一定对象的情况下，行为由一方来施行。⑪**无田**：没有许国的田地。

yán xǔ bù yǔ xǔ yě xǔ tián zhě lǔ cháo sù zhī yì yě

言许，不与许也①。许田者，鲁朝宿之邑也②。

bǐng zhě zhèng bó zhī suǒ shòu mìng ér jì tài shān zhī yì yě yòng

邴者，郑伯之所受命而祭泰山之邑也。用

jiàn lǔ zhī bù cháo yú zhōu ér zhèng zhī bú jì tài shān yě

见鲁之不朝于周③，而郑之不祭泰山也④。

xià sì yuè dīng wèi gōng jí zhèng bó méng yú yuè

经 **夏，四月丁未，公及郑伯盟于越⑤。**

jí zhě nèi wèi zhì yān ěr yuè méng dì zhī míng yě

传 及者，内为志焉尔⑥。越，盟地之名也。

qiū dà shuǐ

经 **秋，大水。**

gāo xià yǒu shuǐ zāi yuē dà shuǐ

传 高下有水灾⑦，曰大水。

dōng shí yuè

经 **冬，十月。**

wú shì yān hé yǐ shū bù yí shí yě

传 无事焉，何以书？不遗时也。

chūn qiū biān nián sì shí jù ér hòu wéi nián

《春秋》编年⑧，四时具而後为年⑨。

注释：①**与许**：给与许邑。范甯云：“但言以璧假许，而不继田，则许属郑也。今言许田，明以许之田与郑，不与许邑也。”②**鲁朝宿之邑**：范解：谓为诸侯“朝见天子所宿之邑”。即公卿、诸侯朝见天子时住宿休息及安排随从息宿的小城邑。意为：鲁朝见天子时息宿的小城邑。③**鲁之不朝于周**：春秋以来，鲁君不去朝见天子。这是王权衰落的一种表现。④**郑之不祭泰山**：春秋以来，周天子不祭泰山，故作为诸侯的郑国也不随同天子祭祀。关于鲁、郑两国交易土地的事，《左传》“隐公八年”也有记载，可参见该文。⑤**越**：范解：“越，卫地也。”钟补注：“杜预以垂为卫地，越为近垂地名。王夫之谓垂属宋。顾栋高、江永疑越当为曹地。”越，在今山东曹县一带。⑥**内为志**：此次结盟是以鲁为主，故以“内”言之。据《左传》记载，此次结盟是今年三月鲁、郑“垂之会”的继续，达成了易地协议，并立盟宣誓，双方不得毁约。⑦**高下有水灾**：指高地和低地都为水所淹。⑧**编年**：编录年份记载事迹。⑨**四时**：四个季度。**具**：具备。**为年**：成为一年。

桓公二年

经　二年，春，王正月戊申①，宋督弑其君与夷②。

传　桓无王，其曰王，何也？正与夷之卒也。

经　及其大夫孔父。

传　孔父先死，其曰及何也？书尊及卑，《春秋》之义也。孔父之先死，何也？督欲弑君而恐不立③，于是乎先杀孔父，孔父闲也④。何以知其先杀孔父也？曰：子既

注释：①**王正月**：周天子所颁行历法的正月。周以建子之月（现行农历十一月）为正月。王：《公羊传》认为是周文王。徐颜疏云："若是当时平王，应如下文'秋，七月，天王使宰咺来归惠公、仲子之赗'，是其事也。今无此事，直言王，故疑非谓当时之王矣。"《左传》认为是当时之王（指周桓王）。孔颖达疏云："始改正朔，自是文王所为，颁于诸侯，非复文王之历。受今王之历，称文王之正，非其义也。"②**宋督**：《左传》称："督为大宰。"钟注："督本公孙，後赐氏为华。若是大夫，当书公孙督。或追书华督矣。"宋督，为宋国的太宰华父督。与夷：即宋殇公。名与夷。春秋时宋国的国君。宋宣公的儿子。继叔父穆公之後立为国君。公元前719—前710年在位。与鲁结盟和好，联合卫、陈、蔡同郑争衡，以向外發展。在位十年对外十一战。一次对郑，一次对鲁，一次对戴，八次对郑。鲁桓公二年（公元前710年），被太宰华父督以"十年十一战，民不堪命"而杀之。③**不立**：钟补注："不立，谓事不成。"④**孔父闲也**：范解："闲，谓才干御。"钟补曰："孔父所以为闲者，《公羊》所谓义形于色也。"《说文》："闲，阑也。从门中有木。"《左传·襄公二十一年经》注："闲是栏卫禁防之名也。"这里引申为保卫殇公的防栏。

死，父不忍称其名；臣既死，君不忍称其名。以是知君之累之也。孔，氏；父，字，谥也①。或曰：其不称名，盖为祖讳也②，孔子故宋也③。

经 **滕子来朝。**

三月，公会齐侯、陈侯、郑伯于稷④，以成宋乱⑤。

传 以者，内为志焉尔⑥，公为志乎成是乱也。此成矣，取不成事之辞而加之焉。于内之恶⑦，而君子无遗焉尔⑧。

经 **夏，四月，取郜大鼎于宋。戊申纳于太庙。**

注释：①**孔，氏；父，字，谥也**：范解："孔父有死难之勋，故其君以字为谥。"《礼记·曲礼下》注："谥，谓谥号。"意为，孔是姓氏，父是字号，也是谥号。谥是死後赞美平生德行的称号。②**盖为祖讳也**：吕叔湘说："盖，是大概的意思。"句意为：大概是替祖先避讳吧。③**孔子故宋也**：范解："孔子旧是宋人孔父之玄孙。"杨疏："释曰案《世本》：'孔父嘉生木金父，木金父生祁父，其子奔鲁，为防叔，生伯夏，伯夏生叔梁纥，叔梁纥生仲尼。是孔父嘉为孔子六世祖。'"句意为：孔子原本是宋国人的後代。④**稷**：宋国地名。在今河南商丘市。⑤**以**：连词。表目的。**成**：使动用法。使……成功。**宋乱**：宋国的内乱。所谓"乱"，即"宋督弑其君与夷及其大夫孔父"。⑥**内**：指鲁国。**为志**：有这样的意愿。**焉**：兼有介词"于"加代词"此"的语法功能，相当于"于是"、"于此"。一说，这里的"焉"、"尔"均为语气助词。⑦**于**：介词。对于。**内**：指鲁国国君。**恶**：不好，过恶。⑧**无遗**：表露无遗，无所遗漏。

huán nèi shì qí jūn wài chéng rén zhī luàn shòu lù ér

传 桓内弑其君，外成人之乱，受赂而

tuì yǐ shì qí zǔ fēi lǐ yě qí dào yǐ zhōu gōng wéi fú

退，以事其祖①，非礼也。其道以周公为弗

shòu yě gào dǐng zhě gào zhī suǒ wéi yě yuē sòng qǔ zhī

受也②。郜鼎者，郜之所为也③。曰宋，取之

sòng yě yǐ shì wéi tǎo zhī dǐng yě kǒng zǐ yuē míng cóng zhǔ

宋也，以是为讨之鼎也。孔子曰："名从主

rén wù cóng zhōng guó gù yuē gào dà dǐng yě

人④，物从中国⑤。"故曰郜大鼎也。

qiū qī yuè jì hóu lái cháo

经 **秋，七月，纪侯来朝。**

cháo shí cǐ qí yuè hé yě huán nèi shì qí jūn wài

传 朝时⑥，此其月何也？桓内弑其君，外

chéng rén zhī luàn yú shì wèi qí hóu chén hóu zhèng bó tǎo shǔ

成人之乱，于是为齐侯、陈侯、郑伯讨数

rì yǐ lù jǐ jí shì shì ér cháo zhī wù zhī gù jǐn

日以赂⑦。己即是事而朝之⑧，恶之，故谨

ér yuè zhī yě

而月之也。

cài hóu zhèng bó huì yú dèng

经 **蔡侯、郑伯会于邓⑨。**

注释：①以事其祖：鼎放在宗庙里，就是在祭祀时煮祭肉的。其祖，是鲁国初封时的国君国公。句意为：用它来煮牲肉，献给宗庙里鲁国初封的先祖周公。②**其道**：钟补注："其道，犹言其义。"《易·系辞·下传》疏："义，宜也。"言以此行之，而得其宜也。句意为：这样做，周公也是不会接受的。③**为**：制造。④名从主人：范解："主人，谓作鼎之主人也，故系之郜。"杨疏："名从主人者，谓本是郜作，系之于郜。"意为：造鼎的主人是郜国，所以叫作郜鼎。⑤**物从中国**：范解："物从中国，谓是大鼎。"杨疏："物从中国者，谓鼎在宋，从宋号也。""物从中国者，谓中国号之大鼎，纵夷狄亦从中国之号，不得改之。"中国，即中原地区的诸侯国。意为：中原的诸侯国把此叫作大鼎。⑥**朝时**：朝为朝见。时为季节。指朝见要记载季节。⑦**讨数日以赂**：范甯云："桓既罪深责大，乃复为三国讨数至日以责宋赂。"此句指鲁桓公为齐、陈、郑三国向宋国数着日子讨钱财。⑧**己**：指纪国。即是事：在这样的事情發生的时候。⑨**邓**：周代国名。曼姓。在今湖北襄樊北。一说在今河南邓州。公元前678年灭于楚。

jiǔ yuè rù qǐ wǒ rù zhī yě
九月，入杞[1]。我入之也。

gōng jí róng méng yú táng
公及戎盟于唐[2]。

dōng gōng zhì zì táng
冬，公至自唐。

传 huán wú huì ér qí zhì hé yě yuǎn zhī yě
桓无会，而其致何也？远之也。

注释：①**杞**：国名。商代方国，始见于殷墟卜辞，称“杞侯”。商末为地名，在今河南杞县。周武王灭商後，封夏禹後裔东楼公于此地，称雍岳，仍为侯国。杞成公迁于绿陵（今山东昌乐东南）。杞文公时迁于淳于（今山东安丘东北）。公元前445年，为楚国所灭。②**唐**：古邑名。即鲁国堂邑。在今山东金乡东。《春秋》隐公二年（公元前721年）：“公及戎盟于唐，”即此。

huán gōng sān nián

桓公三年

sān nián chūn zhēng yuè gōng huì qí hóu yú yíng

经 三年，春，正月，公会齐侯于嬴[①]。

xià qí hóu wèi hóu xū mìng yú pú

夏，齐侯、卫侯胥命于蒲[②]。

xū zhī wéi yán yóu xiāng yě xiāng mìng ér xìn yù

传 胥之为言，犹相也[③]。相命而信谕[④]，

jǐn yán ér tuì yǐ shì wéi jìn gǔ yě shì bì yī rén xiān

谨言而退[⑤]，以是为近古也[⑥]。是必一人先[⑦]，

qí yǐ xiāng yán zhī hé yě bù yǐ qí hóu mìng wèi hóu yě

其以相言之[⑧]，何也？不以齐侯命卫侯也[⑨]。

liù yuè gōng huì qǐ hóu yú chéng

经 六月，公会杞侯于郕[⑩]。

qiū qī yuè rén chén shuò rì yǒu shí zhī jì

秋，七月壬辰朔[⑪]，日有食之[⑫]，既。

yán rì yán shuò shí zhèng shuò yě jì zhě jìn yě yǒu jì

传 言日言朔，食正朔也。既者尽也，有继

zhī cí yě

之辞也。

注释：①**嬴**：齐国地名。在今山东莱芜西南。②**胥命**：就是不举行正式盟誓仪式，但遵守约定言辞。《公羊传·桓公三年》："胥命者何？相命也。"③**犹**：犹如，如同。④**信谕**：葆有诚信，为对方所理解。⑤**谨言而退**：口头上慎重约定，然後散会。⑥**以**：以为，认为。**是**：这样。**近古**：接近于古代的做法。⑦**先**：先提出倡议。⑧**其**：代词。指《春秋》。⑨**不以齐侯命卫侯**：指不让人感到齐侯在命令卫侯，所以这样说。⑩**郕**：《公羊传》作盛。一作成。古邑名。在今山东宁阳东北。本鲁国大夫孟氏之邑。战国归齐。《史记·田敬仲完世家》：齐宣公四十八年（公元前408年），"取鲁之郕"。⑪**朔**：《说文》："朔，月一日始苏也。从月屰声。"（《吕览·季冬》）注："月终纪光尽而复生曰朔。"朔，即每个月的初一日。⑫**日有食之**：日食。**有**：指有某物（来食之）。**之**：代词。指日。

gōng zǐ huī rú qí nì nǚ

经 公子翚如齐逆女[①]。

nì nǚ qīn zhě yě shǐ dà fū fēi zhèng yě

传 逆女，亲者也。使大夫，非正也。

jiǔ yuè qí hóu sòng jiāng shì yú huān

经 九月，齐侯送姜氏于讙[②]。

lǐ sòng nǚ fù bú xià táng mǔ bù chū jì mén

传 礼：送女，父不下堂[③]，母不出祭门[④]，

zhū mǔ xiōng dì bù chū què mén fù jiè zhī yuē jǐn shèn

诸母兄弟不出阙门[⑤]。父戒(诫)之曰[⑥]："谨慎

cóng ěr jiù zhī yán mǔ jiè zhī yuē jǐn shèn cóng ěr gū

从尔舅之言[⑦]！"母戒(诫)之曰："谨慎从尔姑

zhī yán zhū mǔ pán shēn zhī yuē jǐn shèn cóng ěr fù

之言[⑧]！"诸母般(鞶)[⑨]，申之曰："谨慎从尔父

mǔ zhī yán sòng nǚ yú jìng fēi lǐ yě

母之言！"送女逾竟(境)，非礼也。

gōng huì qí hóu yú huān

经 公会齐侯于讙。

wú jī hū yuē wéi lǐ yě qí hóu lái yě gōng zhī

传 无讥乎？曰：为礼也。齐侯来也，公之

注释：①**如齐逆女**：如，《吕览·赞能》注："如，至也。"《汉书·司马迁传》注："如，亦往也。"逆，《说文》："逆迎也。"从辵逆声。关东曰逆，关西曰迎。"《国语·晋语》注："逆，亲迎也。"意为：到齐国去迎接齐君的女儿。②**讙**：鲁国地名。在今山东肥城西南。齐侯送女到鲁国的讙地，是"送女逾境"，所以是"非礼也"。③**父不下堂**：钟补注："堂，庙堂。"《楚辞·谬谏》注："高殿敞扬为堂。"《论语·先进》疏："窗户之外曰堂。"父亲嫁女时，在宗庙举行仪式之後，送女儿不下宗庙的殿堂。④**母不出祭门**：范解："祭门，庙门也。"女儿出嫁，母亲送女儿不出宗庙门。⑤**诸母兄弟不出阙门**：古代贵族实行多妻制。诸侯的庶妻有多人，出嫁的女儿称庶母为诸母。兄弟，指出嫁女儿的哥哥、弟弟，还包括她的姊妹，又称女兄弟。阙门，钟补注："阙门，即经书雉门，诸侯之中门也。《周礼》、《祭义》并云：建国之神位，右社稷、左宗庙，谓中门内，路寝门外之左右。"意为：送女出嫁时，各位庶母和兄弟姊妹，送她，不会出中门。⑥**戒**：通诫。告诫。之：代词，指出嫁之女。⑦**谨慎从尔舅之言**：谨慎行事，听从你公公的话。舅：古时妇人称丈夫之父为舅，称丈夫之母为姑，俗称公婆。⑧**谨慎从尔姑之言**：谨慎行事，听从你婆婆的话。⑨**般**：通鞶。般囊，一种系于腰带间的口袋。《穀梁传》范甯解："般囊也，所以盛朝夕所须，以备舅姑之用。"《仪礼·士昏礼》郑玄注："般，囊也。男子般革，妇人盘丝，所以盛帨巾之属，为恭敬也。"这里的"般"作动词用，指系上盘囊。

nì ér huì zhī kě yě

逆而会之可也。

fū rén jiāng shì zhì zì qí

经 **夫人姜氏至自齐。**

qí bù yán huī zhī yǐ lái hé yě gōng qīn shòu zhī yú

传 其不言翚之以来何也？公亲受之于

qí hóu yě zǐ gòng yuē miǎn ér qīn yíng bù yǐ zhòng

齐侯也。子贡曰①：“冕而亲迎②，不已重

hū kǒng zǐ yuē hé èr xìng zhī hǎo yǐ jì wàn shì zhī

乎？”孔子曰③：“合二姓之好，以继万世之

hòu hé wèi yǐ zhòng hū

後，何谓已重乎？”

dōng qí hóu shǐ qí dì nián lái pìn

经 **冬，齐侯使其弟年来聘。**

yǒu nián

有年④。

wǔ gǔ jiē shú wéi yǒu nián yě

传 五穀皆熟，为有年也⑤。

注释：①**子贡**：春秋末卫国人，端木氏，名赐，字贡，孔子学生。原为商人，从学于孔子。处事通达，擅于方言辞、交游。曾仕鲁、卫等国，参与政事。相传齐欲伐鲁，他游说于齐、吴、越、晋等国间，使吴出兵伐齐救鲁。孔子死，独自守庐墓六年。後仕于卫，经商于曹、鲁之间，死于齐国。②**冕**：古代大夫以上的贵族所戴的礼帽。③**孔子**：（公元前551—前479年），儒家创始人。春秋晚期鲁国陬邑（今山东曲阜东南）人。名丘，字仲尼。先世为宋国贵族，曾祖孔防叔避祸迁鲁。父叔梁纥为武士。少“贫且贱”，及长，曾任管理仓库的委吏和管理牲畜的乘田。深好学问，曾问礼于老聃，学琴于师襄。鲁哀公九年（公元前501年），51岁时任中都宰。十年作任大司寇，曾于鲁、齐夹谷之会为定公相。十二年，因政治主张与执政的“三桓”不合，遂离开鲁国，自此周游卫、陈、曹、宋、郑、蔡等国，终不见用。鲁哀公十一年（前484年），68岁，回到鲁国。40岁前後，聚徒讲学，相传弟子三千，著名者达70馀人。曾整理《诗》、《书》、《易》、《春秋》等书。宣传“仁”的学说，仁包括忠、孝、宽、惠等内容，为仁即“爱人”。要求人与人之间相互妥协和亲善。贯彻仁时以“礼”为依据。对鬼神采取“敬而远之”的态度。在政治和经济上，要求当政者实行教化和宽惠政策，反对苛政和任意刑杀。要求人民要顺从，不犯上作乱。在教育上，提出“有教无类”口号。在教学态度上，有“学而不厌，诲人不倦”的精神，持“知之为知之，不知为不知”的态度。有“不耻下问”的思想。在教学方法上，采取“因材施教”和启發式的方法，要学会学习、复习。但鄙视“学稼”、“学圃”的人，认为人有“生知”者。自汉武帝以後，孔子的学说成为封建文化的正统思想，孔子也被尊为圣人，他的思想对後世影极大。④**有年**：即丰收年。《周礼》以“凶岁为无年”。⑤**五穀**：钟补注：“五穀，黍、稷、稻、麦、菽也。”

huán gōng sì nián

桓公四年

sì nián chūn zhēng yuè gōng shòu yú láng

经 四年，春，正月[①]，公狩于郎[②]。

sì shí zhī tián jiē wèi zōng miào zhī shì yě chūn yuē tián xià yuē miáo qiū yuē sōu dōng yuē shòu sì shí zhī tián yòng sān yān wéi qí suǒ xiān dé yī wéi gān dòu èr wéi bīn kè sān wéi chōng jūn zhī páo

传 四时之田[③]，皆为宗庙之事也。春曰田[④]，夏曰苗[⑤]，秋曰蒐[⑥]，冬曰狩[⑦]。四时之田用三焉[⑧]，唯其所先得：一为干豆[⑨]，二为宾客，三为充君之庖[⑩]。

xià tiān wáng shǐ zǎi qú bó jiū lái pìn

经 夏，天王使宰渠伯纠来聘。

注释： ①**正月**：旧历指一年的头一个月。《集韵·清韵》云："正，岁之首日。夏以建寅月为正，殷以建丑月为正，周以建子月为正。"建子月约相当于现行农历的十一月。②**公狩于郎**：郎，鲁国地名。在今山东鱼台东北。意为：鲁桓公在郎地打猎。③**四时之田**：钟补注："田者，四时取兽之总名。"何氏又曰："已有三牲，必田者，孝子之意，以为己之所养不如天地自然之牲，逸豫肥美。禽兽多则伤五谷，因习兵事，又不空设。故田以捕禽兽，所以共承宗庙，示不忘武备，又因以为田除害。"④**春曰田**：春天打猎叫作田，是为田除害。⑤**夏曰苗**：夏天打猎叫作苗。钟补注："因为苗除害，故曰苗。"《周礼》谓"择取不孕任者，若治苗去不秀实者"。⑥**秋曰蒐**：范解："蒐择之舍小取大。"蒐同搜之音义。⑦**冬曰狩**：冬天打猎叫作狩。范解："狩，围狩也。冬物毕成，获则取之，无所择。"⑧**用三**：有三类用途。⑨**干豆**：范解："上杀中心死速，干之以为豆实，可以祭祀。""豆，祭器名，状如镫。"意为：晒干的兽肉，装在祭器豆里，用来祭祀祖先神灵。⑩**庖**：庖厨，厨房。

huán gōng wǔ nián

桓公五年

wǔ nián chūn zhēng yuè jiǎ xū jǐ chǒu chén hóu bào zú

经 五年春，正月甲戌、己丑，陈侯鲍卒①。

bào zú hé wèi yǐ èr rì zú zhī chūn qiū zhī yì xìn yǐ chuán xìn yí yǐ chuán yí chén hóu yǐ jiǎ xū zhī rì chū jǐ chǒu zhī rì dé bù zhī sǐ zhī rì gù jǔ èr rì yǐ bāo yě

传 鲍卒，何为以二日卒之②？《春秋》之义③，信以传信④，疑以传疑⑤。陈侯以甲戌之日出⑥，己丑之日得⑦。不知死之日，故举二日以包也⑧。

xià qí hóu zhèng bó rú jì tiān wáng shǐ rén shū zhī zǐ lái pìn

经 夏，齐侯、郑伯如纪⑨。天王使任叔之子来聘⑩。

rén shū zhī zǐ zhě lù fù yǐ shǐ zǐ yě gù wēi qí jūn chén ér zhù qí fù zǐ bú zhèng fù zài zǐ dài shì zhī cí yě

传 任叔之子者，录父以使子也⑪。故微其君臣而著其父子，不正父在子代仕之辞也。

注释：①**陈侯鲍卒**：陈国侯爵的国君名叫鲍的死了。陈侯鲍，即陈桓公。他是春秋时陈国的国君，名鲍，是陈文公的儿子。公元前744—前707年在位。鲁隐公4年（前719年），助卫国祝吁，率军与卫、宋、蔡联军伐郑。围郑东门五日而还。死後，其弟佗（即五父）杀太子免自立为君。②**以二日卒之**：用两天来记载他卒的日子。**之**：代词，指陈侯鲍。③**义**：义例。④**信以传信**：可靠的就表达可靠。**以**：连词。则，就。表示条件关系。⑤**疑**：可疑。⑥**以**：介词。在，于。**出**：外出。⑦**己丑之日**：陈侯从出去到得到他死去的消息，中间经过甲戌、乙亥、丙子、丁丑、戊寅、己卯、庚辰、辛巳、壬午、癸未、甲申、乙酉、丙戌、丁亥、戊子、己丑，一共十六天。不知道他是哪一天死的，所以把他出去的日子和得到死讯的日子都记录下来，他死亡的日期，也就包含在内了。⑧**故**：所以。**举**：列举。**以**：连词。表目的。**包**：包括。⑨**纪**：周代国名。姜姓。在今山东寿光南。春秋时，鲁庄公元年（前693年），齐吞并其郱（今安丘西）、鄑（今昌邑西）、郚（今安丘西南）三邑之地。三年，纪侯弟纪季以酅（今益都西北）入于齐，成为齐国附庸。次年，纪侯出走，纪国故地尽为齐所有。⑩**任叔**：《左传》作“仍叔”。天子之大夫。⑪**录**：记录，记载。

zàng chén huán gōng

经 葬陈桓公①。

chéng zhù qiū

城祝丘②。

qiū cài rén wèi rén chén rén cóng wáng fá zhèng

秋，蔡人、卫人、陈人从王伐郑③。

jǔ cóng zhě zhī cí yě qí jǔ cóng zhě zhī cí hé yě wèi tiān wáng huì fá zhèng yě zhèng tóng xìng zhī guó yě zài hū jì zhōu yú shì bù fú wéi tiān zǐ bìng yǐ

传 举从者之辞也。其举从者之辞何也？为天王讳伐郑也④。郑，同姓之国也，在乎冀州⑤，于是不服，为天子病矣。

dà yú

经 大雩。

zhōng

螽⑥。

zhōng chóng zāi yě shèn zé yuè bú shèn zé shí

传 螽，虫灾也。甚则月，不甚则时。

dōng zhōu gōng rú cáo

经 冬，州公如曹⑦。

wài xiāng rú bù shū cǐ qí shū hé yě guò wǒ yě

传 外相如不书⑧，此其书，何也？过我也⑨。

注释：①**葬陈桓公**：给陈桓公举行葬礼。陈桓公即陈侯鲍。②**祝丘**：鲁国地名。在今山东临沂东南。③**郑**：郑为周西都畿内地。周宣王封季弟友（桓公）于此。後来桓公之子武公迁居东都畿内，都新郑，即春秋之郑国。郑为姬姓。④**天王**：天子。春秋时特指周天子。这里指的是周桓王。**讳**：隐讳。⑤**冀州**：古代“九州”之一。《尚书·禹贡》的冀州，西、南、东三方都以当时的黄河与雍、豫、兖、青第州为界，指今山西和陕西间黄河以东，河南和山西间黄河以北和山东西北、河北东南部地区。《尔雅·释地》：“两河间曰冀州。”《周礼·职贡》：“河内曰冀州。”因另有幽州、并州，包括地区较《禹贡》冀州为小。⑥**螽**：即蝗虫。⑦**州公如曹**：州公到曹国去。州公为州国的国君。州为周代国名。姜姓。周武王时封于淳于（今山东安丘东北）。春秋初，公元前707年，其君困国危出走，遂为杞所灭。曹为周代国名。姬姓。始封君为周文王的儿子叔振铎，周初封于陶丘（今山东定陶西南），故曹叔又称陶叔。有今山东西部之地。公元前632年为晋所逼，割与宋接壤之地予宋；三年後又被晋逼，割济水以西之地予鲁。前487年，为宋所灭。⑧**外相如**：国外的人互相进入他国。⑨**过**：经过。

huán gōng liù nián

桓公六年

liù nián chūn zhēng yuè shì lái

经 六年春，正月，寔来①。

shì lái zhě shì lái yě hé wèi shì lái wèi zhōu gōng yě qí wèi zhī shì lái hé yě yǐ qí huà wǒ gù jiǎn yán zhī yě zhū hóu bù yǐ guò xiāng cháo yě

传 寔来者，是来也②。何谓是来？谓州公也。其谓之是来何也？以其画我③，故简言之也④。诸侯不以过相朝也⑤。

xià sì yuè gōng huì jì hóu yú chéng

经 夏，四月，公会纪侯于郕⑥。

qiū bā yuè rén wǔ dà yuè

秋，八月壬午，大阅⑦。

dà yuè zhě hé yuè bīng chē yě xiū jiào míng yù guó dào yě píng ér xiū róng shì fēi zhèng yě qí rì yǐ wéi chóng wǔ gù jǐn ér rì zhī gài yǐ guān fù rén yě

传 大阅者何？阅兵车也。修教明谕⑧，国道也。平而修戎事⑨，非正也⑩。其日⑪，以为崇武，故谨而日之，盖以观妇人也。

注释：①**寔**：通是。此，这。②**是来**：这个人来了。（这个人就是“州公”，也就是淳于公。）③**以其画我**：钟补注：“画化声近，何休曰：行过无礼谓之化，齐人语也。然则画者，鲁人语也。简言之者，谓言寔来，不言朝也。”句意为：因为他路过我国时无礼。④**故**：所以。**简**：简慢。⑤**诸侯**：古时帝王所辖各小国的王侯。**以**：因为。**过**：路过。**相朝**：朝见他国。⑥**郕**：《左传》、《公羊传》均作成。在今山东宁阳东北。鲁国地名。⑦**大阅**：举行盛大的检阅军队的仪式。阅为检阅，也就是检阅军队。⑧**修教明谕，国道也**：范解：“修先王之教，以明达于民治国之道。”实行先王的教化，明白告诉民众，此乃治国的道理。⑨**平而修戎事**：平时无事却进行军事演习。而：连词。表转折。⑩**正**：指合乎情理或法度。⑪**日**：动词。指记载日期。

cài rén shā chén tuó

经 **蔡人杀陈佗。**

chén tuó zhě chén jūn yě qí yuē chén tuó hé yě pǐ fū xíng gù pǐ fū chēng zhī yě qí pǐ fū xíng nài hé chén hóu xǐ liè yín liè yú cài yǔ cài rén zhēng qín cài rén bù zhī qí shì chén jūn yě ér shā zhī hé rú zhī qí shì chén jūn yě liǎng xià xiāng shā bú dào qí bú dì yú cài yě

传 陈佗者，陈君也。其曰陈佗何也？匹夫行①，故匹夫称之也。其匹夫行奈何？陈侯憙猎②，淫猎于蔡③，与蔡人争禽④。蔡人不知其是陈君也⑤，而杀之⑥。何如知其是陈君也？两下相杀⑦，不道⑧。其不地，于蔡也。

jiǔ yuè dīng mǎo zǐ tóng shēng

经 **九月丁卯，子同生⑨。**

yí gù zhì zhī shí yuē tóng hū rén yě

传 疑故志之⑩，时曰同乎人也。

dōng jì hóu lái cháo

经 **冬，纪侯来朝。**

注释：①**匹夫行**：钟补注：“庶人称匹夫。”匹夫即是庶人、平民。《韩非子·有度》：“行过不避大臣，赏善不遗匹夫。”人君，用匹夫称之，因为他有匹夫的行为。②**憙猎**：《说文》曰：“憙，悦也。从心从喜，喜亦声。”徐锴曰：“喜在心，憙见为此事，是心悦为此事也。”即喜悦打猎或喜好打猎。③**淫猎于蔡**：范解：“淫猎，谓自放恣，遗失徒众。”钟补注：“是所谓匹夫行也。传闻之误，遂以为奸淫。《公羊》似此者多。”句意为：放纵自己，恣意去蔡国境内打猎。淫猎，非奸淫、打猎二事，而是放纵自己，过度喜欢打猎。④**禽**：指捕猎的动物。⑤**其**：指陈佗。⑥**之**：指陈佗。⑦**两下相杀**：范甯解：“两大夫相杀。”指臣下双方相互残杀。⑧**不道**：指《春秋》不加以记载。⑨**子同生**：《公羊传》谓桓公夫人文姜生嫡子，与桓公生日同，故名同。《穀梁传》钟补注：“郭璞曰：同犹通，淫之也。或通依彼作解，因其名同，谓是姜氏同通乎人所生。”《穀梁传》说：“时日同乎人也。”当时鲁国人流传说：桓公与夫人姜氏所生嫡子庄公，长得与他人相像。子同生，有三解：一是与桓公同日生；二说为夫人与他人私通所生；三说庄公长得与他人相像。此从後说。⑩**疑故志之**：疑为怀疑。志，《周礼·小史》疏：“志者，记也。”句意为：怀疑这件事，所以记录它。

huán gōng qī nián

桓公七年

qī nián chūn èr yuè jǐ hài fén xián qiū

经 **七年，春，二月己亥，焚咸丘**[1]**。**

qí bù yán zhū xián qiū hé yě jí qí yǐ huǒ gōng yě

传 其不言邾咸丘，何也[2]？疾其以火攻也[3]。

xià gǔ bó suí lái cháo dèng hóu wú lí lái cháo

经 **夏，穀伯绥来朝**[4]**。邓侯吾离来朝**[5]**。**

qí míng hé yě shī guó yě shī guó zé qí yǐ cháo yán zhī hé yě cháng yǐ zhū hóu yǔ zhī jiē yǐ suī shī guó fú sǔn wú yì rì yě

传 其名何也[6]？失国也[7]。失国，则其以朝言之何也[8]？尝以诸侯与之接矣[9]，虽失国，弗损吾异日也。

注释：①**焚咸丘**：桓公用火烧咸丘城邑。咸丘，在今山东巨野东。《公羊传》说：“咸丘者何？邾娄之邑也。”②**不言邾咸丘，何也**：不说邾娄国的咸丘城邑，这是为什么？钟补注：“咸丘当系邾。”③**疾其以火攻也**：钟补注：“今疾其以火攻。详其所焚之邑，则略其所系之国也。”“疾，犹恶也。”“疾其暴而不仁也。”厌恶鲁君残暴不讲仁慈，用火攻邾娄国的咸丘城邑。④**穀伯绥**：穀为周代国名。嬴姓。在今湖北穀城西北，春秋时为楚所灭。意为：穀国伯爵的国君名叫绥。⑤**邓侯吾离**：邓为周代国名。曼姓。在今湖北襄樊北。一说在今河南邓州。公元前678年灭于楚。⑥**其**：代词。指《春秋》。**名**：动词。指记载上面两国国君的名。⑦**失国**：失去了国家，指国家灭亡。⑧**以朝言之**：用朝见来记载他们。⑨**尝**：曾经。**诸侯**：指诸侯的等级、身份。

huán gōng bā nián

桓公八年

bā nián chūn zhēng yuè jǐ mǎo zhēng

经 八年，春，正月己卯，烝①。

zhēng dōng shì yě chūn xīng zhī zhì bù shí yě

传 烝，冬事也②，春兴之③，志不时也④。

tiān wáng shǐ jiā fǔ lái pìn

经 天王使家父来聘⑤。

xià wǔ yuè dīng chǒu zhēng

夏，五月丁丑，烝。

zhēng dōng shì yě chūn xià xīng zhī dú sì yě zhì bú jìng yě

传 烝，冬事也，春夏兴之，黩祀也⑥。志不敬也⑦。

qiū fá zhū

经 秋，伐邾⑧。

dōng shí yuè yù xuě zhài gōng lái suì nì wáng hòu

冬，十月，雨雪⑨。祭公来⑩，遂逆王后

注释：①**烝**：《公羊传·桓公八年》："烝者何？冬祭也。春曰祠，夏曰礿，秋曰尝，冬曰烝。"冬季祭祀祖先的祭祀名叫烝。②**冬事**：冬天祭祀之事。③**春兴之**：《广雅·释诂》："兴，举也。"《论语·子路》疏："兴，行也。"《吕览·怀宠》注："兴之，举其事。"句意为：春季举行祭祀。④**志**：记载。**不时**：不按照所规定的时间（来祭祀）。⑤**天王使家父来聘**：天王为周桓王。家父，范解："家父，天子大夫。家氏，父字。"句意为：周桓王派使臣姓家字叫父的人，到鲁国来聘问鲁君。⑥**黩祀也**：《礼记·表记》疏："黩，谓亵渎。"《集韵》黩通作渎。《左传·昭公元年》："渎，慢也。"意为亵渎、怠慢祭祀祖先神灵的祭祀。⑦**不敬**：指对祭祀不恭敬。⑧**伐邾**：邾，一作邾娄、朱、邹、驺。周代国名。曹姓。始封君挟（或作侠）为颛顼之後，周武王伐纣後受封。春秋时国都原在今山东曲阜东，有今山东费、邹、滕州、济宁、金乡等地。公元前614年迁于绎（今山东邹城东南），依山而建城。战国时灭于楚。⑨**雨雪**：下雪。雨，动词。下。⑩**祭公来**：范解："祭公，寰内诸侯，为天子三公者。"寰内诸侯，是天子京畿之内封的诸侯，在周王室作三公官。祭，或作蔡、鄒。祭为周代国名。姬姓。在今河南郑州东北，始封君为周公之子。祭公谋父为穆王臣。祭国春秋尚存。意为：祭公到鲁国来。

yú jì
于纪[1]。

qí bù yán shǐ yān hé yě bú zhèng qí yǐ zōng miào zhī
传 其不言使焉何也[2]？不正其以宗庙之

dà shì jí móu yú wǒ gù fú yǔ shǐ yě suì jì shì
大事[3]，即谋于我[4]，故弗与使也。遂，继事

zhī cí yě qí yuē suì nì wáng hòu gù lüè zhī yě huò yuē
之辞也。其曰遂逆王后，故略之也。或曰：

tiān zǐ wú wài wáng mìng zhī zé chéng yǐ
天子无外[5]，王命之则成矣。

注释：①**遂逆王后于纪**：纪为周代国名。姜姓。在今山东寿光南。春秋时，鲁庄公元年（公元前693年），齐国吞并纪国三个邑。三年纪成齐国的附庸。四年，纪国故地尽为齐国占有。遂为继事之辞。逆义为迎。句意为：接着去纪国替桓王亲迎王后。②**使**：指受周天子的派遣。**焉**：语气助词。③**正**：指合乎情理或法度。④**即**：来。**谋**：商议。**我**：指鲁国。⑤**天子无外**：《诗·小雅·北山》："普天之下，莫非王土；率土之滨，莫非王臣。"即普天下的土地，都是周天王的土地；普天下的人，都是周天王的臣民。天底下，没有周天子统治以外的土地和臣民。句意为：周天子统治下，无外土、外民。

桓公九年

经 九年，春，纪季姜归于京师①。

传 为之中者，归之也②。

经 夏，四月③。

秋，七月。

冬，曹伯使其世子射姑来朝④。

传 朝不言使，言使非正也⑤。使世子伉诸侯之礼而来朝⑥，曹伯失正矣。诸侯相见曰朝。以待人父之道待人之子，以内为失

注释：①**纪季姜归于京师**：范解："季姜桓王后，书字者，由父母之尊，姜，纪姓。"纪为国名，季姜是桓王王后的名字。季，为伯、仲、叔、季的姊妹排行，居老幺。纪为纪国，姜为纪国国君的姓。句意为：纪国的季姜嫁到京城。②**为之中者，归之也**：杨士勋疏："释曰：刘夏逆王后，经不言归，则是鲁不关与婚事。而范氏《略例》云：逆王后有二者，以书逆王后，皆由过鲁。若鲁主婚而过我，则言归；若不主婚而过我，则直言逆。""我为之中者"、"明鲁为媒"，所以将季姜嫁到京师。③**夏，四月**：这里的"夏"只载有"四月"，而下一句的"秋"只载有"七月"。按照《春秋》惯例，春、夏、秋、冬四个季度，无论哪一个季度，即使没有什么有意义的事情值得记载，也要记上这一季度的头一个月，以保证一年时间的完整性。④**曹伯使其世子射姑来朝**：世子是天子、诸侯的嫡长子。射姑是世子的名字。句意为：曹国伯爵的国君派他的嫡长子名叫射姑的作使者到鲁国来朝鲁君。⑤**正**：指合乎法或情理。⑥**使世子伉诸侯之礼而来朝**：《左传·成公十一年》注："伉者，相当之言。"句意为：派遣世子作使臣，相当于诸侯之礼到鲁国来朝见鲁君。

正矣。内失正，曹伯失正①，世子可以已矣②，则是放命也③。《尸子》曰④："夫已，多乎道。"

注释：①**曹伯**：曹桓公。此在其五十四年。②**世子可以已矣**：钟补注："已，正也。谓止不来也。"句意为：世子可以停止不来鲁国了。③**则是放命也**：范解："父有争子不陷于不义，射姑废曹伯之命可。"钟补注："放，违也。""以废释放。"句意为：那就是违背父亲命令。④**《尸子》**：书名。战国晋（一说鲁）尸佼撰。曾为秦相商鞅门客。商鞅被刑，佼恐被诛，乃亡入蜀。自为造此书二十篇，凡六万馀言。内容十九篇陈道仁义之纪，一篇九州险阻，水泉所出。原书南宋时散佚。唐以後有辑本。

huán gōng shí nián

桓公十年

shí nián chūn wáng zhēng yuè gēng shēn cáo bó zhōng shēng zú

经 十年，春，王正月庚申①，曹伯终生卒②。

huán wú wáng qí yuē wáng hé yě zhèng zhōng shēng zhī zú yě

传 桓无王③，其曰王何也？正终生之卒也。

xià wǔ yuè zàng cáo huán gōng

经 夏，五月，葬曹桓公。

qiū gōng huì wèi hóu yú táo qiū fú yù

秋，公会卫侯于桃丘④，弗遇⑤。

fú yù zhě zhì bù xiāng dé yě fú nèi cí yě

传 弗遇者，志不相得也⑥。弗，内辞也⑦。

dōng shí yòu èr yuè bǐng wǔ qí hóu wèi hóu zhèng

经 冬，十有（又）二月丙午，齐侯、卫侯、郑

bó lái zhàn yú láng

伯来战于郎⑧。

lái zhàn zhě qián dìng zhī zhàn yě nèi bù yán zhàn yán

传 来战者，前定之战也。内不言战，言

zhàn zé bài yě bù yán qí rén yǐ wú bài yě bù yán jí

战则败也。不言其人，以吾败也。不言及

zhě wèi nèi huì yě

者，为内讳也。

注释：①**王正月**：周天子所颁行历法的正月。正月：旧历指一年的头一个月。《集韵·清韵》："正，岁之首月，夏以建寅月为正，殷以建丑月为正，周以建子月（约相当于现行农历的十一月）为正。"②**曹伯终生卒**：曹国伯爵的国君名叫终生的死了。曹伯终生，就是曹桓公。他是春秋时期曹国的国君。名终生。曹穆公的儿子。公元前756—前702年在位。在位54年，是春秋时期诸侯在位时间最长者。死後，儿子射姑继位。③**桓无王**：桓公心目中没有王的存在。杨士勋疏：释曰：徐邈云："桓公篡立，不顾王命，王不能讨，故无王。"④**桃丘**：卫国地名。在今山东东阿西南。⑤**弗遇**：没有遇见。⑥**弗遇者，志不相得也**：范解："倡会者卫，鲁至桃丘而卫不来，故书弗遇以杀耻。"句意为：不相见面的意思，是鲁、卫两国的国君志趣不相投。⑦**内**：指鲁国。⑧**来战于郎**：郎是鲁国的城邑。这次，齐、卫、郑联合攻鲁的原因，《左传·桓公十年》说："初，北戎病齐（在桓公六年），诸侯救之。郑公子忽有功焉。齐人饩诸侯，使鲁次之。鲁以周班後郑，郑人怒，请师于齐，齐以卫师助之，故不称侵伐，先书'齐、卫'，王爵也。"句意为：到鲁国的郎地来作战。

huán gōng shí yī nián

桓公十一年

shí yòu yī nián chūn zhēng yuè qí rén wèi rén

经 十有（又）一年[①]，春，正月，齐人、卫人、

zhèng rén méng yú wū cáo

郑人盟于恶曹[②]。

xià wǔ yuè guǐ wèi zhèng bó wù shēng zú

夏五月癸未，郑伯寤生卒[③]。

qiū qī yuè zàng zhèng zhuāng gōng

秋，七月，葬郑庄公[④]。

jiǔ yuè sòng rén zhí zhèng zhài zhòng

九月，宋人执郑祭仲[⑤]。

sòng rén zhě sòng gōng yě qí yuē rén hé yě biǎn zhī

传 宋人者，宋公也[⑥]。其曰人何也？贬之

yě

也。

注释：①**有**：通又。用于整数和零数之间。②**恶曹**：在今河南延津东南。③**郑伯寤生卒**：郑伯寤生，即郑庄公。他是春秋时郑国的国君。郑武公的儿子，继武公即位。公元前743—前701年在位。即位後任祭仲为卿。封其弟叔段于京（今河南荥阳东南），号京城太叔。叔段与其母武姜据京城叛，乃發兵平叛，叔段出奔共（今河南辉县市）。遂迁武姜于城颍（今河南登封西）。誓言“不及黄泉，无相见也”（《左传·隐公元年》）。居年馀，悔迁母，颍谷封人颍考叔为其掘地相见。为周平王卿士。曾联齐、鲁击败宋、卫。後侵周地，割取禾麦。鲁隐公五年（前707年）周桓王免其卿士职位，遂不朝周。桓王率蔡、卫、陈等诸侯之师伐郑。他率部抗御，在繻葛大败王师，桓王肩部中箭受伤。句意为：郑国伯爵的国君名叫寤生的死了。④**葬郑庄公**：郑庄公，即前郑伯寤生。句意为：给郑庄公举行葬礼。⑤**宋人执郑祭仲**：祭仲是春秋时郑国人。又称祭仲足、祭足。事郑庄公为卿。鲁桓公五年（公元前707年）率左拒之师参与繻葛之战，大败周桓王。十一年，郑庄公死，他立庄公太子忽，是为昭公。旋被宋人劫持，归後被迫改立公子突，即郑厉公。昭公奔卫。十五年，厉公以他专擅国政，谋使雍纠杀之，赖其女告密，执杀雍纠，厉公奔蔡，昭公复位。十八年，齐伐郑，师至省止（今河南睢县东南），郑子亹等往见襄公，为齐所杀。他因知齐襄公与子亹有怨，称病未往，以此免祸，时人曰“祭仲知免”。句意为：宋国人拘捕了郑国的祭仲。⑥**宋公**：宋庄公。此在其九年。

tū guī yú zhèng

经 突归于郑[①]。

yuē tū jiàn zhī yě yuē guī yì cí yě zhài zhòng yì qí shì quán zài zhài zhòng yě sǐ jūn nàn chén dào yě jīn lì è ér chù zhèng wù zhài zhòng yě

传 曰突，贱之也。曰归，易辞也[②]。祭仲易其事[③]，权在祭仲也[④]。死君难[⑤]，臣道也。今立恶而黜正[⑥]，恶祭仲也。

zhèng hū chū bēn wèi

经 郑忽出奔卫[⑦]。

zhèng hū zhě shì zǐ hū yě qí míng shī guó yě

传 郑忽者，世子忽也。其名，失国也。

róu huì sòng gōng chén hóu cài shū méng yú zhé

经 柔会宋公、陈侯、蔡叔，盟于折[⑧]。

róu zhě hé wú dà fū zhī wèi mìng zhě yě

传 柔者何？吾大夫之未命者也[⑨]。

gōng huì sòng gōng yú fú zhōng

经 公会宋公于夫锺[⑩]。

dōng shí yòu èr yuè gōng huì sòng gōng yú kàn

冬，十有(又)二月，公会宋公于阚[⑪]。

注释：①**突归于郑**：范解：“突，郑厉公。昭公之弟，庄公之子。”句意为：公子突回到郑国。②**易辞也**：是表示容易的话。③**易其事**：轻易地办成那件事情。④**权**：权力。⑤**死君难**：为君主蒙难而死。⑥**今立恶而黜正**：从宋国放归郑的祭仲，罢黜了由太子立为国君的郑昭公，改立恶人公子突为郑厉公。⑦**郑忽出奔卫**：范解：“忽，郑昭公。”郑昭公是春秋时郑国的国君。名忽。郑庄公的儿子。公元前696—前695年在位。郑庄公三十八年（公元前706年），他以太子领兵救齐，大败北戎于齐郊。庄公死，继立为君，旋因大夫祭仲为宋劫持，放归谋主公子突（即郑厉公）而奔卫。不久因祭仲擅权，厉公欲杀祭仲，谋泄出奔，他被迎返复位。後在出猎时被大夫高渠弥射杀。⑧**折**：范解：“折，某地。”疑在宋境。⑨**吾**：我国。指鲁国。**大夫**：古代官名。西周以後的诸侯国中，国君下有卿、大夫十三级，“大夫”世袭，且有封地。**未命**：尚未受到正式任命。⑩**夫锺**：在今山东宁阳西北。⑪**阚**：在今山东汶上西南。

huán gōng shí èr nián
桓公十二年

shí yòu èr nián chūn zhēng yuè

经 十有又二年春，正月。

xià liù yuè rén yín gōng huì jì hóu jǔ zǐ méng yú qū chí

夏，六月壬寅，公会纪侯、莒子，盟于曲池①。

qiū qī yuè dīng hài gōng huì sòng gōng

秋，七月丁亥，公会宋公②。

yān rén méng yú gǔ qiū

燕人盟于穀丘③。

bā yuè rén chén chén hóu yuè zú

八月壬辰，陈侯跃卒④。

gōng huì sòng gōng yú xū

公会宋公于虚⑤。

dōng shí yòu yī yuè gōng huì sòng gōng yú guī

经 冬，十有又一月，公会宋公于龟⑥。

bǐng xū gōng huì zhèng bó méng yú wǔ fǔ

丙戌，公会郑伯⑦，盟于武父⑧。

bǐng xū wèi hóu jìn zú

丙戌，卫侯晋卒⑨。

注释：①**曲池**：《公羊传》作“殴蛇”。《左传》作“曲池”。在今山东曲阜东北。鲁国地名。②**会**：会见，会晤。**宋公**：宋庄公。此在其十年。③**穀丘**：宋国地名。在今河南商丘。④**陈侯**：陈厉公。此在其七年。⑤**虚**：《公羊传》作“郯”。《春秋经》作“虚”。宋国地名。在今河南延津南。⑥**龟**：宋国地名。在今河南睢县境内。⑦**郑伯**：郑厉公突。此在其元年。⑧**武父**：郑国地名。在今山东东明南。⑨**卫侯**：卫宣公。此在其十九年。

zài chēng rì jué rì yì yě

传 再称日[①]，决日义也[②]。

shí yòu èr yuè jí zhèng shī fá sòng dīng wèi zhàn yú sòng

经 十有[又]二月，及郑师伐宋。丁未，战于宋[③]。

fēi yǔ suǒ yǔ fá zhàn yě bù yán yǔ zhèng zhàn chǐ bù hé yě yú fá yǔ zhàn bài yě nèi huì bài jǔ qí kě dào zhě yě

传 非与所与伐战也[④]。不言与郑战[⑤]，耻不和也[⑥]。于伐与战[⑦]，败也。内讳败，举其可道者也。

注释： ①**再称日：** 用“丙戌”日两次记事，所以叫“再称日”。②**决日义也：**《汉书·沟洫志》注：“决，分泄也。”区分，判别。义为意义、含义。句意为：区分同一天所记两件事的不同含义。③**战于宋：** 在宋国作战。④**非与所与伐战也：** 非，为非难、责备。与，为同，和，介词。所与伐，指鲁国曾同郑国一起去讨伐宋国。责备鲁国同曾经与之联手对宋国作战的郑国作战。简言之，责备鲁国对郑国作战。⑤**言：** 说，记载。⑥**耻不和也：** 耻于鲁、郑不和。鲁与郑曾结盟，今天又作战，史官感到羞耻。⑦**于伐：** 在攻伐宋的时候。**与战：** 和郑国作战。

桓公十三年

huán gōng shí sān nián

经 十有（又）三年①，春，二月，公会纪侯、郑伯②。己巳，及齐侯、宋公、卫侯、燕人战③，齐师、宋师、卫师、燕师败绩④。

shí yòu sān nián chūn èr yuè gōng huì jì hóu zhèng bó jǐ sì jí qí hóu sòng gōng wèi hóu yān rén zhàn qí shī sòng shī wèi shī yān shī bài jì

传 其言及者，由内及之也⑤。其曰战者，由外言之也⑥。战称人⑦，败称师⑧，重众也。其不地⑨，于纪也⑩。

qí yán jí zhě yóu nèi jí zhī yě qí yuē zhàn zhě yóu wài yán zhī yě zhàn chēng rén bài chēng shī zhòng zhòng yě qí bú dì yú jì yě

经 三月，葬卫宣公⑪。

sān yuè zàng wèi xuān gōng

夏，大水。

xià dà shuǐ

秋，七月⑫。

qiū qī yuè

冬，十月。

dōng shí yuè

注释：①有：通又，用于整数与零数之间。②公会纪侯、郑伯：由于宋向郑索取财物，鲁国从中调解不成，故鲁与宋失和。宋国利用齐欲灭纪侵鲁之心，劝齐出兵攻纪，宋则与卫、燕合兵助齐。鲁国出兵保纪，也为自保，与纪、郑联合。③及：《尔雅·释诂》："及，与也。"《书·洛诰》疏："及训与也。"与齐侯等作战。④败绩：大溃败。⑤由内及之也：《广雅·释诂一》："及，至也。"《吕览·音初》注："之，其。"句意为：从鲁国内说到其他诸侯国。⑥外：指鲁国以外的国家。⑦战：作战。⑧败：被击败。师：军队。⑨不地：不记载地点。⑩于纪：在纪国。⑪卫宣公：春秋时卫国的国君，名晋。卫桓公的弟弟。祝吁被杀後，卫人迎而立他即位。公元前718—前700年在位。夫人夷姜所生子伋立为太子。太子伋去齐迎娶齐女，他见齐女美而自娶，後齐女生秦、朔二子。夷姜死，听齐女与公子朔谗言，废太子伋，立朔为太子。⑫七月：按《春秋》体例，一年四季，即使没有值得记载的事情，也要记上头一个月，以保证一年的完整性。

huán gōng shí sì nián

桓公十四年

shí yòu sì nián chūn zhēng yuè gōng huì zhèng bó yú cáo

经 十有又四年春，正月，公会郑伯于曹①。

wú bīng

无冰②。

wú bīng shí yù yě

传 无冰，时燠也③。

xià wǔ zhèng bó shǐ qí dì yù lái méng

经 夏，五④。郑伯使其弟御来盟⑤。

zhū hóu zhī zūn dì xiōng bù dé yǐ shǔ tōng qí dì yún zhě yǐ qí lái wǒ jǔ qí guì zhě yě lái méng qián dìng yě bú rì qián dìng zhī méng bú rì kǒng zǐ yuē tīng yuǎn yīn zhě wén qí jí ér bù wén qí shū wàng yuǎn zhě chá qí mào ér bù chá qí xíng lì hū dìng āi yǐ

传 诸侯之尊⑥，弟兄不得以属通⑦。其弟云者⑧，以其来我举其贵者也⑨。来盟，前定也⑩。不日⑪，前定之盟不日。孔子曰："听远音者，闻其疾而不闻其舒⑫；望远者，察其貌而不察其形⑬。"立乎定、哀以

注释：①**曹**：曹国。在今山东定陶西北。②**无冰**：没有冰冻。③**时燠也**：时为季节。《说文》："燠，热在中也。"《尔雅·释言》："燠，煖也。"即季节温暖。④**夏，五**：《春秋经》杜注："不书日，阙文。"⑤**郑伯**：郑厉公。此在其三年。**使**：指派。**御**：字子人。《左传》作"语"。⑥**尊**：尊贵。⑦**以属通**：以亲属的名义与外国来往。⑧**云**：说。⑨**以**：因为。**我**：指鲁国。**贵者**：显贵之人。⑩**前定**：预先约定。⑪**日**：动词。记载日子。⑫**听远音者，闻其疾而不闻其舒**：范解："疾谓激扬，舒谓徐缓。"句意为：听远处传来的声音，只听见疾促的高音，而听不见徐缓的低音。⑬**望远者，察其貌而不察其形**：范解："貌，姿体。形，容色。"句意为：看远处的人体，只能看见人的肢体、姿式，看不见人的面容和颜色。

zhǐ yǐn huán yǐn huán zhī rì yuǎn yǐ xià wǔ chuán yí yě

指隐、桓[1]，隐、桓之日远矣。夏五，传疑也[2]。

qiū bā yuè rén shēn yù lǐn zāi yǐ hài cháng

经 **秋，八月壬申，御廪灾[3]。乙亥，尝[4]。**

yù lǐn zhī zāi bú zhì cǐ qí zhì hé yě yǐ wéi wéi

传 御廪之灾不志[5]，此其志何也？以为唯

wèi yì zāi zhī yú ér cháng kě yě zhì bú jìng yě tiān zǐ

未易灾之馀而尝可也[6]，志不敬也[7]。天子

qīn gēng yǐ gōng zī chéng wáng hòu qīn cán yǐ gōng jì fú

亲耕以共（供）粢盛[8]，王后亲蚕以共（供）祭服[9]，

guó fēi wú liáng nóng gōng nǚ yě yǐ wéi rén zhī suǒ jìn shì qí

国非无良农工女也[10]，以为人之所尽事其

zǔ nǐ bú ruò yǐ jǐ suǒ zì qīn zhě yě hé yòng jiàn qí

祖祢[11]，不若以己所自亲者也[12]。何用见其

wèi yì zāi zhī yú ér cháng yě yuē diàn sù ér nà zhī sān

未易灾之馀而尝也？曰甸粟[13]，而内（纳）之三

gōng sān gōng mǐ ér cáng zhī yù lǐn fú cháng bì yǒu jiān diàn

宫[14]，三宫米而藏之御廪。夫尝必有兼甸

zhī shì yān rén shēn yù lǐn zāi yǐ hài cháng yǐ wéi wèi

之事焉。壬申，御廪灾。乙亥尝。以为未

注释：①**立乎定，哀以指隐、桓：**孔子是春秋末期的鲁国人，主要活动在鲁定公、鲁哀公时期。立足于定、哀时期，要去记述春秋初期鲁隐公、鲁桓公时的事，当然感到鲁隐公、鲁桓公时期离他很远了。②**夏五，传疑也：**“夏五”这样的记载，就是《春秋》编年史书，流传下来的疑难问题。③**御廪灾：**杨疏：“御廪者，藏公所亲耕之物，御用于宗庙，故谓之御廪。”《春秋经》杜注：“天火曰灾。”《公羊传》何休注：“火自出烧之曰灾。”句意为：诸侯亲耕籍田，收获的粮食，装在公仓里，以供祭祀祖先时，煮献神饭之用，这个仓就是御廪。鲁国的公仓御廪發生了火灾。④**尝：**秋季，收割新谷，煮的献神饭，供祖先享用，这叫尝新祭，也叫尝祭。尝祭是秋季祭礼的名称。⑤**志：**记载。⑥**以为：**认为。**唯：**连词。虽然，纵使。表示让步关系。**未：**没有。**易：**换。**灾之馀：**指御廪遭火灾後烧剩的供祭祀用的粮米。**可：**可以。⑦**志不敬：**记载对于祭祀不恭敬。⑧**天子亲耕以共粢盛：**共，通供。粢盛，范解：“黍稷曰粢，在器曰盛。”句意为：天子亲耕籍田，收获的粮食，煮成献神饭，装在饭碗里，以供神灵享用。⑨**王后亲蚕以共祭服：**王后亲自养蚕，缫丝织帛，做成绸子衣服，供天子穿上，去祭祀神灵。⑩**国：**指鲁国国内。**良农：**好的农夫。**工女：**做工精巧的妇女。⑪**祖祢：**死去的祖父和父亲在宗庙里的神主牌的名称。⑫**亲：**恭敬，虔诚。⑬**甸粟：**杨疏：“传言甸粟，知是掌田之官也。”范解：“甸，甸师，掌田之官也。”句意为：甸师收起来的粟米，叫甸粟。⑭**内之三宫：**内通纳。三宫，杨疏：“礼：王后六宫，诸侯夫人三宫也。故知三宫是三夫人宫也。”甸师收起来的粟米，交纳到三宫里，叫“三宫米”，然後收藏在御廪里。

yì zāi zhī yú ér cháng yě
易灾之馀而尝也。

dōng shí yòu èr yuè dīng sì qí hóu lù fǔ zú
经 冬，十有又二月丁巳，齐侯禄父卒[①]。

sòng rén yǐ qí rén cài rén wèi rén chén rén fá zhèng
宋人以齐人、蔡人、卫人、陈人伐郑。

yǐ zhě bù yǐ zhě yě mín zhě jūn zhī běn yě shǐ
传 以者，不以者也。民者，君之本也。使

rén yǐ qí sǐ fēi zhèng yě
人以其死，非正也。

注释：①**齐侯禄父卒：** 即齐僖公死了。他是春秋初齐国的国君。名禄父（或作禄甫）。齐庄公的儿子。公元前730年—前698年在位。在位期间，曾与鲁、卫、郑诸国会盟伐宋，又与宋、燕联合伐鲁，有小霸诸侯之称。

桓公十五年

经 十有（又）五年[①]，春，二月，天王使家父来求车[②]。

传 古者诸侯时献于天子[③]，以其国之所有[④]，故有辞让而无征求[⑤]。求车非礼也，求金甚矣[⑥]。

经 三月乙未，天王崩[⑦]。

夏，四月己巳，葬齐僖公。

五月，郑伯突出奔蔡[⑧]。

传 讥夺正也[⑨]。

经 郑世子忽复归于郑。

注释：①**有**：通又。用于整数与零数之间。②**天王**：周桓王。此在其二十三年。**使**：派。**家父**：天子大夫。家，氏；父，字。**求**：索讨。③**古者诸侯时献于天子**：古时候，诸侯按时贡献财物给天子。④**以**：用，把。**所有**：所产物品。⑤**故**：所以。⑥**求车非礼也，求金甚矣**：天子向诸侯索取车辆，这是违反礼制的；向诸侯索取钱财就更加违礼了。⑦**天王崩**：天王是指周桓王。他是东周国王。名林，是周平王孙子。公元前719—前697年在位。崩，是天子死去，叫做崩。《礼记·典礼下》说："天子死曰崩，诸侯曰薨，大夫曰卒，士曰不禄，庶人曰死。"崩的意思是山从顶上垮下来。句意为：周桓王死了。⑧**郑伯**：郑厉公，名突。此在其四年。⑨**讥**：讥讽，讽刺。**夺正**：夺取世子之君位。

fǎn zhèng yě
反返正也。

xǔ shū rù yú xǔ
经 许叔入于许①。

xǔ shū xǔ zhī guì zhě yě mò yí hū xǔ shū qí yuē rù hé yě qí guī zhī dào fēi suǒ yǐ guī yě
传 许叔，许之贵者也。莫宜乎许叔。其曰入何也？其归之道，非所以归也。

gōng huì qí hóu yú hāo
经 公会齐侯于蒿②。

zhū rén móu rén gé rén lái cháo
邾人、牟人、葛人来朝③。

qiū jiǔ yuè zhèng bó tū rù yú lì
秋，九月，郑伯突入于栎④。

dōng shí yòu yī yuè gōng huì sòng gōng wèi hóu chén hóu yú chǐ fá zhèng
冬，十有又一月，公会宋公、卫侯、陈侯于袲⑤，伐郑。

dì ér hòu fá yí cí yě fēi qí yí yě
传 地而後伐⑥，疑辞也⑦。非其疑也⑧。

注释：①**许叔入于许**：许，金文作鄦。周代国名。姜姓。男爵，始封君传为伯夷之後人文叔。在今河南许昌东。春秋时夹处郑、楚之间。鲁成公十五年（前576年）迁于叶（今河南叶县西南）。鲁昭公九年（公元前533）被楚迁到城父（今安徽亳州东南）。後为楚所灭，遗民被迁到荆山。十三年，楚平王即位，使之复国。十八年，迁于白羽（今河南西峡）。鲁定公四年（前506年）又迁容城（今河南叶县西）。六年又为郑所灭，後得楚支持，再复国。战国灭于楚，一说灭于魏。句意为：许叔回到许国。②**公会齐侯于蒿**：蒿，《公羊传》作鄗，《左传》作艾。在今山东牟县东南。句意为：鲁桓公在蒿这个地方会见齐襄公。③**牟人**：牟，周代国名。传为祝融之後。曹姓，在今山东莱芜东。春秋初为鲁之附庸国。或说为楚所灭。牟人就是牟国人。**葛人**：就是葛国人。葛国，在今河南宁陵北。夏桀时，葛国的国君葛伯即为诸侯，与商汤为邻。《孟子·滕文公下》说："汤居亳，与葛为邻，葛伯放而不祀，汤使人问之曰：何为不祀？曰：无以供牺牲也。汤使遗之牛羊，葛伯食之，又不以祀。汤又使人问之曰：何为不祀？曰：无以供粢盛也。汤使亳众往为之耕，老弱馈食。葛伯率其民，要其有酒食、黍稷者夺之，不授者杀之。有童子以黍肉饷，杀而夺之。书曰：葛伯仇饷，此之谓也。"葛国，春秋初犹存。④**栎**：为郑国城邑名。在今河南禹县。栎人杀守邑大夫檀伯，郑伯突（郑厉公）乘机进入栎，并以此为居住之处。据《史记·郑世家》载：六月间，祭仲迎昭公入郑复位。九月，诸侯闻厉公出奔，伐郑不克。突入栎後，宋国"颇与厉公兵，自守于栎，郑以故，亦不伐栎"。⑤**袲**：《左传》与《穀梁传》同。《公羊传》作侈。范解："袲，宋地。袲，昌氏反。"在今安徽宿州市西。袲，从衣从多。或作移。⑥**地而後伐**：先说地点然後才说攻伐。⑦**疑辞**：迟疑不定的言辞。⑧**非**：责怪。

桓公十六年
(huán gōng shí liù nián)

经 十有(又)六年春，正月，公会宋公、蔡侯、卫侯于曹①。

夏，四月，公会宋公、卫侯、陈侯、蔡侯伐郑②。

秋，七月，公至自伐郑③。

传 桓无会④，其致何也？危之也。

经 冬，城向。

十有(又)一月，卫侯朔出奔齐⑤。

传 朔之名，恶也⑥，天子召而不往也。

注释：①**曹**：在今山东定陶西北。②**会**：会见，会晤。**宋公**：宋庄公。此在其十四年。卫侯：卫惠公。此在其四年。**陈侯**：陈庄公。此在其四年。蔡侯：蔡桓公。此在其十九年。③**至自伐郑**：从攻伐郑国的地点回到鲁国。④**桓无会**：指不记载桓公从会见场所回国这样的事。⑤**卫侯朔出奔齐**：卫侯朔，即卫惠公。他是春秋时卫国的国君。名朔。卫宣公的小儿子。先後在位二十一年（公元前699—前697年；公元前686—前669年）。因宣公听信其母之谗言，废太子伋後，得以继位。即位三年，诸宗族公子不服作乱，乃出奔齐。诸公子立公子黔牟。黔牟主八年，齐襄公率诸侯奉周王之命伐卫，诛除诸公子，黔牟奔周。他得复位。周惠王二年（公元前675年），周大夫蔿国等奉子颓（周庄王庶子）攻惠王，周有王子颓之乱，他出兵与南燕助子颓。⑥**恶也**：意为讨厌、憎恨。

huán gōng shí qī nián

桓公十七年

shí yòu qī nián chūn zhēng yuè bǐng chén gōng huì qí hóu jì hóu méng yú huáng

经 十有又七年，春，正月丙辰①，公会齐侯、纪侯，盟于黄②。

èr yuè bǐng wǔ gōng jí zhū yí fǔ méng yú cuǐ

二月丙午，公及邾仪父盟于趡③。

xià wǔ yuè bǐng wǔ jí qí shī zhàn yú láng

夏，五月丙午，及齐师战于郎④。

nèi huì bài jǔ qí kě dào zhě yě bù yán qí rén yǐ wú bài yě bù yán jí zhī zhě wèi nèi huì yě

传 内讳败⑤，举其可道者也⑥。不言其人⑦，以吾败也。不言及之者，为内讳也。

liù yuè dīng chǒu cài hóu fēng rén zú

经 六月丁丑，蔡侯封人卒⑧。

qiū bā yuè cài jì zì chén guī yú cài

秋，八月，蔡季自陈归于蔡。

cài jì cài zhī guì zhě yě zì chén chén yǒu fèng yān

蔡季，蔡之贵者也。自陈，陈有奉焉

注释：①**正月**：旧历指一年的头一个月。《集韵·清韵》："正，岁之首月，夏以建寅月为正，殷以建丑月为正，周以建子月（约相当于现行农历的十一月）为正。"②**黄**：齐国地名。在今山东邹平东。③**趡**：鲁国地名。在今山东泗水、邹城市之间。④**郎**：本条，《左传》、《公羊传》均无"夏"字。钟补注："《左氏》、《公羊》作奚。"张寿恭曰："《说文》：郎，汝南召陵里。从邑自声，读若奚。凡《说文》读若之字，皆可通假。《穀梁》盖假郎为奚。後人少识郎字，以其与郎相似，故误为郎耳。"郎，应为奚。在今山东滕州市南。⑤**内**：指鲁国。讳：隐讳。败：被打败。⑥**举**：列举，提出。**可道**：可说。⑦**不言其人**：不称对方是齐人。范甯云："言人则微者，败于微者，其耻又甚，故言师。"⑧**蔡侯封人卒**：蔡桓侯死了。他是春秋时蔡国的国君。名封人。蔡宣侯的儿子。公元前714—前695年在位。鲁桓公五年（公元前707年），周桓王以郑庄公不朝，率王师及诸侯军伐郑，他派军参加。十六年又率军与宋、鲁、卫、陈联合伐郑。他死後，弟献舞继位。

ěr
尔[①]。

guǐ sì zàng cài huán hóu
经 癸巳，葬蔡桓侯[②]。

jí sòng rén wèi rén fá zhū
及宋人、卫人伐邾。

dōng shí yuè shuò rì yǒu shí zhī
冬，十月朔，日有食之。

yán shuò bù yán rì shí jì shuò yě
传 言朔不言日，食既朔也[③]。

注释：①**陈有奉焉尔**：范解：“陈以力助。”句意为：陈尽力帮助他回国。②**葬蔡桓侯**：蔡桓侯即前蔡侯封人。句意为：给蔡桓侯行葬礼。③**食既朔也**：范解：“既，尽也。尽朔一日，至明日乃食，是月二日食也。”句意为：这次日食發生在十月初二日。

桓公十八年

huán gōng shí bā nián

经 十有（又）八年，春，王正月①，公会齐侯于泺②。公与夫人姜氏遂如齐。

shí yòu bā nián chūn wáng zhēng yuè gōng huì qí hóu yú luò gōng yǔ fū rén jiāng shì suì rú qí

传 泺之会，不言及夫人何也？以夫人之伉③，弗称数也④。

luò zhī huì bù yán jí fū rén hé yě yǐ fū rén zhī kàng fú chēng shù yě

经 夏，四月丙子，公薨于齐⑤。

xià sì yuè bǐng zǐ gōng hōng yú qí

传 其地，于外也。薨称公，举上也⑥。

qí dì yú wài yě hōng chēng gōng jǔ shàng yě

经 丁酉，公之丧至自齐。

dīng yǒu gōng zhī sāng zhì zì qí

秋，七月。

qiū qī yuè

冬，十有（又）二月己丑，葬我君桓公。

dōng shí yòu èr yuè jǐ chǒu zàng wǒ jūn huán gōng

注释：①**王正月**：周天子所颁行历法的正月。王，周天子。《公羊传》认为是周文王。徐彦疏云："若是当时平王，应如下文'秋，七月，天王使宰咺来归惠公、仲子之赗'，是其事也。今无此事，直言王，故疑非谓当时之王也。"《左传》认为是周平王。孔颖达疏云："始改正朔，自是文王所为，颁于诸侯，非复文王之历。受今王之历，称文王之正，非其义也。"②**泺**：古河流名。發源于今山东济南，趵突泉为其源头，向北流经泺口入古济水。在今山东历城西南。③**伉**：《汉书·宣帝纪》："伉，强也。""以夫人之伉"意为：因为夫人的性格倔强、骄纵。④**佛称数也**：没有将她列入参加会见的人数当中。⑤**公薨于齐**：范解："夫人与齐谋杀之，不书讳也。"鲁桓公死在齐国，是由于夫人与齐襄公谋杀了他。⑥**薨称公，举上也**：鲁桓公死了称公，公是五等爵位公、侯、伯、子、男的第一等。

zàng wǒ jūn jiē shàng xià yě jūn shì zéi bù tǎo bù
传 葬我君，接上下也[①]。君弑贼不讨，不
shū zàng cǐ qí yán zàng hé yě bù zé yú guó ér tǎo yú
书葬，此其言葬，何也？不责逾国而讨于
shì yě huán gōng zàng ér hòu jǔ shì shì suǒ yǐ chéng dé yě
是也。桓公葬而後举谥，谥所以成德也[②]，
yú zú shì hū jiā zhī yǐ zhì zhě lǜ yì zhě xíng
于卒事乎加之矣[③]。知[智]者虑[④]，义者行[⑤]，
rén zhě shǒu yǒu cǐ sān zhě bèi rán hòu kě yǐ huì yǐ
仁者守[⑥]，有此三者备[⑦]，然後可以会矣[⑧]。

注释：①**葬我君，接上下也**：范解：“言我君举国上下之辞。”句意为：安葬我国的国君，这是连接上至国君、下至臣民为一体的说法。②**谥所以成德也**：范解：“谥者行之迹所以表德。人之终卒事毕于葬，故于葬定称号也。”即古代贵族死了，根据他一生的德行，定一个谥号。③**于卒事乎加之**：在丧事结束的时候给他加上。④**知者虑**：有智慧的人，善于思考。⑤**义者行**：《贾子·道术》：“行充其宜谓之义。”《易·系辞下传》疏：“义者，宜也。言以此行之而得其宜也。”句意为：知道义的人，行事果断。⑥**仁者守**：《孟子·离娄下》：“仁者，爱人。”爱人的人就会得到众人的拥护。所以能爱人的人去守城，城就守得住。⑦**三者**：指知者、义者、仁者这三类大臣。**备**：预先准备。⑧**会**：会见，会晤。

zhuāng gōng yuán nián sān shí èr nián

庄公（元年~三十二年）

曹刿论战 楚灭蔡以说息妫图 清·佚名

庄公元年

zhuāng gōng yuán nián

yuán nián chūn wáng zhēng yuè

经 元年①，春，王正月。

jì shì jūn bù yán jí wèi zhèng yě jì shì bù yán jí wéi zhī wéi zhèng hé yě yuē xiān jūn bù yǐ qí dào zhōng zé zǐ bù rěn jí wèi yě

传 继弑君不言即位②，正也③。继弑不言即位之为正何也？曰：先君不以其道终④，则子不忍即位也⑤。

sān yuè fū rén xùn yú qí

经 三月，夫人孙逊于齐⑥。

xùn zhī wéi yán yóu xùn yě huì bēn yě jiē liàn shí lù mǔ zhī biàn shǐ rén zhī yě bù yán shì xìng biǎn zhī yě rén zhī yú tiān yě yǐ dào shòu mìng yú rén yě

传 孙逊之为言，犹孙逊也。讳奔也。接练时⑦，录母之变，始人之也⑧。不言氏姓，贬之也。人之于天也，以道受命⑨；于人也，

注释：①**元年**：始年。指庄公开始即位的那一年。②**继**：接着（成为君王）。**弑君**：指被杀的君王。③**正**：指合乎法度或情理。④**不以其道终**：不按照正常的规律死亡。⑤**则**：那么。连词，表承接。**子**：儿子。⑥**夫人孙于齐**：《释名·释亲属》："孙，逊也。逊，遁在後生也。"《公羊传·庄公元年》："内讳奔谓之孙。"《诗·狼跋》笺："孙读如公孙于齐之孙，孙之言孙，遁也。"《汉书·礼乐志》注："孙读曰逊。"句意为：桓公夫人逃奔到齐。⑦**接练时**：钟补注："接与际同义，犹言会也。练者十三月之祭。此日以练布为冠服，故以名祭，即小祥也。"练，为祭祀名称。父、母去世一周年时，在家庙祭奠，祭祀的人均以棰练过的布帛做衣冠，故继之"练"。桓公于去年四月薨于齐，到本年三月，恰好为一年，是举行练祭的时候。⑧**录母之变，始人之也**：鲁庄公在举行练祭、祭祀父亲的时候，思念母亲遭到变故，就按照作为一个儿子应该遵循的仁德，记录了这件事。⑨**人之于天也，以道受命**：人对于天，因天道给人命运，也即是上天给人安排命运。

yǐ yán shòu mìng bú ruò yú dào zhě tiān jué zhī yě bú
以言受命①。不若于道者②，天绝之也③。不
ruò yú yán zhě rén jué zhī yě chén zǐ dà shòu mìng
若于言者，人绝之也。臣子大受命④。

xià shàn bó nì wáng jī
经 **夏，单伯逆王姬⑤。**

shàn bó zhě hé wú dà fū zhī mìng hū tiān zǐ zhě yě
传 单伯者何？吾大夫之命乎天子者也⑥。
mìng dà fū gù bù míng yě qí bù yán rú hé yě qí
命大夫⑦，故不名也⑧。其不言如何也⑨？其
yì bù kě shòu yú jīng shī yě qí yì bù kě shòu yú jīng shī
义不可受于京师也⑩。其义不可受于京师
hé yě yuē gōng jūn shì yú qí shǐ zhī zhǔ hūn yīn yǔ qí
何也？曰：躬君弑于齐，使之主婚姻，与齐
wéi lǐ qí yì gù bù kě shòu yě
为礼，其义固不可受也。

qiū zhù wáng jī zhī guǎn yú wài
经 **秋，筑王姬之馆于外⑪。**

zhù lǐ yě yú wài fēi lǐ yě zhù zhī wéi lǐ hé
传 筑，礼也。于外，非礼也。筑之为礼何
yě zhǔ wáng jī zhě bì zì gōng mén chū yú miào zé yǐ zūn
也？主王姬者必自公门出。于庙则已尊⑫，
yú qǐn zé yǐ bēi wèi zhī zhù jié yǐ zhù zhī wài biàn zhī
于寝则已卑⑬，为之筑节矣。筑之外，变之

注释：①**以言受命**：通过语言来接受教命。②**不若于道者**：《易·观》注："若，顺也。"句意为：不顺从天道的人。③**绝**：弃舍，抛弃。④**臣子大受命**：臣（指群臣）与子（指庄公）就接受天命和人命（得以贬夫人）。⑤**单伯逆王姬**：范解："单为姓，伯为字。逆，为迎。"王姬，周庄王的女儿。《左传》逆作送。句意为：单伯送周庄王的女儿，出嫁到齐国去。⑥**吾**：指鲁国。命乎天子：接受天子爵命。⑦**命大夫**：接受了爵命的大夫。⑧**故**：所以。**名**：动词。记载上名。⑨**如**：前往，到……去。⑩**义**：义理，公正合宜的道理。**京师**：指当时东周都城洛邑（今河南洛阳）。⑪**筑王姬之馆于外**：修筑王姬住的客馆在鲁国城外。⑫**于庙则已尊**：庙，《公羊传》称为"路寝"。句意为：把客馆建在庙上，那就太尊贵了。⑬**于寝则已卑**：寝，《公羊传》称寝为小寝。徐彦疏云："群公子之舍（谓女公子）。"句意为：把客馆建在女公子寝处的地方，那又太卑下了。

zhèng yě zhù zhī wài biàn zhī wéi zhèng hé yě chóu chóu zhī

正也。筑之外，变之为正何也？仇雠之

rén fēi suǒ yǐ jiē hūn yīn yě cuī má fēi suǒ yǐ jiē

人①，非所以接婚姻也②；衰麻③，非所以接

biàn miǎn yě qí bù yán qí hóu zhī lái nì hé yě bù shǐ

弁冕也④。其不言齐侯之来逆何也⑤？不使

qí hóu dé yǔ wú wéi lǐ yě

齐侯得与吾为礼也⑥。

dōng shí yuè yǐ hài chén hóu lín zú

经 **冬，十月乙亥，陈侯林卒⑦。**

zhū hóu rì zú zhèng yě

传 诸侯日卒⑧，正也⑨。

wáng shǐ róng shū lái xī huán gōng mìng

经 **王使荣叔来锡桓公命⑩。**

lǐ yǒu shòu mìng wú lái xī mìng xī mìng fēi zhèng yě

传 礼有受命，无来锡命。锡命非正也。

shēng fú zhī sǐ xíng zhī lǐ yě shēng bù fú sǐ zhuī xī

生服之，死行之，礼也。生不服，死追锡

zhī bú zhèng shèn yǐ

之，不正甚矣！

wáng jī guī yú qí

经 **王姬归于齐⑪。**

注释：①**仇雠之人**：要报仇的人。②**非可以接婚姻**：不可以用作主持婚事的人。③**衰麻**：衰，古代丧服的胸前当心处所缀长六寸、宽四寸的麻布条。衰麻，这里泛指丧服。④**弁冕**：弁，是贵族戴的帽子。冕是君王戴的帽子。这里泛指王公贵族戴的帽子。⑤**逆**：迎接。⑥**与吾为礼**：和我国君主行礼。⑦**陈侯林卒**：即陈庄公死了。他是春秋时陈国的国君。名林，陈桓公的儿子。公元前699年—前693年在位。鲁桓公十四年（公元前698年），派军参与宋、齐、蔡、卫五国联伐郑。一年後再次参与五国联军伐郑。死後弟杵臼继位，即陈宣公。⑧**日卒**：记载卒的日子。⑨**正**：合乎情理或法度。⑩**王**：周庄王。此在其四年。**使**：派。**荣叔**：范甯云："荣，氏；叔，字；天子之上大夫也。"**锡**：同赐。给予，赐予。**命**：指命服。"古礼有九锡，一曰舆马，二曰衣服，三曰乐则，四曰朱户，五曰纳陛，六曰虎贲，七曰弓矢，八曰鈇钺，九曰秬鬯，皆所以褒德赏功也。德有厚薄，功有轻重，故命有多少。"⑪**归**：出嫁。

wèi zhī zhōng zhě guī zhī yě

传 为之中者归之也①。

qí shī qiān jì píng zī wú jì guó yě píng

齐师迁纪郱、鄑、郚②。纪，国也；郱、

zī wú guó yě huò yuē qiān jì yú píng zī wú

鄑、郚，国也。或曰：迁纪于郱、鄑、郚。

注释：①**为之中者**：即为她主婚的。②**纪**：周代国名。姜姓。在今山东寿光。

zhuāng gōng èr nián

庄公二年

èr nián chūn wáng èr yuè zàng chén zhuāng gōng

经 二年，春，王二月，葬陈庄公[①]。

xià gōng zǐ qìng fǔ shuài shī fá yú yú qiū

夏，公子庆父帅师伐於馀丘[②]。

guó ér yuē fá yú yú qiū zhū zhī yì yě qí yuē

传 国而曰伐。於馀丘，邾之邑也[③]，其曰

fá hé yě gōng zǐ guì yǐ shī zhòng yǐ ér dí rén zhī

伐，何也？公子贵矣[④]，师重矣[⑤]，而敌人之

yì gōng zǐ bìng yǐ bìng gōng zǐ suǒ yǐ jī hū gōng yě

邑[⑥]，公子病矣[⑦]。病公子，所以讥乎公也。

qí yī yuē jūn zài ér zhòng zhī yě

其一曰，君在而重之也[⑧]。

qiū qī yuè qí wáng jī zú

经 秋，七月，齐王姬卒。

wèi zhī zhǔ zhě zú zhī yě

传 为之主者卒之也。

dōng shí yòu èr yuè fū rén jiāng shì huì qí hóu yú

经 冬，十有（又）二月，夫人姜氏会齐侯于

zhuó

禚[⑨]。

注释：①**陈庄公**：即陈侯林。公元前699年即位，在位共七年。②**於馀丘**：《公羊传》作“馀丘”。《左传》杜预注说是国名。③**邾**：也称邾娄。春秋时诸侯国名。何休云：“邾人语声後曰娄，故曰邾娄。”陆德明云：“邾人呼邾声曰娄，故曰邾娄。”《说文》云：“邾，周武王时所封曹姓国也。始封之君曰侠，为鲁附庸。”其地当今山东省邹城市。④**公子**：古代称诸侯的儿子或女儿。**贵**：尊贵。⑤**师重矣**：军队众多。⑥**而**：连词。表转折。敌人之邑：（只能）与他人之邑相敌。⑦**公子病矣**：病为贬低。句意为：公子被贬低。⑧**君在而重之也**：邾娄国的国君在於馀丘，说伐於馀丘，是表示对它的重视。⑨**禚**：齐国地名。在今山东长清县。《公羊传》作“郜”。

传 妇人既嫁不逾竟境[①]，逾竟境非正也。妇人不言会[②]，言会非正也。飨，甚矣[③]！

经 乙酉，宋公冯卒。

注释：①**妇人既嫁不逾竟**：既嫁为已嫁。逾竟为逾境，即出边境。句意为：妇人已经出嫁了，就不得走出边境。《左传》说：文姜与齐侯见面，是"书奸"。即文姜与齐襄公通奸。②**妇人不言会**：钟补注："会或在境内，或在境外，君大夫之事，非妇人事也。"即妇人不能说与别人会面。③**飨，甚矣**：飨，宴请。钟补注："飨者两君之事，亦非妇人事。饮食宴乐，其情弥亲，尤乱男女之别，故非正尤甚也。"

庄公三年

zhuāng gōng sān nián

经 三年春，王正月①，溺会齐师伐卫②。

传 溺者何也？公子溺也。其不称公子何也？恶其会仇雠而伐同姓③，故贬而名之也④。

经 夏，四月，葬宋庄公⑤。

传 月葬，故也。

经 五月，葬桓王⑥。

传 《传》曰：改葬也。改葬之礼：缌⑦，举下，缅也⑧。或曰：却尸以求诸侯⑨。天子志

注释：①王正月：周天子所颁行历法的正月。周王朝以建子之月（约相当于现行农历十一月）为正月。②溺：公子溺。鲁国大夫。③恶：谴责。会：会合。仇雠：仇人。同姓：同姓国家。按：公元前十一世纪周公封周武王弟康叔于卫，卫与鲁同为姬姓国家。④故：所以。名之：称他的名。⑤宋庄公：春秋时宋国的国君。名冯。宋穆公的儿子。宋太宰华父督弑殇公後，迎他于郑即位，以示亲郑。公元前710—前692年在位。以华父督为相。鲁桓公十一年（公元前701年），郑庄公死，郑大夫祭仲立太子忽（昭公）。他劫持祭仲，迫立宋雍氏女所生之子突而逐忽，祭仲许，遂立突，是为郑厉公。⑥葬桓王：即改葬周桓王。桓王于鲁桓公十五年三月崩，按周礼制，天子七月而葬，则当在桓公十五年十月安葬。所以，《左传》说：“缓也。”《公羊传》与《穀梁传》都认为是“改葬”。⑦缌：缌为细麻布，用来制作丧服。这里用作动词，指穿细麻布做的丧服。⑧缅：钟补注：“《国语》注曰：缅，犹邈也。”“缅，犹远也。”指时间隔得远。⑨却尸：范解：“停尸七年，以求诸侯会葬，非人情也。”杜预注：却尸，为“尸未葬之通称”。

bēng bú zhì zàng bì qí shí yě hé bì yān jǔ tiān xià ér
崩不志葬，必其时也。何必焉？举天下而
zàng yì rén qí yì bù yí yě zhì zàng gù yě wēi bù dé
葬一人，其义不疑也。志葬，故也，危不得
zàng yě yuē jìn bù shī bēng bú zhì bēng shī tiān xià yě
葬也。曰：近不失崩。不志崩，失天下也①。
dú yīn bù shēng dú yáng bù shēng dú tiān bù shēng sān hé rán
独阴不生②，独阳不生，独天不生，三合然
hòu shēng gù yuē mǔ zhī zǐ yě kě tiān zhī zǐ yě kě
後生③。故曰母之子也可④，天之子也可。
zūn zhě qǔ zūn chēng yān bēi zhě qǔ bēi chēng yān qí yuē wáng
尊者取尊称焉⑤，卑者取卑称焉。其曰王
zhě mín zhī suǒ guī wǎng yě
者，民之所归往也⑥。

qiū jì jì yǐ xī rù yú qí
经 **秋，纪季以酅入于齐⑦。**

xī jì zhī yì yě rù yú qí zhě yǐ xī shì qí
传 酅，纪之邑也。入于齐者，以酅事齐
yě rù zhě nèi fú shòu yě
也。入者，内弗受也。

dōng gōng cì yú láng
经 **冬，公次于郎⑧。**

cì zhǐ yě yǒu wèi yě yù jiù jì ér bù néng yě
传 次，止也，有畏也。欲救纪而不能也。

注释：①**失天下**：丧失了天下，即失去了天子之位。②**独**：单独，唯独。**生**：生子女。③**三合**：三者相互结合。④**可**：可以。⑤**尊者**：尊贵的。**称**：称呼。**焉**：兼有介词“于”加代词“此”的语法功能，相当于“于是”、“于此”。⑥**所归往**：所要向往的人。⑦**纪季以酅入于齐**：纪季，范解：“季，纪侯弟。”酅，纪国地名。在今山东临淄东。《三经此义》认为，经文用入字，隐含齐强取纪邑之义，故经义在讥齐。⑧**郎**：鲁国城邑名。在今山东滕州市南。

zhuāng gōng sì nián

庄公四年

sì nián chūn wáng èr yuè fū rén jiāng shì xiǎng qí hóu yú zhù qiū

经 四年，春，王二月，夫人姜氏飨齐侯于祝丘[①]。

xiǎng shèn yǐ xiǎng qí hóu suǒ yǐ bìng qí hóu yě

传 飨，甚矣[②]！飨齐侯[③]，所以病齐侯也[④]。

sān yuè jì bó jī zú

经 三月，纪伯姬卒。

wài fū rén bù zú cǐ qí yán zú hé yě wú nǚ yě shì zhū hóu zé zūn tóng yǐ wú wèi zhī biàn zú zhī yě

传 外夫人不卒[⑤]，此其言卒，何也？吾女也[⑥]，适诸侯则尊同[⑦]，以吾为之变[⑧]，卒之也[⑨]。

xià qí hóu chén hóu zhèng bó yù yú chuí jì hóu dà qù qí guó

经 夏，齐侯、陈侯、郑伯遇于垂[⑩]。纪侯大去其国[⑪]。

注释：①**飨齐侯于祝丘：**《公羊传》何休注：“牛酒曰犒，加羹饭曰飨。”祝丘，鲁国地名，在今山东临沂东南。句意为：鲁桓公的夫人姜氏，在鲁国的祝丘这个地方，设宴置牛酒招待她的哥哥齐襄公。②**甚矣：**太过分了。③**齐侯：**齐襄公。此在其八年。④**病齐侯也：**《仪礼·士冠礼》注：“病，辱也。”辱为耻辱。句意为：讥讽齐侯可耻。《三传比义》引啖助说，“此乃鲁国之耻，岂独病齐乎？但比较《左氏》、《公羊传》之无说，《穀梁》可说差胜了”。⑤**外夫人：**别的国家的夫人。卒：动词。记载卒的事情。⑥**吾女：**我们鲁国的闺女。⑦**适诸侯则尊同：**《文选·寡妇赋》注：“適谓往嫁也。”《仪礼·丧服》注：“凡女行于大夫以上曰嫁，行于士、庶人曰適人。”句意为：嫁给诸侯作夫人，她的身份就同诸侯一样尊贵。⑧**以吾为之变：**因为我们鲁国国君为她改变惯例（指为之服丧服）。⑨**卒之：**记她卒的事情。⑩**遇于垂：**范解：“传例曰：不期而会曰遇，遇者志相得也。”垂，为卫国地名，在今山东曹县北。句意为：各方不期而遇，志趣相投，在卫国的垂地会见。⑪**纪侯大去其国：**《公羊传》：“大去者何？灭也。孰灭之？齐灭之。”钟补注：“去，违也，离也。”直译为：纪侯永远离开他的国家。句意为：纪侯的纪国被灭了。

dà qù zhě bù yí yí rén zhī cí yě yán mín zhī cóng

传 大去者，不遗一人之辞也①。言民之从

zhě sì nián ér hòu bì yě jì hóu xián ér qí hóu miè

者②，四年而後毕也③。纪侯贤而齐侯灭

zhī bù yán miè ér yuē dà qù qí guó zhě bù shǐ xiǎo rén jiā

之，不言灭而曰大去其国者，不使小人加

hū jūn zǐ

乎君子。

liù yuè yǐ chǒu qí hóu zàng jì bó jī

经 **六月乙丑，齐侯葬纪伯姬。**

wài fū rén bù shū zàng cǐ qí shū zàng hé yě wú nǚ

传 外夫人不书葬④，此其书葬何也？吾女

yě shī guó gù yǐn ér zàng zhī

也，失国⑤，故隐而葬之⑥。

qiū qī yuè

经 **秋，七月⑦。**

dōng gōng jí qí rén shòu yú gào

冬，公及齐人狩于郜⑧。

qí rén zhě qí hóu yě qí yuē rén hé yě bēi gōng

传 齐人者，齐侯也。其曰人何也？卑公

zhī dí suǒ yǐ bēi gōng yě hé wèi bēi gōng yě bú fù chóu

之敌，所以卑公也⑨。何为卑公也？不复仇

ér yuàn bú shì cì shì yuàn yě

而怨不释⑩，刺释怨也。

注释：①**遗**：遗留。②**从**：随从，跟从。③**毕**：完，结束。这里指走完。④**书葬**：记载安葬的事情。⑤**失国**：国家灭亡。⑥**隐而葬之**：范解："隐，痛也。"句意为：为她痛心而记载安葬的事情。⑦按照《春秋》体例，一年四季中任何一季，即使没有什么值得记载的事情，也要记上头一个月，以保持一年的完整性。⑧**郜**：齐国地名。在今山东长清县境。⑨**其曰人何也？卑公之敌，所以卑公也**：范解："内无贬公之道。"钟补注："卑之犹言贬之。贬齐侯正以贬公。"《穀梁传·庄公五年》钟补注："人之，犹言贬之卑之。"句意为：为什么称他为人呢？贬斥与庄公同等并列的人，犹如贬斥庄公。⑩**怨**：怨恨。**释**：释放。

zhuāng gōng wǔ nián
庄公五年

wǔ nián chūn wáng zhēng yuè
经 五年，春，王正月①。

xià fū rén jiāng shì rú qí shī
夏，夫人姜氏如齐师②。

shī ér yuē rú zhòng yě fù rén jì jià bù yú jìng yú jìng fēi lǐ yě
传 师而曰如③，众也④，妇人既嫁不逾竟境⑤，逾竟境非礼也⑥。

qiū ní lí lái lái cháo
经 秋，郳黎来来朝⑦。

ní guó yě lí lái wēi guó zhī jūn wèi jué mìng zhě yě
传 郳，国也。黎来，微国之君，未爵命者也。

dōng gōng huì qí rén sòng rén chén rén cài rén fá wèi
经 冬，公会齐人、宋人、陈人、蔡人伐卫。

shì qí hóu sòng gōng yě qí yuē rén hé yě rén zhū hóu suǒ yǐ rén gōng yě qí rén gōng hé yě nì tiān wáng zhī mìng yě
传 是齐侯、宋公也，其曰人何也⑧？人诸侯，所以人公也。其人公何也？逆天王之命也。

注释：①**王正月**：周天子所颁行历法的正月。王，周王，周天子。《公羊传》徐彦疏认为是周文王。《左传》孔颖达疏认为是周平王，当今之王。正月，旧历指一年的头一个月。周王朝以建子月（相当于现行农历十一月）为正月。②**如齐师**：《尔雅·释诂》："如，往也。"《吕览·赞能》注："如，至也。"句意为：到齐国的军队中去。③**而**：连词。表转折。④**众**：人数众多。⑤**逾竟**：逾，亦作踰。《诗·将仲子》传："踰，越也。"《淮南子·主术训》："踰，越也。"《汉书·匡衡传》注："踰，谓过越也。"竟，通境。逾竟，即过越边境。⑥**非礼**：不合乎礼仪制度。⑦**郳黎来来朝**：《公羊传》："郳者何？小邾娄也。"据《辞源》说："小邾娄为春秋时国名。曹姓，邾侠的後代。夷父颜有功于周，其子另封于郳，为附庸，鲁僖公七年进爵称小邾子。後为楚所灭。地在今山东滕州东。"《公羊传》："黎来者何？名也。"句意为：附庸国郳国的国君名叫黎来的到鲁国来朝见鲁君。⑧**其曰人何也**：钟补注："人之犹言贬之卑之。"句意为：称他为人，这是为什么？

zhuāng gōng liù nián

庄公六年

liù nián chūn wáng sān yuè wáng rén zǐ tū jiù wèi

经 六年，春，王三月，王人子突救卫①。

wáng rén bēi zhě yě chēng míng guì zhī yě shàn jiù

传 王人，卑者也②。称名，贵之也③。善救

wèi yě jiù zhě shàn zé fá zhě bú zhèng yǐ

卫也④。救者善，则伐者不正矣⑤。

xià liù yuè wèi hóu shuò rù yú wèi

经 夏，六月，卫侯朔入于卫⑥。

qí bù yán fá wèi nà shuò hé yě bú nì tiān wáng zhī

传 其不言伐卫纳朔何也⑦？不逆天王之

mìng yě rù zhě nèi fú shòu yě hé yòng fú shòu yě

命也⑧。入者，内弗受也⑨。何用弗受也⑩？

wèi yǐ wáng mìng jué zhī yě shuò zhī míng wù yě shuò rù

为以王命绝之也⑪。朔之名⑫，恶也⑬。朔入

nì zé chū shùn yǐ shuò chū rù míng yǐ wáng mìng jué zhī yě

逆则出顺矣⑭。朔出入名，以王命绝之也。

qiū gōng zhì zì fá wèi

经 秋，公至自伐卫。

注释：①**王人子突**：《公羊传》说："王人者何？微者也。子突者何？贵也。"与《穀梁传》的解说大致相同。但这次率领周王军队的人的职位并不高。因为是奉王命救卫，所以承担救卫的任务，这是崇高的。②**卑者**：地位低下的人。③**贵之**：抬高他的地位。④**善救卫**：认为援救卫国是一件好事。⑤**伐者不正**：伐者，即指鲁庄公和齐襄公等诸侯的军队。句意为：攻伐卫国的人当然也就不符合正道了。⑥**卫侯朔入于卫**：据《左传》记载，在鲁、宋、齐等国军队的干预下，卫惠公，名叫朔的回到了卫国，并将公子黔牟放逐到周地，将宁跪放逐到秦地，又杀了公子职和公子泄，然後即位。⑦**纳朔**：把朔送回国去。⑧**逆**：违抗。**天王**：指周庄王。此在其九年。**命**：命令。⑨**内弗受**：内，指卫国。《穀梁传》认为：卫惠朔是依靠了外国的武力帮助才得以复位。这种做法不能使卫国人信服，所以对卫国来说是不能接受的。⑩**何用**：什么原因。⑪**以**：用，根据，凭。**绝**：弃绝。⑫**朔之名**：记载朔的名。⑬**恶**：谴责。⑭**出**：出国。

è shì bú zhì cǐ qí zhì hé yě bú zhì zé wú

传 恶事不致①，此其致何也？不致，则无

yòng jiàn gōng zhī è shì zhī chéng yě

用见公之恶事之成也。

míng

经 螟②。

dōng qí rén lái kuì wèi bǎo

冬，齐人来归馈卫宝③。

yǐ qí shǒu zhī fēn è yú qí yě shǐ zhī rú xià qí

传 以齐首之④，分恶于齐也。使之如下齐

ér lái wǒ rán è zhàn zé shài yǐ

而来我然⑤，恶战则杀矣⑥。

注释：①**恶事不致**：致，诸侯出国回来，在宗庙举行饮至之礼，表示平安抵达。这儿的恶事，指庄公等违反周天子的命令，用武力强行让卫国惠公，名叫朔的返回国内。②**螟**：一种害虫，种类很多，经常蛀食水稻，也侵害高粱、玉米、甘蔗等。这里指發生螟虫灾害。③**来归卫宝**：归，通馈，赠送。宝，《穀梁》与《公羊传》同，《左传》经文作“俘”，传文则作“宝”。据《左传》记载：“齐人来归卫宝，文姜请之也。”④**以齐首之**：让齐国作为攻伐卫国的头。⑤**使之如下齐而来我然**：下，低下。这里指齐国既来鲁国送卫宝，那么从外表上看齐国就比鲁国低下了。然，样子。⑥**恶战则杀矣**：恶战，过恶的战争。指此前联合齐、宋、陈伐卫的战争。杀，减轻。

庄公七年

经 七年，春，夫人姜氏会齐侯于防[①]。

传 妇人不会[②]，会非正也[③]。

经 夏，四月辛卯昔夕[④]，恒星不见[⑤]。

传 恒星者，经星也[⑥]。日入至于星出，谓之昔夕[⑦]。不见者，可以见也[⑧]。

经 夜中，星陨如雨[⑨]。

传 其陨也如雨[⑩]，是夜中与[⑪]？《春秋》著以传著[⑫]，疑以传疑。中之几也[⑬]，而曰夜

注释：①**夫人姜氏会齐侯于防**：夫人姜氏，是鲁桓公的夫人文姜。齐侯是齐襄公。防为鲁国地名。在今山东费县东北。句意为：鲁桓公的夫人文姜，在鲁国的防地，同她的哥哥齐襄公会面。②**会**：动词。会晤，会见。③**正**：合乎情理或法度。④**昔**：通夕。夜晚。⑤**见**："现"的古字。显现，出现。⑥**经星也**：经常看见的星星。范解："经，常也。"⑦**日入至于星出，谓之昔**：钟补注："此以夕训昔也。《广雅》曰：'昔，夜也。'王念孙疏证曰：'凡日入以後，日出以前，通谓之夜。'《左传》、《列子》注：并训昔为夜。《庄子音义》：'昔，夜也。'案昔之言夕也。夕时亦谓之昔。夕、昔古通用。"句意为：从太阳下山以後到第二天太阳出来之前，这段时间叫夕，或叫昔。⑧**可以见**：指在夜晚的时候本来是可以见到的。⑨**夜中**：钟补注："夜中亦曰夜半。"即半夜。**如雨**：像雨下落。⑩**其**：代词。指星。**也**：语气词。用在句中，表示停顿。⑪**与**：同"欤"。助词，表疑问语气。⑫**著**：清楚，明白。**传**：记载。⑬**中之几也**：范解："几，微也。星既陨而雨，中微难知，而曰夜中，自以实著尔，非億度而知。"句意为：是否發生在半夜，实在是隐微难知呀。

zhōng zhù yān ěr hé yòng jiàn qí zhōng yě shī biàn ér lù qí
中，著焉尔。何用见其中也？失变而录其
shí zé yè zhōng yǐ qí bù yuē héng xīng zhī yǔn hé yě wǒ
时，则夜中矣。其不曰恒星之陨何也？我
zhī héng xīng zhī bú xiàn ér bù zhī qí yǔn yě wǒ jiàn qí yǔn
知恒星之不见，而不知其陨也；我见其陨
ér jiē yú dì zhě zé shì yù shuō yě zhù yú shàng jiàn yú
而接于地者，则是雨说也。著于上，见于
xià wèi zhī yù zhù yú xià bú xiàn yú shàng wèi zhī yǔn
下，谓之雨；著于下①，不见于上，谓之陨②，
qǐ yù shuō zāi
岂雨说哉③？

qiū dà shuǐ
经 **秋，大水。**

gāo xià yǒu shuǐ zāi yuē dà shuǐ
传 高下有水灾，曰大水④。

wú mài miáo
经 **无麦、苗⑤。**

mài miáo tóng shí yě
传 麦、苗，同时也。

dōng fū rén jiāng shì huì qí hóu yú gǔ
经 **冬，夫人姜氏会齐侯于穀⑥。**

fù rén bú huì huì fēi zhèng yě
传 妇人不会，会非正也。

注释：①**著**：明显。指看见。②**陨**：坠落。③**岂**：难道。④**高下**：高处低处。⑤**无麦、苗**：范解："麦与黍稷之苗同时死。"何休注："苗者，禾也。生曰苗，秀曰禾。"即麦与禾同时死。⑥**穀**：齐国地名。在今山东东阿。

庄公八年

经 八年，春，王正月①，师次于郎②，以俟陈人、蔡人③。

传 次，止也④。俟，待也⑤。

经 甲午，治兵⑥。

传 出曰治兵⑦，习战也⑧。入曰振旅⑨，习战也。治兵而陈、蔡不至矣⑩，兵事以严终⑪，故曰：善陈阵者不战⑫，此之谓也。善为国者不师⑬，善师者不陈阵⑭，善陈阵者不战⑮，

注释：①**王正月**：周天子所颁行历法的正月。周王朝以建子之月（约相当于现行农历十一月）为正月。②**次**：驻扎。**郎**：鲁国地名。在今山东滕州市南。③**以俟陈人、蔡人**：俟，等待。范解："时陈、蔡欲伐鲁，故出师以待之。"句意为：鲁国出兵等待陈、蔡军队的到来。④**止**：停止。⑤**待**：等待。⑥**治兵**：古指在秋季进行的练兵仪式，後泛指练兵或治军。⑦**出**：出發。⑧**习战**：演习作战。⑨**入曰振旅**：范解："振，整也。旅，众也。"句意为：军队作战回来，要举行整顿军队的礼仪。⑩**陈、蔡不至矣**：陈人、蔡人不会前来了。⑪**兵事**：军事。**严**：严整。**终**：终结。⑫善陈者不战：状况于列阵的不会真正与敵作战。陈，通阵。⑬**善为国者不师**：范解："导之以德，齐之以礼。江熙曰：邻国望我，欢若亲戚，何师之为？"句意为：善于治理国家的人，不向邻国显示武力。⑭**善师者不陈**：范解："师众素严，不须耀军列陈。江熙曰：上兵伐谋，何乃至陈。"治军严明，不须排列阵势，炫耀武力。⑮**善陈者不战**：范解："军陈严整，敵望而畏之，莫敢战。"句意为：善于排兵布阵的人，敵人望而生畏，哪里敢同他作战呢。

shàn zhàn zhě bù sǐ shàn sǐ zhě bù wáng

善战者不死①，善死者不亡②。

xià shī jí qí shī wéi chéng chéng xiáng yú qí shī

经 **夏，师及齐师围郕③。郕降于齐师。**

qí yuē xiáng yú qí shī hé bù shǐ qí shī jiā wēi yú chéng yě

传 其曰降于齐师何？不使齐师加威于郕也。

qiū shī huán

经 **秋，师还。**

huán zhě shì wèi bì yě dùn yě

传 还者，事未毕也，遁也。

dōng shí yòu yī yuè guǐ wèi qí wú zhī shì qí jūn zhū ér

经 **冬，十有 又 一月癸未④，齐无知弑其君诸儿⑤。**

dà fū shì qí jūn yǐ guó shì zhě xián yě shì ér dài zhī yě

传 大夫弑其君以国氏者⑥，嫌也⑦，弑而代之也。

注释：①**善战者不死**：范解："投兵胜地，故无死者。江熙曰：辟实攻虚则不死。"句意为：善于作战的指挥官，不一定要死多少士兵。②**善死者不亡**：亡，为逃亡。范解："民尽其命，无奔背散亡者也。"句意为：士卒拼命杀敵，莫有谁临战逃亡的。③**郕**：周代国名。范解："郕，同姓之国，而与齐伐之，是用师之过也。"郕，在今山东汶上县北。姬姓封国。④**有**：通又。用于整数与零数之间。⑤**齐无知杀君诸儿**：齐无知，是齐国的大夫名叫无知的。齐襄公是春秋时齐国的国君，名诸儿。齐僖公的儿子。公元前697—前686年在位。在位期间，数次侵鲁伐卫。与他的妹妹、鲁桓公的夫人通奸。鲁桓公十八年（前694年）邀鲁桓公夫妇来齐观社，桓公饮酒醉，使力士公子彭生抱桓公上车，桓公肋骨断，死于车中。又杀彭生向鲁谢过。鲁庄公元年（公元前693），强迁纪国的郱、鄑、郚三邑民而取其地。鲁庄公四年（公元前690年）齐灭纪。死後于连称、管至父、公孙无知之乱。句意为：齐国大夫无知，杀了名叫诸儿的齐襄公。⑥以国氏：以国为氏。⑦嫌：范甯解："凡非正嫡，则谓之嫌。"

zhuāng gōng jiǔ nián

庄公九年

jiǔ nián chūn qí rén shā wú zhī

经 九年春，齐人杀无知①。

wú zhī zhī qiè shī xián yě chēng rén yǐ shā dà fū shā yǒu zuì yě

传 无知之挈②，失嫌也③。称人以杀大夫，杀有罪也④。

gōng jí qí dà fū méng yú jì

经 公及齐大夫盟于暨⑤。

gōng bù jí dà fū dà fū bù míng wú jūn yě méng nà zǐ jiū yě bú rì qí méng yú yě dāng qí wú jūn zhì zài gōng yǐ dāng kě nà ér bú nà gù wù nèi yě

传 公不及大夫⑥，大夫不名⑦，无君也⑧。盟，纳子纠也⑨。不日⑩，其盟渝也⑪。当齐无君，制在公矣⑫。当可纳而不纳⑬，故恶内也⑭。

注释：①**无知**：公孙无知、仲孙。齐僖公的同母弟夷仲年之子。②**挈**：《尔雅·释诂四》：“挈，提也。”句意为：单独举无知的名。③**失嫌也**：嫌，《礼记·曲礼上》注：“嫌，名谓音声相近，若禹与雨、邱与区也。”嫌，即名。失嫌即失名。过失在于他的名不正。不是嫡妻所生之嫡长子，或嫡子。公孙无知，是齐僖公的母弟夷仲年所生，得宠于僖公，服饰礼仪如嫡子。齐襄公即位後，因此伺机谋乱。公孙无知只能算是齐襄公的堂弟。按周礼礼制的规定为嫡长继承君位的宗法制。公孙无知杀襄公自立为君，违背了宗法制，所以，无知的过失在于名不正。④**杀有罪**：杀死有罪的人。⑤**暨**：《左传》作蔇。鲁国地名。在今山东枣庄东。⑥**不及大夫**：不和外国的大夫结盟。⑦**名**：动词。记载名。⑧**无君**：没有君主。范甯云：礼：君前臣名。齐无君，故大夫不名。⑨**纳子纠**：送子纠回国。⑩**日**：动词。记载日子。⑪**其盟渝也**：《易·讼》注：“渝，变也。”即鲁庄公与齐大夫盟誓後，齐国的政局發生变化。⑫**制在公矣**：《吕览·禁塞》注：“制者，王也。”《礼记·乐记》疏：“制，谓裁断。”当公孙无知被杀後，齐国没有国君，裁断齐国由谁作国君，主动权掌握在鲁庄公的手中了。⑬当可纳而不纳：《公羊传·庄公六年》：“他国立是曰纳。”《仪礼·燕礼》注：“纳者，以公命引而入也。”句意为：当其可以送公子纠回齐国，立他为君的时候，没有即时送公子纠回国，立他为齐君。⑭**故恶内也**：所以鲁国人责怪鲁国呀。

xià gōng fá qí nà jiū

经 夏，公伐齐纳纠[1]。

dāng kě nà ér bú nà qí biàn ér hòu fá gù gān shí

传 当可纳而不纳，齐变而後伐，故乾时

zhī zhàn bú huì bài wù nèi yě

之战不讳败，恶内也。

qí xiǎo bái rù yú qí

经 齐小白入于齐[2]。

dà fū chū bēn fǎn yǐ hǎo yuē guī yǐ è yuē rù

传 大夫出奔反**返**，以好曰归，以恶曰入。

qí gōng sūn wú zhī shì xiāng gōng gōng zǐ jiū gōng zǐ xiǎo bái bù

齐公孙无知弑襄公，公子纠、公子小白不

néng cún chū wáng qí rén shā wú zhī ér yíng gōng zǐ jiū yú

能存，出亡。齐人杀无知而迎公子纠于

lǔ gōng zǐ xiǎo bái bú ràng gōng zǐ jiū xiān rù yòu shā zhī yú

鲁。公子小白不让公子纠先入，又杀之于

lǔ gù yuē qí xiǎo bái rù yú qí wù zhī yě

鲁[3]，故曰齐小白入于齐，恶之也[4]。

qiū qī yuè dīng yǒu zàng qí xiāng gōng

经 秋，七月丁酉，葬齐襄公。

bā yuè gēng shēn jí qí shī zhàn yú gān shí wǒ shī bài

八月庚申，及齐师战于乾时[5]，我师败

jì

绩[6]。

jiǔ yuè qí rén qǔ zǐ jiū shā zhī

九月，齐人取子纠杀之[7]。

注释：①**纠**：子纠。齐桓公小白之庶兄。②**齐小白入于齐**：齐小白，即公子小白，即位後，就是齐桓公。句意为：齐国的公子小白回到齐国。③**之**：代词。指公子纠。**于**：介词。在。④**恶**：责怪，谴责。**之**：代词。指公子小白。⑤**及齐师战于乾时**：及，《尔雅·释诂》："及，与也。"乾时，齐国地名，在今山东淄博北。⑥**败绩**：大溃败。⑦**取**：指从鲁国带走。

传 外不言取[①]，言取，病内也[②]。取，易辞也[③]，犹曰取其子纠而杀之云尔[④]。十室之邑[⑤]，可以逃难；百室之邑，可以隐死[⑥]。以千乘之鲁而不能存子纠[⑦]，以公为病矣[⑧]。

经 冬，**浚洙**[⑨]。

传 浚洙者，深洙也[⑩]。著力不足也[⑪]。

注释：①**外**：外国，别的国家。②**病内**：谴责鲁国。③**易辞**：表示容易的言辞。④**云尔**：即如此。⑤**十室之邑**：《书·主政传》："室，犹家也。"句意为：十家人组成的一个村庄。⑥**隐死**：隐藏有死罪的人。⑦**千乘之鲁**：千乘，即为千辆兵车。古代以一车四马为一乘。句意为：拥千辆兵车的鲁国。⑧**以公为病矣**：病，《仪礼·士冠礼》注："病，犹辱也。"句意为：认为鲁庄公受辱，太可耻了。⑨**浚洙**：浚，淘浚、挖深、疏浚。洙为洙水，在山东南部。洙为古水名，据《水经注》载，洙水，源出今山东新泰东北，西流至泰安东南，折西南至泗水县北与泗水合流，西至曲阜城东北又与泗水分流，西经兖州至济宁，合洸水，折南注入泗水。⑩**深洙**：挖深洙水的水道。⑪**著**：表明。**力不足**：兵力不足以抗拒齐国。

zhuāng gōng shí nián

庄公十年

shí nián chūn wáng zhēng yuè gōng bài qí shī yú cháng sháo

经 十年春，王正月，公败齐师于长勺[①]。

bú rì yí zhàn yě yí zhàn ér yuē bài shèng nèi yě

传 不日[②]，疑战也[③]。疑战而曰败，胜内也[④]。

èr yuè gōng qīn sòng

经 二月，公侵宋。

qīn shí cǐ qí yuè hé yě nǎi shēn qí yuàn yú qí

传 侵时[⑤]，此其月何也[⑥]？乃深其怨于齐[⑦]，

yòu tuì qīn sòng yǐ zhòng qí dí wù zhī gù jǐn ér yuè zhī

又退侵宋以众其敵[⑧]，恶之[⑨]，故谨而月之[⑩]。

sān yuè sòng rén qiān sù

经 三月，宋人迁宿[⑪]。

qiān wáng cí yě qí bú dì sù bú fù xiàn yě

传 迁，亡辞也[⑫]。其不地[⑬]，宿不复见也[⑭]。

qiān zhě yóu wèi shī qí guó jiā yǐ wǎng zhě yě

迁者，犹未失其国家以往者也。

xià liù yuè qí shī sòng shī cì yú láng

经 夏，六月，齐师、宋师次于郎[⑮]。

注释：①**长勺**：鲁国地名。在今山东莱芜东北。长勺之战是春秋齐、鲁之间的战争。鲁庄公十年（公元前684），齐桓公伐鲁，鲁庄公率军抵抗，两军战于鲁境长勺。鲁庄公采纳曹刿的意见，避开齐军锐气，待其三鼓之後，才全力反击，大败齐军。②**日**：动词。记载（作战的）日子。③**疑战也**：范解："疑战者，言不刻日而战，以诈相袭。"疑战就是诈战，即用诈谋取胜的战争。④**胜内**：胜在内。指胜利的一方在于鲁国。⑤**侵时**：侵伐要记载季节。⑥**月**：动词。指记载月份。⑦**乃**：是。**深其怨于齐**：加深了齐国对鲁国的怨恨。⑧**退**：退兵，收兵。**以**：连词。表示结果。**众其敵**：树立众多的敵人。⑨**恶之**：责怪他。⑩**故**：因此，所以。**谨**：慎重，郑重。⑪**宿**：周代国名。风姓。太皞之後。传为周武王时封。在今山东东平东。春秋时，公元前684年宋取其地，迁其民于今江苏宿迁。⑫**亡辞**：灭亡的言辞。⑬**不地**：不记载迁到什么地方。⑭**宿不复见也**：见与现，音义同。句意为：宿国不再存在了。⑮**郎**：古代邑名。春秋鲁地。在今山东鱼台东北。一说鲁近郊有郎，在今山东曲阜附近。

cì zhǐ yě wèi wǒ yě

传 次，止也。畏我也。

gōng bài sòng shī yú shèng qiū

经 **公败宋师于乘丘①。**

bú rì yí zhàn yě yí zhàn ér yuē bài shèng nèi yě

传 不日，疑战也。疑战而曰败，胜内也。

qiū jiǔ yuè jīng bài cài shī yú shēn yǐ cài hóu xiàn wǔ guī

经 **秋，九月，荆败蔡师于莘②，以蔡侯献武归③。**

jīng zhě chǔ yě hé wèi wèi zhī jīng dí zhī yě hé wèi dí zhī shèng rén lì bì hòu zhì tiān zǐ ruò bì xiān pàn gù yuē jīng dí zhī yě cài hóu hé yǐ míng yě jué zhī yě hé wèi jué zhī huò yě zhōng guó bù yán bài cǐ qí yán bài hé yě zhōng guó bù yán bài cài hóu qí jiàn huò hū qí yán bài hé yě shì cài hóu zhī huò yě yǐ guī yóu yù hū zhí yě

传 荆者，楚也。何为谓之荆？狄之也④。何为狄之？圣人立⑤，必後至⑥；天子弱，必先叛，故曰荆，狄之也。蔡侯何以名也？绝之也⑦。何为绝之？获也⑧。中国不言败，此其言败何也？中国不言败，蔡侯其见获乎？其言败何也？释蔡侯之获也。以归，犹愈乎执也。

dōng shí yuè qí shī miè tán tán zǐ bēn jǔ

经 **冬，十月，齐师灭谭⑨，谭子奔莒。**

注释： ①**乘丘**：鲁国地名。在今山东兖州西北。②**莘**：蔡国地名。在今河南汝南一带。③**以**：带。**蔡侯**：蔡哀侯，名献武。此在其十一年。**归**：回国。④**狄之**：把它当作夷狄来看待。狄，夷狄。古代时称东方部族为夷，北方部族为狄。常用来泛称除华夏族以外的各族。⑤**圣人**：君主时代对帝王的尊称。**立**：当政，当权。⑥**至**：前来归附。⑦**绝之也**：《广雅·释诂一》："绝，断也。"句意为：与他断绝关系。⑧**获**：被俘获。中国不言败：中国，为中原的诸侯国。句意为：中原的诸侯国是不说被战败的。⑨**谭**：或作覃、鄿周代国名。子姓。在今山东章丘。公元前684年为齐所灭。据《左传》记载：齐桓公出行，过谭国，谭君未曾以礼相待，故齐出兵灭谭。

zhuāng gōng shí yī nián

庄公十一年

shí yòu yī nián chūn wáng zhēng yuè

经 十有(又)一年，春，王正月。

xià wǔ yuè wù yín gōng bài sòng shī yú zī

夏，五月戊寅，公败宋师于鄑①。

nèi shì bù yán zhàn jǔ qí dà zhě qí rì chéng bài zhī yě sòng wàn zhī huò yě

传 内事不言战②，举其大者③。其日④，成败之也⑤。宋万之获也⑥。

qiū sòng dà shuǐ

经 秋，宋大水⑦。

wài zāi bù shū cǐ hé yǐ shū wáng zhě zhī hòu yě gāo xià yǒu shuǐ zāi yuē dà shuǐ

传 外灾不书，此何以书？王者之後也⑧。高下有水灾曰大水。

dōng wáng jī guī yú qí

经 冬，王姬归于齐。

qí zhì guò wǒ yě

传 其志⑨，过我也。

注释：①**鄑**：鲁国地名。在今山东汶上南。②**内**：指鲁国。③**举其大者**：举出大的方面来说。指败比战大。④**日**：动词。记载日子。⑤**成败之也**：范解："结日列陈，不以诈相袭，得败之道，故曰成也。"意思是说庄公此次作战，没有像以往那样用欺诈的手段取胜，所以对他有所褒扬。句意为：赞成不用诈谋打败宋军。⑥**宋万之获也**：宋万，即南宫万，又称南宫长万。是宋国的大夫。在这次战争中，被鲁俘获。後于庄公十二年，杀其君宋闵公。⑦**大水**：發生大水灾害。⑧**王者之後也**：宋国的开国君主，是商王纣的庶兄微子启所封，微子是商王帝乙的庶子，故称宋国的国君是王者的後人。⑨**其志**：《周礼·小史》疏："志者，记也。"句意为：记载它。

zhuāng gōng shí èr nián

庄公十二年

shí yòu èr nián chūn wáng sān yuè jì shū jī guī yú xī

经 十有（又）二年，春，王三月，纪叔姬归于酅①。

guó ér yuē guī cǐ yì yě qí yuē guī hé yě wú nǚ yě shī guó xǐ dé qí suǒ gù yán guī yān ěr

传 国而曰归，此邑也，其曰归，何也？吾女也②，失国③，喜得其所④，故言归焉尔⑤。

xià sì yuè

经 夏，四月⑥。

qiū bā yuè jiǎ wǔ sòng wàn shì qí jūn jié

经 秋，八月甲午，宋万弑其君捷⑦。

sòng wàn sòng zhī bēi zhě yě bēi zhě yǐ guó shì

传 宋万，宋之卑者也⑧。卑者以国氏。

jí qí dà fū qiú mù

经 及其大夫仇牧。

注释： ①**纪叔姬：** 纪为国名。叔为伯、叔的叔，姊妹的排行居第二，为妹。姬为鲁国国君的姓。纪叔姬，鲁君的女儿，随其姐伯姬嫁给纪国国君。周代贵族实行多妻制，有诸侯一娶九女之说。姊姊出嫁，妹妹随行，称为妹妹陪嫁的娣媵制。叔姬随姐姐姬出嫁纪君，就是娣（妹妹）媵制的具体表现。**归于酅：** 酅，纪国邑名。范解："酅，纪邑也。纪季所用入于齐者，纪国既灭，故归酅。"纪国灭亡，纪君的弟弟纪季居酅，为齐附庸。纪叔姬去齐依纪季，故为"归于酅"。②**吾女：** 我们鲁国的闺女。③**失国：** 失去国家。指国家丧亡。④**喜得其所：** 高兴她有了自己的归宿。⑤**焉尔：** 语气助词。⑥**夏，四月：** 按照《春秋》体例，一年四季，无论哪一个季度，即使没有值得记载的事件，也要写入头一个月，以保证一年的完整性。⑦**宋万弑其君捷：** 宋君捷为宋闵公。他是春秋时宋国的国君，名捷。宋庄公的儿子。公元前691—前682年在位。鲁庄公五年（公元前689年），率师与齐、鲁、陈三国伐卫，送卫惠公复位。十年，联齐伐鲁，于乘丘（今山东兖州）为鲁所败，宋将南宫长万被俘，後鲁释长万回宋。次年，为报乘丘兵败之仇，又伐鲁，又败。後因戏辱长万为"鲁囚"，于蒙泽（今河南商丘北）为长万所杀。⑧**卑者：** 官位低下的人。

yǐ zūn jí bēi yě qiú mù xián yě

传 以尊及卑也。仇牧，闲也[①]。

dōng shí yuè sòng wàn chū bēn chén

经 冬，十月，宋万出奔陈。

注释：①**仇牧，闲也**：仇牧，是宋君的保卫者。鲁庄公十二年（前682年），宋闵公被大夫南宫长万（即宋万）所杀。他闻乱率兵往救，亦被长万击杀。

zhuāng gōng shí sān nián

庄公十三年

shí yòu sān nián chūn qí rén sòng rén chén rén cài rén zhū rén huì yú běi xìng

经 十有又三年，春，齐人、宋人、陈人、蔡人、邾人会于北杏①。

shì qí hóu sòng gōng yě qí yuē rén hé yě shǐ yí zhī hé yí yān huán fēi shòu mìng zhī bó yě jiāng yǐ shì shòu zhī zhě yě yuē kě yǐ hū wèi hū jǔ rén zhòng zhī cí yě

传 是齐侯、宋公也②，其曰人，何也？始疑之③。何疑焉？桓非受命之伯也④，将以事授之者也⑤。曰："可以乎？未乎？"举人，众之辞也⑥。

xià liù yuè qí rén miè suì

经 夏，六月，齐人灭遂⑦。

suì guó yě qí bú rì wēi guó yě

传 遂，国也。其不日，微国也。

注释： ①**会于北杏**：春秋时齐国主持的一次诸侯之会。鲁庄公十二年（公元前683年），宋国内乱，大夫南宫长万杀宋闵公。次年，齐桓公邀宋、陈、蔡、邾等国在齐国的北杏（今山东东阿境）相会，商讨平定宋乱。会後，宋背齐，齐即联合陈、曹，又请王师参加，讨伐宋国，迫宋屈服。春秋时以诸侯而主天下会盟之政，自此始。②**齐侯**：是主持这次会见的齐桓公。**宋公**：即宋桓公。他是春秋时宋国的国君。名御说。宋闵公的弟弟。宋闵公十年（公元前682年），大夫南宫长万杀闵公、大夫仇牧、太宰华父督。宋人平乱，立其为君。公元前681年—前651年在位。即位元年，齐桓公与诸侯会于北杏（今山东东阿境），以平宋内乱。次年，赴周大夫单伯与齐、卫、郑于鄄（今山东鄄城）之会。後又多次赴齐桓公召集之诸侯会盟。③**始疑之**：指在齐桓公执政初年怀疑他是否有足够的政治魄力。始，初始。指在齐桓公执政初年。之，代词，指齐桓公。此在其五年。④**受命**：接受王命。**伯**：方伯。指殷周时代一方诸侯之长。⑤**将以事授之者也**：范甯云："言诸侯将权时推齐侯使行伯事。"这里是说诸侯将要把执行大事的权力交给他。⑥**众之辞**：表示人数众多的言辞。⑦**齐人灭遂**：遂，为古国名。妫姓。虞舜之後，传始封君为商汤时的虞遂，在今山东宁阳西北。公元前681年为齐所灭。句意为：齐国人攻灭了遂国。

qiū qī yuè
经 秋，七月。

dōng gōng huì qí hóu méng yú kē
冬，公会齐侯，盟于柯[①]。

cáo guì zhī méng yě xìn qí hóu yě huán méng suī nèi
传 曹刿之盟也[②]，信齐侯也。桓盟虽内

yù bú rì xìn yě
与[③]，不日，信也。

注释：①柯：齐国地名。在今山东东阿西。②曹刿之盟也：《公羊传》谓："要谋可犯，而桓公不欺。曹子可仇，而桓公不怨。桓公之信著于天下，自柯之盟始。"《穀梁传》杨士勋疏："要谋可犯，而桓公不欺，曹子手剑劫桓侯共盟，使归汶阳之田，而齐侯终亦还之是也。曹子可仇，而桓公不怨，谓以臣劫君，是可仇也，而桓公终不罪曹子，是不怨也。"句意为：曹刿用手剑协迫齐桓公，与他共同盟誓，要齐归还鲁国汶阳之田，齐侯答应了。所以把这次盟会又称为"曹刿之盟也"。③内与：即我国参与。

zhuāng gōng shí sì nián

庄公十四年

shí yòu sì nián chūn qí rén chén rén cáo rén fá sòng

经 十有又四年，春，齐人、陈人、曹人伐宋。

xià shàn bó huì fá sòng

夏，单伯会伐宋①。

huì shì zhī chéng yě

传 会，事之成也②。

qiū qī yuè jīng rù cài

经 秋，七月，荆入蔡。

jīng zhě chǔ yě qí yuē jīng hé yě zhōu jǔ zhī yě zhōu bù rú guó guó bù rú míng míng bù rú zì

传 荆者，楚也。其曰荆何也？州举之也③。州不如国④，国不如名，名不如字⑤。

dōng shàn bó huì qí hóu sòng gōng wèi hóu zhèng bó yú juàn

经 冬，单伯会齐侯、宋公、卫侯、郑伯于鄄⑥。

fù tóng huì yě

传 复同会也⑦。

注释：①**单伯**：钟补注：“左氏谓单伯是周大夫。”一说为鲁大夫名。②**事之成**：伐宋的事情已经完成。③**州举之**：以州而言，楚属于荆州。④**州不如国**：说州还不如说国。⑤**字**：人的表字。在本名之外所取的与本名意义相关的另一个称呼。一般而言，自称用名，表示谦虚；称人用字，表示尊敬。⑥**鄄**：卫国地名。在今山东鄄城西北。⑦**复同会**：又一次共同会见。

zhuāng gōng shí wǔ nián

庄公十五年

shí yòu wǔ nián chūn qí hóu sòng gōng chén hóu wèi

经 十有又五年，春，齐侯、宋公、陈侯、卫

hóu zhèng bó huì yú juàn

侯、郑伯会于鄄[①]。

fù tóng huì yě

传 复同会也[②]。

xià fū rén jiāng shì rú qí

经 夏，夫人姜氏如齐[③]。

fù rén jì jià bù yú jìng yú jìng fēi lǐ yě

传 妇人既嫁不逾竟境[④]，逾竟境非礼也[⑤]。

qiū sòng rén qí rén zhū rén fá ní zhèng rén qīn

经 秋，宋人、齐人、邾人伐郳[⑥]。郑人侵

sòng

宋。

dōng shí yuè

冬，十月。

注释：①**会于鄄**：春秋时齐桓公主持的一次盟会。鲁庄公十五年（公元前679），齐桓公邀宋、陈、卫、郑等国君在卫国的鄄（今山东鄄城西北）相会，此次会盟，为齐桓公霸业之始。②**复同会**：指在今年春季举行的另一次会晤。③**夫人**：古代称诸侯之妻。这里指的是鲁桓公夫人。**姜氏**：文姜。齐僖公之女，齐桓公之姊妹。④**妇人既嫁不逾竟**：竟通境。逾亦作踰。《淮南子·主训》注：“踰，犹过也。”《礼记·杂记》注：“踰封，越竟也。功为越疆。”既嫁，即已嫁。句意为：妇人已经出嫁，就不能越过已嫁诸侯的封疆境界。⑤**非礼**：不合乎礼仪制度。⑥**郳**：古国名。《说文》：“郳，齐地。从邑兒声。”《左传·襄公六年》：“齐侯灭莱，迎莱于郳。”《正义》云：郳即小邾，小邾附属齐，故灭莱国，而迁其居于小邾。段注说：“《世本》云：‘邾颜居邾’，肥徙郳。宋仲子注：邾颜别封小子肥于郳，为小邾子。《左传》曰：鲁击柝闻于邾。小邾者，邾所别封，其地亦在邾鲁，不当为齐地。今邹县有故邾城，滕县东南有郳城，皆鲁地，且之称小邾久矣。”东汉许慎说：郳为齐地。清段玉裁说：郳为小邾子，是鲁地。本注从许说郳为齐地。郳，在今山东滕州市东。一说在今山东枣庄西北。曹姓，战国灭于楚。

zhuāng gōng shí liù nián

庄公十六年

shí yòu liù nián chūn wáng zhēng yuè

经 十有又六年，春，王正月。

xià sòng rén qí rén wèi rén fá zhèng

夏，宋人、齐人、卫人伐郑①。

qiū jīng fá zhèng

秋，荆伐郑②。

dōng shí yòu èr yuè huì qí hóu sòng gōng chén hóu

冬，十有又二月，会齐侯、宋公、陈侯、

wèi hóu zhèng bó xǔ nán cáo bó huá bó téng zǐ tóng méng

卫侯、郑伯、许男、曹伯、滑伯、滕子，同盟

注释：①**宋人……伐郑：**由于上年秋季，郑国侵犯宋，故此番诸侯联合伐郑国。②**荆伐郑：**郑厉公由栎进入郑国，没有及时通告楚国，楚国以郑国无礼，遂發兵讨伐之。

yú yōu

于幽①。

tóng zhě yǒu tóng yě tóng zūn zhōu yě bù yán gōng

传 同者，有同也②，同尊周也③。不言公④，

wài nèi liáo yī yí zhī yě

外内寮一疑之也⑤。

zhū zǐ kè zú

经 **郳子克卒**⑥。

qí yuē zǐ jìn zhī yě

传 其曰子，进之也。

注释：①**会齐侯……滕子，同盟于幽**：《公羊传》“会”前有“公”字。《左传》“许男”下无“曹伯”。齐侯，为齐桓公，他是春秋时齐国的国君，名小白，僖公的儿子，襄公的弟弟。公元前685—前643年在位。为公子时因见内乱，离齐至莒（今山东莒县），襄公被杀，齐大夫迎立他为君。即位後任用管仲为相，改革内政，国势强盛。鲁庄公十五年（公元前679年）于鄄（今山东鄄城北）之会始称霸诸侯，奉行“尊王攘夷”政策。二十八年，奉周王命讨伐卫国。三十年，伐山戎、救燕国。鲁闵公元年（公元前661年）败狄救邢、卫二国。鲁僖公四年（公元前656年）伐楚，与楚在召陵（今河南郾城东），缔盟而还。八年，周因王子带争王位而起内乱，率诸侯会于洮（今山东鄄城西南），尊周襄王为王。次年，与诸侯盟于葵丘（今河南兰考东），规定与盟诸侯永保和好，维护等级制度。後又两次命诸侯戍周以御戎。因“九合诸侯”，“尊王攘夷”，故为春秋五霸之首。宋公，为宋桓公，为春秋时宋国国君，名御说。宋闵公的弟弟。公元前681—前651年在位。陈侯，为陈宣公。春秋时陈国国君。名杵臼，一作处臼。陈庄公的弟弟，继庄公即位。公元前692—前648年在位。鲁庄公十八年（公元前676年），周惠王娶陈妫为后，号惠後。二十二年，他所宠爱姬生子款，欲立为太子，乃杀太子御寇。厉公之子完（敬仲）惧，奔齐。齐桓公使为工正，是为齐陈（田）氏之祖。卫侯，为卫惠公，春秋时卫国的国君。名朔，卫宣公的小儿子，前後在位二十一年（公元前699—前697年；公元前686年—前669年）。因宣公听信其母之谗言，废太子伋後，得以继位。即位三年，诸宗族公子不服作乱，乃出奔齐。诸公子立公子黔牟。黔牟立八年，齐襄公奉周王之命伐卫，诛除公子，黔牟奔周。他得复位。周惠王二年（公元前675年），周大夫蔿国等奉子颓（周庄王庶子）攻惠王，周有王子颓之乱，他出兵与南燕助子颓。郑伯，为郑厉公（复立），为春秋时郑国国君。名突。郑庄公的儿子。鲁桓公十一年（公元前701年），郑庄公死，大夫祭仲立太子忽为君，是为昭公，他得宋庄公支持，由宋劫持祭仲，迫祭仲逐昭公而立他为君，在位四年，不满祭仲专政，欲杀之，谋泄奔蔡。後居栎（今河南禹州）。鲁庄公十四年（公元前680年），他借郑大夫傅瑕之力，得入郑复位，旋杀傅瑕。前後在位十一年。许男，为许国男爵的国君。姜姓。始封君传为伯夷之後文叔。在今河南许昌东。春秋时夹处郑、楚之间。鲁成公十五年（前596年）迁于叶（今河南叶县西南）。鲁昭公九年（公元前533年）被楚迁至城父（今安徽亳州东南）。为楚所灭，遗民被强迁到荆山。楚平王即位，使许复国。後被郑灭。得楚支持，再复国。战国时灭于楚。一说灭于魏。曹伯，为曹庄公。他是春秋时曹国的国君。名射姑，一作夕姑。曹桓公的儿子。公元前701—前671年在位。死後太子羁立。滑伯，为滑国伯爵的国君。周代国名。姬姓。原在今河南睢县西北，後迁于费（今河南偃师南），又称费滑。春秋时，公元前627年，为秦所灭，地入于晋，後又属周。滕子，为滕国子爵的国君。滕为周代国名。姬姓，周文王子叔绣所封，在今山东滕州西南。公元前414年为越所灭。後又复国。战国为宋所灭。又说为齐或楚所灭。幽，宋国地名。在今河南兰考境内。②**有同**：有所相同。③**同尊周**：共同尊重周王朝。⑥**不言公**：不说庄公参与会晤。④**外内寮一疑之也**：外内寮，指同僚，即诸侯们。句意为：远近的诸侯对鲁庄公能否拥戴齐桓公作为盟主有所怀疑呀！⑤**郳子**：郳仪父，名克。

庄公十七年

经 十有（又）七年，春，齐人执郑詹①。

传 人者，众辞也②。以人执③，与之辞也④。郑詹，郑之卑者⑤。卑者不志⑥，此其志，何也？以其逃来志之也⑦。逃来则何志焉？将有其末⑧，不得不录其本也⑨。郑詹，郑之佞人也⑩。

经 夏，齐人歼于遂⑪。

传 歼者尽也。然则何为不言遂人尽齐人也⑫？无遂之辞也⑬。无遂则何为言遂？其

注释：①**执**：拘捕、逮捕、捉住。《礼记·檀弓下》："执，拘也。"《说文》："执，捕罪也。"《礼记·曲礼上》："执，提也。"②**众辞**：表明人数众多的言辞。③**以人执**：讲用人逮捕（这样的言辞）。④**与之辞**：表示赞同的言辞。⑤**郑之卑者**：郑国卑贱之人。⑥**志**：《字诂》："志，记也。"《列子·汤问》："志，记之也。"志义为记、记载、记录。⑦**以**：因为，由于。⑧**末**：结果。⑨**本**：事情的本源。⑩**佞人**：巧言伪善的人。《尔雅·释诂》："佞，巧也。"《论语·雍也》："佞，口才也。"《国语·晋语》注："伪善为佞。"⑪**遂**：古代国名。妫姓。虞舜之後。传始封君为商汤时虞遂。在今山东宁阳西北。公元前681年为齐所灭。⑫**尽**：杀尽。⑬**无遂之辞也**：辞为文辞、言辞。句意为：这是遂国已灭的文辞。

yóu cún suì yě　　cún suì nài hé　　yuē qí rén miè suì　　shǐ

犹存遂也[①]。存遂奈何[②]？曰齐人灭遂，使

rén shù zhī　　suì zhī yīn shì yìn shù zhě jiǔ ér shā zhī　　qí

人戍之[③]。遂之因氏饮戍者酒而杀之[④]，齐

rén jiān yān　　cǐ wèi xiá dí yě

人歼焉。此谓狎敵也[⑤]。

qiū　　zhèng zhān zì qí táo lái

经　**秋，郑詹自齐逃来。**

táo yì yuē táo

传　逃义曰逃[⑥]。

dōng　　duō mí

经　**冬，多麋[⑦]。**

注释：①**其犹存遂也**：那是因为仍然保存着遂。②**存遂奈何**：保存着遂是怎么一回事。③**戍**：戍守。④**饮**：使人喝酒。⑤**狎敵**：狎，《广雅·释诂三》："狎，轻也。"狎敵，即轻敵。⑥**逃义**：逃避正义的（制裁）。⑦**多麋**：《左传》杜预云："麋多则害五稼。"麋，麋鹿。也叫四不像。性温顺，吃植物。

zhuāng gōng shí bā nián

庄公十八年

shí yòu bā nián chūn wáng sān yuè rì yǒu shí zhī

经 十有（又）八年，春，王三月，日有食之①。

bù yán rì bù yán shuò yè shí yě hé yǐ zhī

传 不言日②，不言朔③，夜食也④。何以知

qí yè shí yě yuē wáng zhě cháo rì gù suī wéi tiān zǐ

其夜食也？曰：王者朝日⑤。故虽为天子⑥，

bì yǒu zūn yě guì wéi zhū hóu bì yǒu zhǎng yě gù tiān

必有尊也⑦；贵为诸侯⑧，必有长也⑨。故天

zǐ cháo rì zhū hóu cháo shuò

子朝日，诸侯朝朔⑩。

xià gōng zhuī róng yú jǐ xī

经 夏，公追戎于济西⑪。

qí bù yán róng zhī fá wǒ hé yě yǐ gōng zhī zhuī zhī

传 其不言戎之伐我何也？以公之追之⑫。

bù shǐ róng ěr yú wǒ yě yú jǐ xī zhě dà zhī yě

不使戎迩于我也⑬。“于济西”者，大之也。

hé dà yān wèi gōng zhī zhuī zhī yě

何大焉？为公之追之也。

注释：①**日有食之**：即日食。有，指有某物（来食之）。之，代词。指日。②**不言日**：不记载日食的具体日子。③**朔**：朔日。旧历指每月初一。④**夜食**：夜晚时發生日食。⑤**王者朝日**：天子在日出的时候，举行祭祀太阳的典礼。⑥**天子**：古时认为君权乃天神所授，故称帝王为天子。⑦**尊**：尊崇。⑧**诸侯**：古代帝王统辖下的列国君主的统称。⑨**长**：尊重。⑩**诸侯朝朔**：诸侯要在初一举行告祭祖庙的典礼。⑪**追戎于济西**：戎，参见“隐公二年”的注释。济西，在济水之西，在今山东荷泽东南。句意为：追赶戎人在济水的西边。⑫**以公之追之**：由于是庄公带兵追赶他们。⑬**迩**：范解：“迩，近也。”

qiū yǒu yù

经 秋，有蜮①。

yī yǒu yī wú yuē yǒu yù shè rén zhě yě

传 一有一亡无曰有②。蜮，射人者也。

dōng shí yuè

经 冬，十月。

注释：①蜮，或写作蜮。一解为专吃禾苗叶子的害虫。另一解为在水中含沙射影害人的动物。《春秋经·庄公十八》杜注："蜮，短狐也，盖以含沙射人为灾。"《左传·庄公十八年经》服注："短狐，南方盛暑所生，其状如鳖，古无今有，含沙射人，入皮肉中，其疮如疥，遍身濩濩蜮蜮。"《诗·何人斯》："蜮，短狐也，一名射影，江淮水皆有之，人在岸上，影见水中，投人影则杀之，故曰射影也。"②**一有一亡曰有**：钟补注："一有一无者，谓或有有时，或有无时，言不常也。"句意为：有时有，有时无，这就叫作有。

zhuāng gōng shí jiǔ nián

庄公十九年

shí yòu jiǔ nián chūn wáng zhēng yuè

经 十有(又)九年①，春，王正月②。

xià sì yuè

夏，四月③。

qiū gōng zǐ jié yìng chén rén zhī fù yú juàn suì jí qí hóu sòng gōng méng

秋，公子结媵陈人之妇于鄄④，遂及齐侯、宋公盟⑤。

yìng qiǎn shì yě bú zhì cǐ qí zhì hé yě bì yāo méng yě hé yǐ jiàn qí bì yāo méng yě yìng lǐ zhī qīng zhě yě méng guó zhī zhòng yě yǐ qīng shì suì hū guó zhòng wú shuō qí yuē chén rén zhī fù lüè zhī yě qí bú

传 媵，浅事也，不志；此其志，何也？辟(避)要(邀)盟也⑥。何以见其辟(避)要(邀)盟也？媵，礼之轻者也；盟，国之重也。以轻事遂乎国重，无说。其曰陈人之妇，略之也。其不

注释：①**有：**通“又”。用于整数和零数之间。②**王正月：**周天子所颁行历法的正月。周王朝以建子之月（约相当于现行农历十一月）为正月。③按照《春秋》体例，一年四季，无论哪一个季度，即使没有值得记载的事件，也要写入头一个月，以保证一年的完整性。④**公子结媵陈人之妇于鄄：**公子结为鲁大夫名。媵，《尔雅·释言》：“媵，送也。”《仪礼·士昏礼》注：“古者嫁女，必侄娣从之，谓之媵。”《公羊传·庄公十九年》：“媵者何？诸侯娶一国，则二国往媵之，以侄娣从。”《诗·我行其野》笺疏：“姜送嫡行，故谓妾为媵，媵之名不专施妾，凡送女适人者，男女皆谓之媵。”送女陪嫁，叫媵。钟补注：“孔颖达曰：鄄是卫之东地。盖陈取卫女为妇。”陈侯娶卫国国君的女儿为妻。卫与鲁，同是姬姓。公子结送鲁君的女儿去陪嫁，到了鄄这个地方。鄄，在今山东鄄城。⑤**齐侯：**齐桓公。此在其十一年。**宋公：**宋桓公。此在其七年。⑥**辟要盟：**辟同避。要同邀。意为：是避讳说鲁国邀请齐侯、宋公举行盟会。

rì shuò yú wù zhī yě
日，数渝[1]，恶之也[2]。

fū rén jiāng shì rú jǔ
经 夫人姜氏如莒。

fù rén jì jià bù yú jìng yú jìng fēi zhèng yě
传 妇人既嫁不逾竟境[3]，逾竟境非正也。

dōng qí rén sòng rén chén rén fá wǒ xī bǐ
经 冬，齐人、宋人、陈人伐我西鄙[4]。

qí yuē bǐ yuǎn zhī yě
传 其曰鄙，远之也。

qí yuǎn zhī hé yě bù yǐ nàn ěr wǒ guó yě
其远之何也？不以难迩我国也[5]。

注释：①**数渝**：钟补注：“数，疾也。谓秋共盟而冬见伐，变盟之疾，或以数渝。为今冬伐我西鄙，明年齐又伐我，故云数。”渝，为改变。句意为：很快就违背了盟约。②**恶之也**：谴责这件事。③**逾竟**：逾为越过。竟通境。意为跨过诸侯封国的边境。④**西鄙**：西部边界上的村邑。《国语·吴语》注：“鄙，边邑也。”《礼记·月令》注：“鄙，界上邑。”⑤**迩**：近。

zhuāng gōng èr shí nián
庄公二十年

èr shí nián chūn wáng èr yuè fū rén jiāng shì rú jǔ

经 二十年，春，王二月，夫人姜氏如莒[①]。

fù rén jì jià bù yú jìng yú jìng fēi zhèng yě

传 妇人既嫁不逾竟**境**[②]，逾竟**境**非正也[③]。

xià qí dà zāi

经 夏，齐大灾[④]。

qí zhì yǐ shèn yě

传 其志[⑤]，以甚也[⑥]。

qiū qī yuè

经 秋，七月。

dōng qí rén fá wǒ

冬，齐人伐我[⑦]。

注释：①**夫人姜氏如莒**：范解："夫人比年如莒，过而不改，无礼尤甚，谨而月之。莒音举。"莒，一作筥。周代国名。己姓。或说少昊之後，嬴姓。周武王封兹舆期于莒。原都计斤，在今山东胶州市西南。春秋初迁莒，在今山东莒县。占有今山东一部分地方。公元前431年，为楚所灭。鲁桓公的夫人姜氏到莒国去。②**既嫁**：已经嫁人。**逾**：越过。**竟**：通境。边境，国境。③**正**：指合乎法度或情理。④**齐大灾**：齐国發生大的灾害。是什么灾害呢？据《公羊传》："夏，齐大灾。大灾者何？大瘠也。大瘠者何？痢也。"何休注："痢者，民疾疫也。""齐大灾"，不是水灾、火灾，而是一种传染病。所以，《公羊传》还说："及我也。"就是传染到我们鲁国。⑤**志**：记载，记录。⑥**以甚**：因为灾情太严重。⑦**我**：《左传》与《公羊传》均作"戎"。

zhuāng gōng èr shí yī nián

庄公二十一年

èr shí yòu yī nián chūn wáng zhēng yuè

经 二十有（又）一年①，春，王正月②。

xià wǔ yuè xīn yǒu zhèng bó tū zú

夏，五月辛酉，郑伯突卒③。

qiū qī yuè wù xū fū rén jiāng shì hōng

秋，七月戊戌，夫人姜氏薨④。

fù rén fú mù yě

传 妇人弗目也⑤。

dōng shí yòu èr yuè zàng zhèng lì gōng

经 冬，十有（又）二月，葬郑厉公。

注释：①**有**：通又。用于整数和零数之间。②**王正月**：周天子所颁行历法的正月。周王朝以建子之月（约相当于现行农历十一月）为正月。③**郑伯突卒**：郑伯突，即郑厉公。他是春秋时郑国的国君，名叫突。郑庄公的儿子。鲁桓公十一年（公元前701年），郑庄公死，大夫祭仲立太子忽为君，是为昭公。他得宋庄公支持，由宋劫持祭仲，迫祭仲逐昭公而立他为君。在位四年，不满祭仲专政，欲杀之，谋泄奔蔡。後居栎（今河南禹州）。鲁昭公十四年（公元前680年），他借郑大夫傅瑕之力，得入郑复位，旋杀傅瑕。前後在位十一年。④**姜氏**：文姜。齐僖公之女，齐桓公之姊妹，鲁桓公之夫人。⑤**妇人弗目也**：弗目，即不明确记载地点。因庄公“二十年”的经文中记载“姜氏如莒”，後来再记载她回国的事，故其死于何处，不明。《穀梁传》认为不记载妇人的死亡地点，是符合《春秋》之例的。

庄公二十二年

zhuāng gōng èr shí èr nián

经 二十有（又）二年，春，王正月，肆大眚[①]。

èr shí yòu èr nián chūn wáng zhēng yuè sì dà shěng

传 肆，失（逸）也[②]。眚，灾也[③]。灾，纪也[④]，失（逸），故也[⑤]。为嫌天子之葬也[⑥]。

sì yì yě shěng zāi yě zāi jì yě yì gù yě wèi xián tiān zǐ zhī zàng yě

经 癸丑，葬我小君文姜[⑦]。

guǐ chǒu zàng wǒ xiǎo jūn wén jiāng

传 小君，非君也[⑧]。其曰君何也？以其为公配[⑨]，可以言小君也。

xiǎo jūn fēi jūn yě qí yuē jūn hé yě yǐ qí wéi gōng pèi kě yǐ yán xiǎo jūn yě

经 陈人杀其公子御寇[⑩]。

chén rén shā qí gōng zǐ yù kòu

注释：①**肆大眚**：范解："……《经》称肆大眚，皆放赦罪人，荡涤众故，有时而用之，非经国之常制。"②**肆，失也**：杨士勋疏（以下作"杨疏"）："肆，缓也。过而有害，当缓赦之。"肆，为放纵。失，与逸同。意为：放纵，即放逸。③**眚，灾也**：杨疏："《经》称肆大眚，故以眚为灾也。《尚书》眚灾连文，故孔氏以眚为过。"意为：眚就是过失、灾害，也就是灾祸。④**灾，纪也**：范解："灾，谓罪恶。纪，治理也。有罪当治理之。"意为：有罪恶就应当治理。⑤**失，故也**：范解："今失之者，以文姜之故。"意为：放逸而不治理，因为有所变故。⑥**为嫌天子之葬也**：范解："文姜罪应诛绝，诛绝之罪，不葬。若不赦除众恶而书葬者，嫌天子许之。明须赦而後得葬。"嫌，为避嫌。句意为：为的是避免说是天子准许以礼安葬文姜。《穀梁传》认为，鲁国之所以要实行大赦，是因为鲁庄公想要安葬其母文姜，而文姜由于与其兄齐襄公通奸，又合谋杀害鲁桓公之事。根据周礼规定应"诛绝"。诛绝的罪人不得安葬。庄公在举行葬礼前，先实行大赦。其母文姜应在大赦之列，等到安葬时，就不致于违反周礼规定的葬礼制度了。⑦**小君**：少德的夫人，或少德的妻子。据《论语·季氏》孔子止邦君之名时，说："邦人称之曰君夫人，称诸异邦曰寡小君。"说明在诸侯国内，臣民称其国君的夫人为"君夫人"；如果对外，诸侯谦称其夫人为"寡小君"。⑧**非君**：不是君王。⑨**以**：因为。**其**：代词。指小君。**为公配**：是国君（桓公）的配偶。⑩**公子御寇**：《左传》作"大子御寇"。"大子"就是太子。嫡妻所生的大儿子，就是嫡长子，也就是太子。

yán gōng zǐ ér bù yán dà fū gōng zǐ wèi mìng wéi dà
传 言公子而不言大夫①，公子未命为大
fū yě qí yuē gōng zǐ hé yě gōng zǐ zhī zhòng shì dà fū
夫也。其曰公子何也？公子之重视大夫②，
mìng yǐ zhí gōng zǐ
命以执公子。

xià wǔ yuè
经 **夏，五月。**
qiū qī yuè bǐng shēn jí qí gāo xī méng yú fáng
秋，七月丙申，及齐高傒盟于防③。

bù yán gōng gāo xī kàng yě
传 不言公，高傒伉也④。

dōng gōng rú qí nà bì
经 **冬，公如齐纳币⑤。**

nà bì dà fū zhī shì yě lǐ yǒu nà cǎi yǒu wèn
传 纳币，大夫之事也。礼有纳采⑥，有问
míng yǒu nà zhēng yǒu gào qī sì zhě bèi ér hòu qǔ
名⑦，有纳征⑧，有告期⑨，四者备而後娶⑩，
lǐ yě gōng zhī qīn nà bì fēi lǐ yě gù jī zhī
礼也。公之亲纳币⑪，非礼也⑫，故讥之⑬。

注释： ①**公子**：古代称诸侯的儿子或女儿。**大夫**：古代官名或爵名。西周以後的诸侯国中，国君下有卿、大夫十三级，大夫世袭，且有封地。②**视**：比，等同。③**高傒**：齐国的大夫。**防**：鲁国地名。在今山东费县东北。一名东防。④**伉**：骄纵，高傲。范解：“高傒骄伉，与公敵体，耻之，故不书公。”⑤**纳币**：即纳征。古代婚娶有六礼：即纳采、问名、纳吉（也称卜吉）、纳征（即定婚）、告期（商定婚期）、迎娶（正式结婚）。⑥**纳采**：采者，择也。男家择定女家，托媒人向女家提亲，女家同意後，男家备礼去女家求婚。⑦**问名**：男家通过媒人向女家问明女子的名字和出生年月日，男家据此通过占卜，得到吉兆，可以合婚，男家便决定可以缔结婚约。⑧**纳征**：征者，成也。纳征，也称纳币。男家通过占卜得到吉兆後（或通过生辰八字算命可以合婚後），带上礼物去女家缔结婚约，定婚。聘礼，据《仪礼·士婚礼》载，有“玄纁、束帛、緉皮”和一只大雁。⑨**告期**：即男家向女家告知结婚日期。⑩**娶**：即正式结婚。⑪**之**：助词。用于主谓之间，取消句子的独立性。**亲**：亲自。⑫**非礼**：不合乎礼仪制度。⑬**故**：所以。**讥**：讥讽。

庄公二十三年

zhuāng gōng èr shí sān nián

经 二十有[又]三年，春，公至自齐①。

èr shí yòu sān nián chūn gōng zhì zì qí

祭叔来聘②。

zhài shū lái pìn

传 其不言使③，何也？天子之内臣也④。不正其外交⑤，故不与使也⑥。

qí bù yán shǐ hé yě tiān zǐ zhī nèi chén yě bú zhèng qí wài jiāo gù bù yǔ shǐ yě

经 夏，公如齐观社⑦。

xià gōng rú qí guān shè

传 常事曰视⑧，非常曰观⑨。观，无事之辞也，以是为尸女也⑩。无事不出竟[境]。

cháng shì yuē shì fēi cháng yuē guān guān wú shì zhī cí yě yǐ shì wèi shī nǚ yě wú shì bù chū jìng

经 公至自齐。

gōng zhì zì qí

传 公如，往时，正也。致月，故也。如往月、致月⑪，有惧焉尔。

gōng rú wǎng shí zhèng yě zhì yuè gù yě rú wǎng yuè zhì yuè yǒu jù yān ěr

注释：①**至自齐**：从齐国回到国内。②**祭叔来聘**：范解："祭叔，天子寰内诸侯。叔，名。"为周天子的大夫名。句意为：周天子的大夫祭叔，到鲁国来聘问鲁君。③**使**：派遣。④**天子之内臣**：周天子直接管辖区域之内的臣子。⑤**正**：认为……合乎法度或情理。其：代词。指代祭叔。**外交**：指与诸侯交往。⑥**与**：赞许，赞同。**使**：派遣。⑦**公如齐观社**：《左传》杜预云："齐因祭社蒐军实，故公往观之。"意思是：庄公到齐国观看（举行阅兵的）社祭。⑧**常事**：指观看平常的事（的场面）。⑨**非常**：指观看不寻常的事（的场面）。⑩**为尸女也**：范甯云："尸，主也。主为女往尔，以观社稷为辞。"句意为：认为庄公是为妇女而前去的。⑪**致月**：致，指诸侯外出回国後，在祖庙举行的告祭祖先的仪式。月，记载月份。

jīng rén lái pìn

经 **荆人来聘**。

shàn lěi ér hòu jìn zhī qí yuē rén hé yě jǔ dào bú dài zài

传 善累而後进之。其曰人，何也？举道不待再。

gōng jí qí hóu yù yú gǔ

经 **公及齐侯遇于穀**①。

jí zhě nèi wéi zhì yān ěr yù zhě zhì xiāng dé yě

传 及者，内为志焉尔。遇者，志相得也。

xiāo shū cháo gōng

经 **萧叔朝公**②。

wēi guó zhī jūn wèi jué mìng zhě qí bù yán lái yú wài yě cháo yú miào zhèng yě yú wài fēi zhèng yě

传 微国之君未爵命者。其不言来③，于外也④。朝于庙⑤，正也⑥；于外，非正也。

qiū dān huán gōng yíng

经 **秋，丹桓宫楹**⑦。

lǐ tiān zǐ zhū hóu yǒu è dà fū cāng shì tǒu dān yíng fēi lǐ yě

传 礼，天子、诸侯黝垩⑧，大夫仓**苍**⑨，士黈⑩。丹楹，非礼也⑪。

注释：①**穀**：齐国地名。在今山东东阿县。穀为当时交通要道，齐桓公曾将此地赐给管仲。②**萧叔朝公**：萧，春秋时国名。在今安徽萧县西北。为宋的附庸。子姓。始封君为萧叔大心。公元前682年，宋南宫万杀闵公，大心联合宋的戴、武、宣、穆、庄等族及曹国军队讨伐南宫万，立桓公。平乱有功，被封于萧。鲁宣公十二年（公元前597年）为楚所灭，其地後仍为宋所有。据经文记载看，此时庄公尚在穀地会见齐桓公，故萧叔朝公，当在穀地。③**来**：前来（朝见）。④**于外**：在外（朝见）。⑤**朝于庙**：在宗庙中朝见。⑥**正**：指合乎情理或法度。⑦**丹桓宫楹**：丹，为红色。桓宫，为鲁桓公的宗庙。楹，是宗庙中间的两根柱子。句意为：把安置鲁桓公牌位的宗庙中间的两根柱子漆成红色。⑧**黝垩**：黝，青黑色。垩，用白土粉刷墙壁。⑨**仓**：《广雅·释器》："苍，青也。"仓与苍，音义同。《尔雅·释天》注："春，万物始生，其色苍苍。"⑩**黈**：黄色。⑪**非礼**：不合乎礼仪制度。

dōng shí yòu yī yuè cáo bó yì gū zú

经 冬，十有又一月①，曹伯射姑卒②。

shí yòu èr yuè jiǎ yín gōng huì qí hóu méng yú

十有又二月甲寅，公会齐侯③，盟于

hù

扈④。

注释：①**有**：通又。用于整数和零数之间。②曹伯射姑卒：射姑，即曹庄公。公元前701年–前671年在位。曹桓公的儿子。死後太子羁立。句意为：曹国伯爵的国君名叫射姑的死了。③**齐侯**：齐桓公。此在其十五年。④**扈**：郑国地名。在今河南原阳县西北。

zhuāng gōng èr shí sì nián

庄公二十四年

èr shí yòu sì nián chūn wáng sān yuè kè huán gōng jué

经 二十有_又四年，春，王三月，刻桓宫桷[①]。

lǐ tiān zǐ zhī jué zhuó zhī lóng zhī jiā mì shí yān zhū hóu zhī jué zhuó zhī lóng zhī dà fū zhuó zhī shì zhuó běn kè jué fēi zhèng yě fū rén suǒ yǐ chóng zōng miào yě qǔ fēi lǐ yǔ fēi zhèng ér jiā zhī yú zōng miào yǐ shì fū rén fēi zhèng yě kè huán gōng jué dān huán gōng yíng chì yán huán gōng yǐ wù zhuāng yě

传 礼[②]：天子之桷[③]，斫之礱之[④]，加密石焉[⑤]。诸侯之桷[⑥]，斫之礱之。大夫斫之[⑦]。士斫本[⑧]。刻桷，非正也[⑨]。夫人[⑩]，所以崇宗庙也[⑪]，取非礼与非正而加之于宗庙[⑫]，以饰夫人[⑬]，非正也。刻桓宫桷，丹桓宫楹[⑭]，斥言桓宫以恶庄也[⑮]。

zàng cáo zhuāng gōng

经 葬曹庄公[⑯]。

注释：①**刻桓宫桷**：刻，刻镂。桓宫，鲁桓宫的宗庙。桷，屋上旋转瓦片的木条。圆的称为椽，方的称为桷。范解：“桷，榱也。方曰桷，圆曰椽。”《说文》：“秦名为屋椽，周谓之榱，齐鲁谓之桷。”②**礼**：礼法制度。③**天子之桷**：天子的宗庙屋上的桷子。④**斫之礱之**：陆德明曰：“斫，丁角反，削也。礱之，力公反，磨也。”句意为：砍削它、打磨它。⑤**加密石焉**：范解：“以细石磨之。”句意为：用细石磨光。一说在屋檐前端露出的桷子上镶嵌光洁细密的石子。⑥**诸侯**：古时帝王所辖各小国的王侯。⑦**大夫**：古代官名或爵名。西周以後的诸侯国中，国君下有卿、大夫十三级，“大夫”世袭，且有封地。⑧**士斫本**：《山海经·西山经》注：“本，根也。”《说文》：“木下曰本，从木，一在其下。”士的宗庙屋上的桷子只用刀斧砍削根部。⑨**非正**：不符合法度或情理。⑩**夫人**：古代称诸侯之妻。⑪**崇**：崇敬（侍奉）。⑫**取**：拿。一说音义同娶。指鲁庄公准备娶襄公的女儿（或妹妹）为夫人。⑬**以**：连词。表目的。**饰夫人**：向夫人夸耀。⑭**楹**：《说文》：“楹，柱也。”丹桓公楹，即把鲁桓公宗庙里的两根柱子漆成红色。⑮**斥言**：明言。指名而言。**恶**：谴责。⑯**曹庄公**：春秋时曹国的国君，名射姑，一作夕始。曹桓公的儿子。公元前701年–前671年在位。死後，太子羁即位。

xià gōng rú qí nì nǚ

夏，公如齐逆女。

qīn yíng héng shì yě bú zhì cǐ qí zhì hé yě bú zhèng qí qīn yíng yú qí yě

传 亲迎，恒事也，不志。此其志何也？不正其亲迎于齐也。

qiū gōng zhì zì qí

经 **秋，公至自齐①。**

yíng zhě xíng jiàn zhū shè jiàn zhū xiān zhì fēi zhèng yě

传 迎者，行见诸②，舍见诸③。先至④，非正也。

bā yuè dīng chǒu fū rén jiāng shì rù

经 **八月丁丑，夫人姜氏入⑤。**

rù zhě nèi fú shòu yě rì rù wù rù zhě yě hé yòng bú shòu yě yǐ zōng miào fú shòu yě qí yǐ zōng miào fú shòu hé yě qǔ chóu rén zǐ dì yǐ jiàn shè yú qián qí yì bù kě shòu yě

传 入者，内弗受也⑥。日入⑦，恶入者也⑧。何用不受也？以宗庙弗受也⑨。其以宗庙弗受何也？娶仇人子弟⑩，以荐舍于前⑪，其义不可受也。

wù yín dà fū zōng fù dí yòng bì

经 **戊寅，大夫、宗妇觌用币⑫。**

注释： ①**至自齐**：从齐国回到国内。②**行见诸**：行路时看见她。诸，代词。代人，代事，代物，相当于“之”。这里代指所迎之齐女。③**舍见诸**：休息时候见到她。④**先至**：指庄公先行回到国内。⑤**姜氏**：哀姜。⑥**内弗受**：所要进入的地方不肯接纳（进入者）。⑦**日入**：记载进入的日子。⑧**恶**：谴责。⑨**以**：由于，因为。⑩**娶仇人子弟**：仇人，指齐襄公。子弟，为女儿和妹妹。⑪**以荐舍于前**：范解：“荐，进；舍，置。”句意为：把她引进、放置到祖先的面前。⑫**大夫、宗妇觌用币**：范解：“宗妇，同宗大夫之妇。”觌，为相见。《穀梁传》认为是大夫及其妻子，但《左传》解说未言大夫，只说“公使宗妇觌”。据《穀梁传》载，此句後为“礼，大夫不见夫人”，足证有“大夫”。币，指见面礼，双方互赠的财物。一般指玉帛一类的钱币和财物。句意为：大夫、同宗大夫之妇与夫人相见时，赠送玉帛作见面礼。

dí jiàn yě lǐ dà fū bú jiàn fū rén bù yán
传 觌，见也。礼：大夫不见夫人，不言
jí bú zhèng qí xíng fù dào gù liè shǔ zhī yě nán zǐ zhī
及，不正其行妇道，故列数之也。男子之
zhì gāo yàn zhì jū fù rén zhī zhì zǎo lì
贽：羔、雁、雉、腒①。妇人之贽：枣、栗、
duàn xiū yòng bì fēi lǐ yě yòng zhě bù yí yòng zhě
锻、脩②。用币，非礼也。用者，不宜用者
yě dà fū guó tǐ yě ér xíng fù dào wù zhī gù jǐn
也。大夫，国体也③，而行妇道，恶之，故谨
ér rì zhī yě
而日之也。

dà shuǐ
经 **大水。**
dōng róng qīn cáo cáo jī chū bēn chén chì guī yú
冬，戎侵曹④。曹羁出奔陈⑤。赤归于
cáo guō gōng
曹⑥。郭公⑦。

chì gài guō gōng yě hé wèi míng yě lǐ zhū hóu
传 赤，盖郭公也⑧。何为名也⑨？礼，诸侯
wú wài guī zhī yì wài guī fēi zhèng yě
无外归之义⑩，外归非正也。

注释：①**男子之贽**：羔、雁、雉、**腒**：初次见面时双方互赠的礼品，叫贽。羔，羊羔。雁，大雁。雉，野鸡。腒，陆德明云："腒，其居反。腊也，干雉也。"《说文》云："北方谓鸟腊曰腒。"句意为：男子给初次见的人送的见面**礼有**：小羊羔、大雁、野鸡和鸟类做的干腊礼品。②**妇人之贽**：枣、栗、锻、脩：妇人送的初次见面礼品，有枣子、板栗、干肉脯和牛羊肉锻打之後加姜桂叫锻的。范解："枣，取其早自矜庄。栗，取其敬栗。锻脩，取断断自脩整。"陆德明曰："锻，丁乱反，脯也。锻而加姜桂曰脩。"③**大夫，国体也**：范解："国体，谓为君股肱。"句意为：大夫是国君的手足。④**戎**：古国名，春秋时属曹地。现今的地理位置一说是山东菏泽西南，一说山东曹县西北。後地入于卫。杜预云："陈留济阳县东南有戎之城，古国名。"⑤**曹羁出奔陈**：曹羁，曹国的大夫。据《公羊传》记载，戎将侵曹时，曹羁劝谏国君："戎众以无义，君请勿自敵也。"曹君没有答应，曹羁再三劝谏，曹君仍不听，曹羁于是出走。《左传》无传文。贾逵则说曹羁是曹国的国君。⑥**赤**：《公羊传》说："曹无赤者，盖郭公也。"贾逵以为赤为戎的外孙，故侵曹时，逐羁而立赤。《左传》杜注依此说，以为羁可能是曹国的世子，因曹庄公已死，其尚未称爵，微弱而不自定。又以为赤是曹僖公，曾被戎接纳，所以春秋经文中说"归于曹"。⑦**郭公**：《公羊传》称其为"失地之君"。意即失去封国土地的曹国国君。⑧**盖**：大概。⑨**何为名**：为什么称呼他的名。⑩**诸侯无外归之义**：因戎侵曹，曹羁出走，赤才得以归于曹。《穀梁传》以为赤曾依附于戎，故持此论。

zhuāng gōng èr shí wǔ nián

庄公二十五年

èr shí yòu wǔ nián， chūn， chén hóu shǐ rǔ shū lái pìn

经 二十有又五年，春，陈侯使女叔来聘[①]。

qí bù míng hé yě？ tiān zǐ zhī mìng dà fū yě

传 其不名何也[②]？天子之命大夫也[③]。

xià， wǔ yuè guǐ chǒu， wèi hóu shuò zú

经 夏，五月癸丑，卫侯朔卒[④]。

liù yuè xīn wèi， shuò， rì yǒu shí zhī

六月辛未，朔[⑤]，日有食之[⑥]。

yán rì yán shuò， shí zhèng shuò yě

传 言日言朔[⑦]，食正朔也[⑧]。

gǔ， yòng shēng yú shè

经 鼓，用牲于社[⑨]。

gǔ， lǐ yě。 yòng shēng， fēi lǐ yě。 tiān zǐ jiù rì，

传 鼓，礼也。用牲，非礼也[⑩]。天子救日[⑪]，

zhì wǔ huī， chén wǔ bīng、 wǔ gǔ； zhū hóu zhì sān huī，

置五麾[⑫]，陈五兵、五鼓[⑬]；诸侯置三麾[⑭]，

注释：①**陈侯使女叔来聘**：陈侯，为陈宣公。女叔，范解：“女，氏；叔，字。”句意为：陈宣公派名叫女叔的大夫作为使臣到鲁国来聘问鲁君。②**名**：动词。称呼名。③**天子之命大夫也**：因为他是周天子册命的大夫。④**卫侯朔卒**：即卫惠公。他是春秋时卫国的国君。名朔。卫宣公的小儿子。先後在位二十一年（公元前699–前697年；公元前686–前669年）。因卫宣公听信其母的谗言，废太子伋後，得以继位。即位三年，诸宗族公子不服作乱，乃出奔齐。诸公子立公子黔牟。黔牟立八年，齐襄公率诸侯奉周天子之命伐卫，诛除诸公子，黔牟奔周。他得复位。周惠王二年（公元前675年），周大夫蔿国等奉子颓（周庄子庶子）攻惠王，周有王子颓之乱，他出兵与南燕助子颓。句意为：卫国侯爵的国君惠公名叫朔的死了。⑤**朔**：农历指每月初一。⑥**日有食之**：即日食。有，指有某物（来食之）。之，代词。指日。⑦**言日言朔**：记载日子记载朔日。⑧**食正朔**：日食的日子正好在朔日。⑨**鼓，用牲于社**：鼓，为击鼓。用牲，杀牲。《周礼·庖人》注：“杀牲谓之用。”《周礼》郑注：“始养之曰畜，将用之曰牲。”社，《礼记·中庸》注：“社祭，地神。”《白虎通·社稷》：“社者，土地之神也。”句意为：敲鼓杀牲在社坛处祭祀。⑩**非礼**：不合乎礼法制度。⑪**天子**：古时认为君权为神所传授，故称帝王为天子。⑫**置五麾**：麾，旗帜。五麾即青、赤、白、黑、黄五种颜色的旗帜，分别插在东、南、西、北、中五个方位。置，安置，安插。⑬**陈五兵、五鼓**：陈，陈列。五兵，随旗陈列在五个方位的兵器，分别为矛、戟、钺、楯、弓箭。五鼓，与旗帜颜色相配的五色鼓，也分别依旗帜的方位安放。⑭**诸侯**：古时帝王所辖各小国的王侯。

chén sān gǔ sān bīng dà fū jī mén shì jī tuò yán chōng
陈三鼓、三兵；大夫击门[1]，士击柝[2]。言充

qí yáng yě
其阳也[3]。

bó jī guī yú qǐ
经 **伯姬归于杞**。

qí bù yán nì hé yě nì zhī dào wēi wú zú dào yān
传 其不言逆何也？逆之道微，无足道焉

ěr
尔。

qiū dà shuǐ gǔ yòng shēng yú shè yú mén
经 **秋，大水。鼓，用牲于社、于门**。

gāo xià yǒu shuǐ zāi yuē dà shuǐ jì jiè gǔ ér hài
传 高下有水灾[4]，曰大水。既戒鼓而骇

zhòng yòng shēng kě yǐ yǐ yǐ jiù rì yǐ gǔ bīng jiù shuǐ
众[5]，用牲可以已矣[6]。救日以鼓兵，救水

yǐ gǔ zhòng
以鼓众。

dōng gōng zǐ yǒu rú chén
经 **冬，公子友如陈**。

注释：①**大夫击门**：大夫敲击门板。②**士击柝**：《易·系辞》注："柝，以两木相击以行夜。"句意为：士用两块木板，互相击打，以發声。③**言**：说明。**充其阳**：使那阳气充盛。④**高下**：高处与低处。⑤**既**：已经。**戒鼓**：（敲响）警戒的鼓。**骇众**：使众人惊动。⑥**已**：停止。

zhuāng gōng èr shí liù nián

庄公二十六年

èr shí yòu liù nián chūn gōng fá róng

经 二十有（又）六年，春，公伐戎①。

xià gōng zhì zì fá róng cáo shā qí dà fū

夏，公至自伐戎②。曹杀其大夫③。

yán dà fū ér bú chēng míng xìng wú mìng dà fū yě wú

传 言大夫而不称名姓，无命大夫也④。无

mìng dà fū ér yuē dà fū xián yě wèi cáo jī chóng yě

命大夫而曰大夫，贤也⑤，为曹羁崇也⑥。

qiū gōng huì sòng rén qí rén fá xú

经 秋，公会宋人、齐人伐徐⑦。

dōng shí yòu èr yuè guǐ hài shuò rì yǒu shí zhī

冬，十有（又）二月癸亥，朔⑧，日有食之⑨。

注释：①**戎**：古国名，春秋时属曹地。现今的地理位置一说是山东菏泽西南，一说山东曹县西北。後地入于卫。杜预云：“陈留济阳县东南有戎之城，古国名。”②**至自伐戎**：从攻伐戎的地点回到国内。③**大大**：古代官名或爵名。西周以後的诸侯国中，国君下有卿、大夫十三级，“大夫”世袭，且有封地。④**无命**：没有册命，或为没有任命。⑤**贤**：贤能。⑥**崇**：崇敬，尊敬。⑦**徐**：金文作郐。亦称徐戎、徐夷。周代国名。嬴姓。在今江苏泗洪。周初随管、蔡、武庚叛周。周穆王时，又率九夷侵周至黄河。周穆王加以征伐。周宣王时命召穆公等南征，使“徐方来庭”。春秋时仍为江淮强国。齐桓公与之联合抗楚。公元前512年灭于吴。⑧**朔**：农历指每月初一。⑨**日有食之**：即日食。

zhuāng gōng èr shí qī nián

庄公二十七年

经 二十有（又）七年，春，公会杞伯姬于洮[①]。夏，六月，公会齐侯、宋公、陈侯、郑伯，同盟于幽[②]。

èr shí yòu qī nián, chūn, gōng huì qǐ bó jī yú táo. xià liù yuè gōng huì qí hóu sòng gōng chén hóu zhèng bó tóng méng yú yōu

传 同者有同也，同尊周也[③]，于是而後授之诸侯也[④]。其授之诸侯何也？齐侯得众也[⑤]。桓会不致[⑥]，安之也[⑦]。桓盟不日[⑧]，信之也。信其信，仁其仁。衣裳之会十有（又）一[⑨]，未尝有歃血之盟也[⑩]，信厚也。兵车

tóng zhě yǒu tóng yě tóng zūn zhōu yě yú shì ér hòu shòu zhī zhū hóu yě qí shòu zhī zhū hóu hé yě qí hóu dé zhòng yě huán huì bú zhì ān zhī yě huán méng bú rì xìn zhī yě xìn qí xìn rén qí rén yī cháng zhī huì shí yòu yī wèi cháng yǒu shà xuè zhī méng yě xìn hòu yě bīng chē

注释：①**公会杞伯姬于洮**：鲁庄公在洮这个地方会见他的女儿，名伯姬的。杞伯姬是鲁庄公的长女，嫁给杞国国君杞惠公（一说为杞成公）作夫人。伯为伯、仲、叔、季之伯，是兄弟姊妹的排行：老大、老二、老三、老幺的意思。姬为鲁国国君的姓。女儿从父姓，又是鲁君的长女，故称伯姬。嫁给杞君作夫人，所以称杞伯姬。洮，曹国地名，在今山东鄄城西。②**公会齐侯、宋公、陈侯、郑伯，同盟于幽**：幽，宋国地名。在今河南兰考境内。句意为：鲁庄公在宋国的幽这个地方会见齐桓公、宋桓公、陈宣公、郑文公，并与之同盟。③**同尊周**：共同尊奉周王。④**于是而後**：从这以後。**授**：传授。**之**：代词。指齐桓公。**诸侯**：指各诸侯国。⑤**齐侯**：齐桓公。此在其十九年。**得众**：获得众诸侯的拥戴。⑥**桓会不致**：桓公参加盟会而不记载归国的事情。⑦**安之**：认为这样的盟会是安全的。⑧**桓盟不日**：桓公结盟不记日子。⑨**衣裳之会十有一**：衣裳之会，为和平友好的聚会。十有一，为十又一。即十一次。范解：“十三年会北杏，十四年会鄄，十五年又会鄄，十六年会幽，二十七年又会幽，僖元年又会柽，二年会贯，三年会阳穀，五年会首戴，七年会宁母，九年会癸丘。”句意为：友好聚会共计有十一次。⑩**歃血之盟**：歃血，钟补注：“歃血，《玉篇》及《士相见礼》音义同作呫血。呫，尝也。呫即钻。《广雅》钻，尝，同训食。”歃血之盟，为古人订立盟约时的一种方式。即口含牲畜的血，或得血涂抹于嘴唇，以表示决不违背盟约。

zhī huì sì wèi cháng yǒu dà zhàn yě ài mín yě
之会四，未尝有大战也，爱民也。

qiū gōng zǐ yǒu rú chén zàng yuán zhòng
经 秋，公子友如陈葬原仲①。

yán zàng bù yán zú bú zàng zhě yě bú zàng ér yuē zàng huì chū bēn yě
传 言葬不言卒②，不葬者也③。不葬而曰葬，讳出奔也④。

dōng qǐ bó jī lái
经 冬，杞伯姬来。

jǔ qìng lái nì shū jī
莒庆来逆叔姬⑤。

zhū hóu zhī jià zǐ yú dà fū zhǔ dà fū yǐ yǔ zhī lái zhě jiē nèi yě bú zhèng qí jiē nèi gù bù yǔ fū fù zhī chēng yě
传 诸侯之嫁子于大夫⑥，主大夫以与之⑦。来者，接内也。不正其接内，故不与夫妇之称也。

qǐ bó lái cháo
经 杞伯来朝⑧。

gōng huì qí hóu yú chéng pú
公会齐侯于城濮⑨。

注释：①**公子友如陈葬原仲**：原仲，原，氏；仲，字。《公羊传》说原仲是陈国的大夫，《左传》说是公子友过去的朋友。公子友是鲁庄公的同母弟。句意为：庄公的弟弟公子友到陈国去参加他的好朋友原仲的葬礼。②**言葬**：记载下葬的事情。**言卒**：记载卒的事情。③**不葬**：不应当记下葬的事情。④**讳出奔也**：据《公羊传》说：公子友与公子庆父、公子牙，都是鲁庄公同母所生的弟弟。庆父与牙私通鲁庄公的夫人哀姜，友欲治罪，却又无权，欲坐视不问，又不忍与庄公的同胞之情，于是请庄公让他去陈国，名义上是去参加陈大夫原仲的葬礼，实际是为了躲避庆父等人的迫害。《穀梁传》全袭《公羊传》之说。⑤**莒庆来逆叔姬**：莒庆，莒国的大夫。莒为其姓，以国为姓。庆为其名。叔姬，鲁庄公的女儿，杞伯姬的妹妹。范解："大夫越竟逆女，非礼也。"董仲舒说："大夫无脩之馈，无诸侯之交，越竟逆女，纪罪之。"当时礼制规定大夫不得越境外交他国，至于亲迎之礼，并非私事，故多行之。越境亲迎非礼之说，欠妥。⑥**之**：助词。用于主谓之间，取消句子的独立性。**子**：女儿。⑦**主大夫**：以大夫主婚。⑧**杞伯来朝**：杞伯为杞惠公。范解："杞称伯，盖时王所绌。"此前称杞国的国君为侯。按周王等爵制规定：公、侯、伯、子、男。侯为第二等，伯为第三等。史官记载称伯，可能是降低了杞君爵位。句意为：杞伯惠公到鲁国来朝见鲁庄公。⑨**城濮**：卫国地名。在今山东鄄城西南临濮集。

zhuāng gōng èr shí bā nián

庄公二十八年

èr shí yòu bā nián chūn wáng sān yuè jiǎ yín qí rén fá wèi wèi rén jí qí rén zhàn wèi rén bài jì

经 二十有（又）八年，春，王三月甲寅，齐人伐卫。卫人及齐人战[1]，卫人败绩[2]。

yú fá yǔ zhàn ān zhàn yě zhàn wèi zhàn zé shì shī yě qí yuē rén hé yě wēi zhī yě hé wèi wēi zhī yě jīn shòu zhī zhū hóu ér hòu yǒu qīn fá zhī shì gù wēi zhī yě qí rén wèi hé yě yǐ qí rén qí bù kě bù rén wèi yě wèi xiǎo qí dà qí yǐ wèi jí zhī hé yě yǐ qí wēi zhī kě yǐ yán jí yě qí chēng rén yǐ bài hé yě bù yǐ shī bài yú rén yě

传 于伐与战，安战也[3]？战卫[4]，战则是师也[5]。其曰人，何也？微之也[6]。何为微之也？今授之诸侯[7]，而後有侵伐之事，故微之也。其人卫[8]，何也？以其人齐[9]，不可不人卫也[10]。卫小齐大，其以卫及之[11]，何也？以其微之，可以言及也。其称人以败，何也？不以师败于人也[12]。

xià sì yuè dīng wèi zhū zǐ suǒ zú

经 夏，四月丁未，邾子琐卒。

注释：①**及**：和，与。②**败绩**：大溃败。③**于伐与战，安战也**：钟补注：“疏曰伐战两举者，初伐其竟，内战在国都，故两举之。”范解：“安战，问在何处战。”《文选·西京赋》：“安处，犹乌处，若言何处。”安为何地。④**战卫**：在卫国作战。⑤**战则是师**：作战的就是军队。⑥**微之**：小看他。之，代词。指齐桓公。⑦**今**：方才，指刚刚發生。⑧**其人卫**：指对卫也称人。⑨**以其人齐**：因为对齐称人。⑩**不可不人卫也**：范解：“齐桓公始受方伯之任，未能信著邻国，致有侵伐之事，贬师称人以微之也。人不可以敵于师，师不可以与人战，故亦以卫师为人，卫非有罪。”“不可不”，两个否定，构成一个肯定。⑪**其以卫及之**：指把卫国排在前面，说卫人“及”齐人作战。⑫**不以师败于人也**：范解：“人轻而师重。”句意为：不能让卫国的军队被齐国的“人”打败。

qiū jīng fá zhèng
秋，荆伐郑。

jīng zhě chǔ yě qí yuē jīng zhōu jǔ zhī yě
传 荆者楚也。其曰荆，州举之也[①]。

gōng huì qí rén sòng rén jiù zhèng
经 公会齐人、宋人救郑[②]。

shàn jiù zhèng yě
传 善救郑也[③]。

dōng zhù wēi
经 冬，筑微[④]。

shān lín sǒu zé zhī lì suǒ yǐ yǔ mín gòng yě yú zhī fēi zhèng yě
传 山林薮泽之利[⑤]，所以与民共也[⑥]。虞之，非正也[⑦]。

dà wú mài hé
经 大无麦、禾[⑧]。

dà zhě yǒu gù zhī cí yě yú wú hé jí wú mài yě
传 大者，有顾之辞也[⑨]，于无禾及无麦也[⑩]。

zāng sūn chén gào dí yú qí
经 臧孙辰告籴于齐[⑪]。

注释：①**州举之**：举楚所在的州名。②**会**：会合，会同。③**善救郑**：认为救郑是一件好事。④**筑微**：微，鲁国地名。《左传》作麋、郿。古代微、麋、郿可通假。在今山东阳谷东南，寿张县南。⑤**山林薮泽之利**：钟补注："《周礼》注曰：积石曰山，竹木生平地曰林，水锺曰泽，泽无水曰薮。又曰水希曰薮。"山林可打柴，水泽可捕鱼。句意为：打柴捕鱼的利益。⑥**共**：共同享有。⑦**虞之，非正也**：范解："虞，典禽兽之官，言规固而筑之，又置官司以守之，是不与民共同利也。筑不志，凡志皆讥也。"阮元《校勘记》说："闽本同监、毛本：何作同，是。"句意为：山林薮泽，打柴捕鱼之利，官民同利，筑起围墙，设官管理，不准民众进入，这是不合乎治国之道的。⑧**大无麦、禾**：麦和黍稷等粮食作物全没有收成。大，全。⑨**大者，有顾之辞也**：全，是回顾全年收成的文辞。范解："经言大无麦禾者，谓一灾不书，待冬无禾，然後并录无麦。故经称大，而传云有顾之辞也。顾，犹待也。"⑩**于无禾及无麦**：在黍稷等粮食作物没有收成的时候，回顾到夏季时麦也无收成。⑪**臧孙辰告籴于齐**：籴，买进粮食。范解："臧孙辰，鲁大夫臧文仲。"钟补注："辰，彄之曾孙也。彄生哀伯达，达生伯氏缾，缾生文仲辰。""籴，市谷也。"句意为：鲁大夫臧文仲到齐国去买粮食。

guó wú sān nián zhī xù yuē guó fēi qí guó yě yì
传 国无三年之畜①，曰国非其国也②。一
nián bù shēng gào dí zhū hóu gào qǐng yě dí dí
年不升③，告籴诸侯。告④，请也⑤。籴，籴
yě bú zhèng gù jǔ zāng sūn chén yǐ wéi sī xíng yě guó wú
也。不正，故举臧孙辰以为私行也⑥。国无
jiǔ nián zhī xù yuē bù zú wú liù nián zhī xù yuē jí wú
九年之畜，曰不足。无六年之畜，曰急。无
sān nián zhī xù yuē guó fēi qí guó yě zhū hóu wú sù zhū
三年之畜，曰国非其国也。诸侯无粟，诸
hóu xiāng kuì sù zhèng yě zāng sūn chén gào dí yú qí gào
侯相归（馈）粟，正也。臧孙辰告籴于齐，告
rán hòu yǔ zhī yán nèi zhī wú wài jiāo yě gǔ zhě shuì shí
然後与之。言内之无外交也。古者税什
yī fēng nián bǔ bài bú wài qiú ér shàng xià jiē zú yě
一，丰年补败⑦，不外求而上下皆足也⑧。
suī lěi xiōng nián mín fú bìng yě yì nián bú yì ér bǎi
虽累凶年⑨，民弗病也⑩。一年不艾（刈）而百
xìng jī jūn zǐ fēi zhī bù yán rú wèi nèi huì yě
姓饥⑪，君子非之⑫。不言如，为内讳也⑬。

注释：①**国无三年之畜**：钟补注：“《墨子》引《周书》畜作食。”句意为：国家没有三年的积蓄，或国家没有三年的粮食吃。②**曰国非其国**：称那国就不是君王所拥有的国家。③**一年不升**：钟补注：“升，成也。与登同用。一年不成，遂生告籴，是无一年之畜。”句意为：一年农业无收成。或那一年之内五穀没有收成。④**告**：通告，通报。⑤**请**：请求。⑥**故举臧孙辰以为私行也**：范解：“为内讳，故不称使，使若私行。”《公羊传》何休注：“讳使，若国家不匮，大夫自私行籴也。”句意为：所以仅仅是说臧孙辰，以表示这次请求买粮食只是他的个人行为。⑦**丰年补败**：范解：“败，谓凶年。”钟补注：“补者，谓丰年敛之，凶年發之。”句意为：收购丰年多馀的粮食，以弥补荒年的粮食不足。⑧**不外求而上下皆足也**：杨疏：“上谓君也，下谓臣也。”句意为：不需要到国外去买粮食，而本国的国君和臣民都有足够的粮食吃。⑨**虽**：虽然，即使。累凶年：连年歉收。⑩弗病：不会忍饥挨饿。⑪一年不艾：艾，通刈，收割谷类植物。杨疏：“麋信云：艾，穫也。”钟补注：“艾，刈也。”句意为：一年粮食不收百姓就發生饥荒。⑫**非之**：谴责这样的情况。⑬**不言如，为内讳也**：钟补注：“《国语》如齐告籴，纪事之常也。”句意为：不说到齐国去，是为鲁国隐讳。

zhuāng gōng èr shí jiǔ nián

庄公二十九年

èr shí yòu jiǔ nián chūn xīn yán jiù

经 二十有（又）九年，春，新延厩①。

yán jiù zhě fǎ jiù yě qí yán xīn yǒu gù yě yǒu gù zé hé wèi shū yě gǔ zhī jūn rén zhě bì shí shì mín zhī suǒ qín mín qín yú lì zé gōng zhù hǎn mín qín yú cái zé gòng fù shǎo mín qín yú shí zé bǎi shì fèi yǐ dōng zhù wēi chūn xīn yán jiù yǐ qí yòng mín lì wéi yǐ xī yǐ

传 延厩者，法厩也②。其言新，有故也③。有故则何为书也④？古之君人者⑤，必时视民之所勤⑥：民勤于力⑦，则功筑罕⑧；民勤于财⑨，则贡赋少；民勤于食⑩，则百事废矣⑪。冬筑微⑫，春新延厩，以其用民力为已悉矣⑬。

xià zhèng rén qīn xǔ

经 夏，郑人侵许。

qiū yǒu fēi

秋，有蜚⑭。

注释：①**新延厩**：重新修理马房。延厩，鲁庄公养马的地方。②**法厩**：是根据周礼制度规定天子、诸侯应该拥有马的数量及其修筑的马房。③**有故**：本来有旧的。④**书**：记载。⑤**君人**：作为人之君主。⑥**时**：按时。**视**：视察。**所勤**：所辛勤劳苦的是什么。⑦**力**：劳役。⑧**功筑罕**：减少土木建筑方面的劳役。⑨**财**：钱财谷物。⑩**食**：食物。⑪**百事**：指各种事情。**废**：停止。⑫**筑微**：在微地筑墙。⑬**悉**：尽。⑭**蜚**：是一种草虫。《左传·隐公元年》八月说："有蜚，不为灾，故不书。"孔颖达书："蜚，厉虫也。然则蜚是臭恶之虫，害人之物，故或为灾，或不为灾。"或说：蜚为害虫名，体轻如蚊，食稻花。

传 一有一亡（无）曰有[①]。

yī yǒu yī wú yuē yǒu

经 冬，十有（又）二月，纪叔姬卒。城诸及防[②]。

dōng shí yòu èr yuè jì shū jī zú chéng zhū jí fáng

传 可城也，以大及小也[③]。

kě chéng yě yǐ dà jí xiǎo yě

注释： ①**一有一亡曰有：** 有的时候有，有的时候没，这就叫作有。②**城诸及防：** 城，《管子·轻重丁》："城者，筑城也。" 诸与防，均为鲁国地名。诸，在今山东诸城西南。防，有东防、西防之分。东防，世为臧氏领地，在今山东费县东北。西防，原为宋国的城邑，隐公十年鲁取宋之西防，在今山东金乡西。此处所说的防为西防。③**以大及小也：** 中国自古以农立国。大事指农事活动，小事指兴修公共工程。

庄公三十年

zhuāng gōng sān shí nián

经 三十年，春，王正月①。

sān shí nián chūn wáng zhēng yuè

夏，师次于成②。

xià shī cì yú chéng

传 次，止也③，有畏也④。欲救鄣而不能也⑤。不言公，耻不能救鄣也⑥。

cì zhǐ yě yǒu wèi yě yù jiù zhāng ér bù néng yě bù yán gōng chǐ bù néng jiù zhāng yě

经 秋，七月，齐人降鄣⑦。

qiū qī yuè qí rén xiáng zhāng

传 降犹下也⑧。鄣，纪之遗邑也⑨。

xiáng yóu xià yě zhāng jì zhī yí yì yě

经 八月癸亥，葬纪叔姬。

bā yuè guǐ hài zàng jì shū jī

传 不日卒而日葬，闵纪之亡也⑩。

bú rì zú ér rì zàng mǐn jì zhī wáng yě

经 九月庚午，朔，日有食之。鼓，用牲于

jiǔ yuè gēng wǔ shuò rì yǒu shí zhī gǔ yòng shēng yú

注释：①**王正月**：周天子所颁行历法的正月。周王朝以建子之月（约相当于现行农历十一月）为正月。②**师次于成**：次，《左传·庄公三年》："凡师一宿为舍，再宿为信，过信为次。"《吕览·季冬》："次，宿也。"成，古代国名。亦作大郕、盛。姬姓。始封君为周文王的儿子叔武。成在今山东汶上北。句意为：鲁国的军队驻扎在成国的土地上。③**止**：停止不前。④**有畏**：有所畏惧。⑤**欲救鄣**：鄣为周代国名。属纪的附庸国，又称纪鄣。在今江苏赣榆旧城北。春秋时，公元前690年，纪国为齐所迫而亡，至前664年，鄣降于齐。另一说，鄣国为任姓，在今山东东平东。句意为：鲁国出兵打算去救援鄣国。⑥**耻**：意动用法。以……为耻。⑦**降**：使动用法。使……投降。⑧**犹**：如同。**下**：处在下面。⑨**遗邑**：剩馀下的邑。⑩**闵纪之亡也**：《一切经音义》引《字诂》："古文愍，今作闵，同，眉殒反。愍，怜也。"《诗·闵予小子》疏："闵者，哀悯之辞。"句意为：怜悯纪国被齐灭亡。

shè
社。

dōng gōng jí qí hóu yù yú lǔ jǐ
冬，公及齐侯遇于鲁济[①]。

jí zhě nèi wéi zhì yān ěr yù zhě zhì xiāng dé yě
传 及者，内为志焉尔。遇者，志相得也。

qí rén fá shān róng
经 **齐人伐山戎**[②]。

qí rén zhě qí hóu yě qí yuē rén hé yě ài qí hóu hū shān róng yě qí ài zhī hé yě huán nèi wú yīn guó wài wú cóng zhū hóu ér yuè qiān lǐ zhī xiǎn běi fá shān róng wēi zhī yě zé fēi zhī hū shàn zhī yě hé shàn hū ěr yān zhōu zhī fēn zǐ yě gòng zhí bú zhì shān róng wèi zhī fá yǐ
传 齐人者，齐侯也[③]。其曰人，何也？爱齐侯乎山戎也[④]。其爱之何也[⑤]？桓内无因国[⑥]，外无从诸侯[⑦]，而越千里之险北伐山戎，危之也[⑧]。则非之乎？善之也。何善乎尔？燕，周之分子也[⑨]，贡职不至[⑩]，山戎为之伐矣。

注释：①**鲁济**：钟补注："济水名。"杜预曰："济水历齐、鲁界。在齐界为齐济，在鲁界为鲁济，盖鲁地。"句意为：在济水流经鲁国的边界附近。②**齐人伐山戎**：山戎，古族名。分布于今河北东部至辽宁一带。《逸周书·王会解》载：周成王时，山戎向周王朝贡戎菽，即土豆。春秋初年，山戎势盛，公元前664年侵燕。次年齐桓公救燕，大破之，山戎遂衰。③**齐侯**：齐桓公。此在其二十二年。④**爱齐侯乎山戎**：范甯云："不以齐侯敵乎山戎，故称人。"意思是：爱戴齐侯，不让齐侯与山戎为敵。⑤**之**：代词。指齐侯。⑥**桓内无因国**：范解："内无因缘山戎左右之国为内间者。"齐桓公在他的内部没有以山戎为邻、可以借重的诸侯国。⑦**外无从诸侯**：范解："外无诸侯者，不烦役寮国。"在齐国以外，没有其他的诸侯国可以随时接应。⑧**危之**：为他感到危惧。⑨**燕，周之分子也**：范解："燕，周太保召康公之後，成王所封。分子，谓周之别子孙也。"燕，金文作匽、郾，又称北燕。姬姓。周代国名。始封君为周文王庶子召公奭。武王灭商後受封，召公留于王朝，其子就封。都于蓟，今北京市西南。春秋时，与中原诸侯交往甚少。句意为：燕国是周武王分封文王的庶子召公奭的封国。⑩**贡职不至**：贡纳和述职不到周天子那里去。

zhuāng gōng sān shí yī nián

庄公三十一年

sān shí yòu yī nián chūn zhù tái yú láng

经 三十有（又）一年[①]，春，筑台于郎[②]。

xià sì yuè xuē bó zú

夏，四月，薛伯卒。

zhù tái yú xuē

筑台于薛[③]。

liù yuè qí hóu lái xiàn róng jié

经 六月，齐侯来献戎捷[④]。

qí hóu lái xiàn jié zhě nèi qí hóu yě bù yán shǐ nèi yǔ tóng bù yán shǐ yě xiàn róng jié jūn dé yuē jié róng shū yě

传 齐侯来献捷者，内齐侯也[⑤]。不言使，内与同[⑥]，不言使也。献戎捷，军得曰捷[⑦]。戎菽也[⑧]。

qiū zhù tái yú qín

经 秋，筑台于秦[⑨]。

bú zhèng pí mín sān shí yú shān lín sǒu zé zhī lì

传 不正罢（疲）民三时[⑩]，虞山林薮泽之利[⑪]。

注释：①**有**：通又。用于整数和零数之间。②**郎**：鲁国地名。在今山东曲阜西。③**薛**：鲁国地名。在今山东滕州市南。④**齐侯来献戎捷**：齐侯，齐桓公。范解："献，下奉上之辞也。《春秋》尊鲁，故曰献。"钟补注："徐邈云：齐还经鲁界，故使人献捷，不入国都，而言来献，敬重霸主，亲而内之也。"句意为：齐桓公派人到鲁国来献伐山戎战争胜利获得的战利品。⑤**内齐侯**：把齐侯看作自己人。⑥**内与同**：指看作自己人就同鲁本国一样一视同仁。⑦**军得**：军队在战斗中获得。⑧**戎菽也**：范解："菽，豆。"戎菽，即今天的胡豆。或说为大豆。⑨**秦**：鲁国地名。在今河南范县西北有秦亭。⑩**罢民三时**：罢通疲。三时，指春季筑台于郎，夏季筑台于薛，秋季筑台于秦，即春、夏、秋三个季节都在大兴土木，使得民众疲劳不堪。⑪**虞**：指设官禁守。薮：湖泽的通称。

qiě cái jìn zé yuàn lì jìn zé duì jūn zǐ wēi zhī gù
且财尽则怨，力尽则怼[①]，君子危之[②]，故
jǐn ér zhì zhī yě huò yuē yǐ zhū huán yě huán wài wú zhū
谨而志之也[③]。或曰：倚诸桓也。桓外无诸
hóu zhī biàn nèi wú guó shì yuè qiān lǐ zhī xiǎn běi fá shān
侯之变，内无国事，越千里之险，北伐山
róng wèi yān pì dì lǔ wài wú zhū hóu zhī biàn nèi wú guó
戎，为燕辟地[④]。鲁外无诸侯之变，内无国
shì yī nián pí mín sān shí yú shān lín sǒu zé zhī lì
事[⑤]，一年罢[疲]民三时，虞山林薮泽之利，
wù nèi yě
恶内也[⑥]。

dōng bú yù
经 冬，不雨。

注释：①**且财尽则怨，力尽则怼**：范解："怼，恚恨也。"钟补注："多虞利是财尽，屡罢民是力尽。《尔雅》：怼亦怨也。"句意为：民众的财物被政府搜刮殆尽，就会产生愤怒，民众的劳力被征發无馀，就会产生怨恨。②**君子**：古代指地位高的人，後来指人格高尚的人。危之：为他危惧。③**谨**：慎重。志：记载。之：代词。指筑台于秦这件事。④**为燕辟地**：范解："辟，开。"《汉书·文帝纪》注："辟读曰闢。"《葛子·议兵》注："辟与闢同。"句意为：给燕国开辟土地。⑤**国事**：指关于重大灾丧的事情。⑥**恶**：谴责。

庄公三十二年

经 三十有（又）二年，春，城小穀①。

夏，宋公、齐侯遇于梁丘②。

传 遇者，志相得也③。梁丘，在曹、邾之间④，去齐八百里⑤。非不能从诸侯而往也⑥，辞所遇，遇所不遇，大齐桓也。

经 秋，七月癸巳，公子牙卒。

八月癸亥，公薨于路寝。

传 路寝，正寝也⑦。寝疾居正寝，正也。男子不绝于妇人之手，以齐（斋）终也⑧。

注释：①**城小穀**：鲁国地名。在今山东曲阜西北。一说，即齐国的“穀”，後封给管仲作领地。在今山东东阿。句意为：鲁国在小穀修筑城墙。②**梁丘**：地名，在今山东成武东北。③**志相得**：志意相投。④**曹**：曹国。古国名。西周诸侯国。周武王封弟振铎于曹，称曹叔振铎。建都定陶（今山东定陶县西南）。故地在今山东菏泽、定陶、曹县一带。公元前467年为宋所灭。**邾**：古国名。《说文》云：“邾，周武王时所封曹姓国也。始封之君曰侠，为鲁附庸。”其地当今山东邹城市。⑤**去**：距离。⑥**从**：使动用法。使……随从。⑦**路寝，正寝也**：指诸侯日常处理政事的宫室。《周礼·宫人》郑玄语《玉藻》曰：“居日出而视朝，退適路寝听政……大夫退，然後適小寝释服。”是路寝以治事，小寝以时燕息焉。⑧**以齐终也**：范解：“齐，洁。”杨疏：“齐者斋洁之名，故记称斋之为言齐也。是齐、斋意同，故范训为洁。或古者齐、斋同字。此传齐即读为斋，理亦通也。”斋戒沐浴，是古代的诸侯、大夫在祭祀、上朝等盛典之前，先清心洁身，以示庄严肃穆。这里是对鲁庄公寿终于正寝有褒扬之意。

dōng shí yuè yǐ wèi zǐ bān zú

经 冬，十月乙未，子般卒。

zǐ zú rì zhèng yě bú rì gù yě yǒu suǒ jiàn zé rì

传 子卒日，正也；不日，故也。有所见则日。

gōng zǐ qìng fǔ rú qí

经 公子庆父如齐[1]。

cǐ bēn yě qí yuē rú hé yě huì mò rú shēn shēn zé yǐn gǒu yǒu suǒ jiàn mò rú shēn yě

传 此奔也[2]，其曰“如”何也？讳莫如深，深则隐[3]。苟有所见[4]，莫如深也[5]。

dí fá xíng

经 狄伐邢[6]。

注释：①**公子庆父如齐**：公子庆父又称庆父、仲庆父、共仲。春秋时鲁国人。鲁桓公的儿子，鲁庄公的同母弟。庄公死，欲自为君，先後杀太子般和鲁闵公，遭季友等大夫的反对，逃亡莒国。鲁僖公即位，被莒送还，于途中自缢而死。其後人为鲁国的“三桓”之一的孟孙氏。因连续弑君乱鲁，时人称“庆父不死，鲁难未已”。杨疏：“牙与庆父同谋杀般，所以牙被杀，庆父得出奔者。”句意为：公子庆父到齐国去。②**奔**：逃奔，出逃。③**讳莫如深，深则隐**：杨疏：“讳莫如深，谓为国隐讳，莫如事之最深，深者则隐深，谓君弑贼奔之深重，以其深重，则为之隐讳，若经书子般日卒，庆父如齐是也。”深，谓事件重大；隐，为伤痛。公子庆父杀太子般而奔齐。《春秋》不明记其事，认为事件重大，提起来伤臣子之心，所以讳而不言。後称把事情瞒得很紧为“讳莫如深”。④**苟**：如果。**有所见**：指在某一点上能看得出史实来。⑤**莫如深**：还不如使措辞幽深。⑥**邢**：古国名。姬姓。其地当今河北邢台市。

mǐn gōng yuán nián èr nián

闵公（元年~二年）

卫懿公好鹤亡国图 清·佚名

mǐn gōng yuán nián

闵公元年[①]

yuán nián chūn wáng zhēng yuè

经 元年，春，王正月。

jì shì jūn bù yán jí wèi zhèng yě qīn zhī fēi fù yě zūn zhī fēi jūn yě jì zhī rú jūn fù yě zhě shòu guó yān ěr

传 继弑君不言即位[②]，正也[③]。亲之非父也[④]，尊之非君也[⑤]，继之如君父也者，受国焉尔。

qí rén jiù xíng

经 齐人救邢[⑥]。

shàn jiù xíng yě

传 善救邢也。

xià liù yuè xīn yǒu zàng wǒ jūn zhuāng gōng

经 夏，六月辛酉，葬我君庄公。

zhuāng gōng zàng ér hòu jǔ shì shì suǒ yǐ chéng dé yě

传 庄公葬而後举谥[⑦]，谥所以成德也，

注释：①**鲁闵公**：（公元前669—前660年在世）。闵一作湣、愍。春秋时鲁国的国君。名启。《世本》作启方。後人避汉景帝刘启之讳为开。庄公的儿子。公元前661–前660年在位。庄公死，立太子般，被庄公的弟弟庆父所杀，旋立他为君。後二年，又为庆父谋杀。②**继**：继承。**弑君**：被杀的国君。弑，古代时指臣下杀死君主、子女杀死父母的行为。**即位**：成为帝王或诸侯。③**正**：指合乎情理或法度。④**亲**：亲敬。**之**：代词。指弑君。⑤**尊**：尊崇。⑥**齐人救邢**：邢为周代国名。姬姓。在今河北邢台。始封君为周公旦的儿子，传名靖渊。公元前662年，为狄所攻，迁夷仪（今山东聊城西南，或说今邢台浆水村）。公元前635年，灭于卫。句意为：齐国人去救援邢国。⑦**庄公葬而後举谥**：《艺文类聚四十》引《五经通义》：“谥之言列其所行，身虽死，名常存。”《穀梁传·桓公十七年》注：“谥者，行之迹，所以表德。”《礼记·表记》疏：“谥，谓谥号。”句意为：庄公安葬之後，根据他生前的德行，新君及大臣们给他议个称号。《谥法》：“胜敵克壮曰庄。”

yú zú shì hū jiā zhī yǐ

于卒事乎加之矣。

qiū bā yuè gōng jí qí hóu méng yú luò gū

经 **秋，八月，公及齐侯盟于洛姑**[①]。

méng nà jì zǐ yě

传 盟纳季子也[②]。

jì zǐ lái guī

经 **季子来归**。

qí yuē jì zǐ guì zhī yě qí yuē lái guī xǐ zhī yě

传 其曰季子，贵之也。其曰来归，喜之也。

dōng qí zhòng sūn lái

经 **冬，齐仲孙来**。

qí yuē qí zhòng sūn wài zhī yě qí bú mù ér yuē zhòng sūn shū zhī yě qí yán qí yǐ lěi huán yě

传 其曰齐仲孙，外之也。其不目而曰仲孙[③]，疏之也。其言齐，以累桓也[④]。

注释：①**洛姑**：齐国地名。一本作路姑。《左传》作落姑。在今山东平阴县境内。②**季子**：又称季友、成季友、成季、友。春秋时鲁国人。鲁桓公的儿子，庄公的同母弟。庄公死，庆父连杀了般、闵公，国乱。他立鲁桓公的小儿子僖公，逼庆父自杀，乱平。因定鲁有功，僖公赐他汶阳之田（汶水北边的田）及费（今山东费县西北）。其後人为鲁“三桓”之一的季孙氏。③**不目**：谓不言公子庆父。④**其言齐，以累桓也**：这里说到齐国，这是为了要通过此事连累齐桓公，责备他接待庆父的行为。

mǐn gōng èr nián
闵公二年

èr nián chūn wáng zhēng yuè qí rén qiān yáng

经 二年，春，王正月，齐人迁阳①。

xià wǔ yuè yǐ yǒu jí dì yú zhuāng gōng

夏，五月乙酉，吉禘于庄公②。

jí dì zhě bù jí zhě yě sāng shì wèi bì ér jǔ jí jì gù fēi zhī yě

传 吉禘者，不吉者也③。丧事未毕而举吉祭④，故非之也⑤。

qiū bā yuè xīn chǒu gōng hōng

经 秋，八月辛丑，公薨⑥。

bú dì gù yě qí bù shū zàng bù yǐ tǎo mǔ zàng zǐ yě

传 不地，故也⑦。其不书葬⑧，不以讨母葬子也⑨。

jiǔ yuè fū rén jiāng shì xùn yú zhū

经 九月，夫人姜氏孙（逊）于邾⑩。

注释：①**齐人迁阳**：阳，周代国名。姬姓。在今山东沂水县西南。春秋时，鲁闵公二年（公元前660年），齐国强迁其民而取其地。一说或作唐，始封君为燕召公的後裔，周康王封之，在今河北唐县。②**吉禘于庄公**：吉祥，古代的一种祭祀名，也称为大祭。范解：“三年丧事毕，致新死者之主于庙。庙之远主当迁入太祖之庙，因大祭，以审昭穆，谓之禘。”句意为：吉日在鲁庄公的宗庙里举行禘祭。③**吉**：吉利，吉祥。④**丧事未毕而举吉祭**：当时庄公去世不过二十二个月，三年的守丧期还未满，就举行大祭，不合周代礼制。句意为：守丧三年的丧期还没有到期，就举行吉祥的祭祀，所以责备它。⑤**故**：所以。**非**：谴责。⑥**公薨**：据《左传》记载，鲁闵公的师傅曾侵夺卜齮的田地，闵公未加制止。公子庆父借机指使卜齮在宫寝的小门边杀害了闵公。意为：鲁闵公死了。⑦**不地，故也**：《穀梁传》说解说经文的惯例，凡是国君去世而不写明死于何地的，都是与其死于非命有关。所以这里说有变故。句意为：不写明死于何地，表明死于变故。⑧**书**：记载。**葬**：安葬（闵公）。⑨**不以讨母葬子也**：母，指庄公的夫人哀姜。子，指闵公。闵公为哀姜的妹妹叔姜所生，哀姜是庄公的夫人，为哀姜陪嫁的妹妹叔姜所生的儿子，名义上也是哀姜的儿子。庆父与哀姜勾结作乱，杀害闵公。句意为：不是在诛讨母亲之後才安葬儿子。⑩**夫人姜氏孙于邾**：夫人姜氏，指鲁庄公的夫人哀姜。邾，指邾娄国。孙，《诗·狼跋》笺：“古之逊字，借孙为之。”孙，为逊的假借字。又《诗·狼跋》笺：“孙读如公孙于齐之孙，孙之言逊，遁也。”《春秋·庄公元年》注：“丙讳奔，谓之孙。”《春秋经·昭公二十五年》注：“讳奔故曰孙，若自孙让而去位者。”句意为：鲁庄公的夫人哀姜逃奔到邾娄国去。

xùn zhī wéi yán yóu xùn yě huì bēn yě

传 孙[逊]之为言犹孙[逊]也①，讳奔也②。

gōng zǐ qìng fǔ chū bēn jǔ

经 **公子庆父出奔莒**③。

qí yuē chū jué zhī yě qìng fǔ bú fù xiàn yǐ

传 其曰出，绝之也④。庆父不复见矣⑤。

dōng qí gāo zǐ lái méng

经 **冬，齐高子来盟**⑥。

qí yuē lái xǐ zhī yě qí yuē gāo zǐ guì zhī yě méng lì xī gōng yě bù yán shǐ hé yě bù yǐ qí hóu shǐ gāo zǐ yě

传 其曰来，喜之也⑦。其曰高子，贵之也⑧。盟立僖公也。不言使何也⑨？不以齐侯使高子也⑩。

shí yòu èr yuè dí rù wèi zhèng qì qí shī

经 **十有[又]二月，狄入卫**⑪。**郑弃其师**⑫。

wù qí zhǎng yě jiān bù fǎn qí zhòng zé shì qì qí shī yě

传 恶其长也⑬，兼不反[返]其众⑭，则是弃其师也⑮。

注释：①**犹**：如同。②**讳**：隐讳。奔：出逃，逃奔。③**公子庆父出奔莒**：公子庆父指使卜齮杀闵公後，本欲再杀僖公，以绝庄公之後，这样即位为君者，非他莫属了。不料公子友事先已将僖公带往邾娄国。庆父的图谋落空，他不得不与哀姜分头出逃。于是公子友携僖公回国即位。④**绝之**：与他决绝。⑤**庆父不复见矣**：《左传》载：公子友携僖公回国即位，同时贿赂莒国，请莒交出庆父。莒国接受财物，解送庆父回国。到了密地，庆父派公子鱼先回国，请求僖公宽恕，僖公不答应，公子鱼哭着返回，庆父听到哭声，叹道："这是公子鱼的哭声啊！"于是自缢死。⑥**高子**：高傒，齐卿。⑦**喜之**：为他前来而高兴。⑧**贵之**：尊崇他。⑨**使**：派遣。⑩**以**：让。⑪**狄入卫**：据《左传》载：卫懿公平时爱白鹤，甚至让白鹤乘他的车，等到狄人侵卫时，卫国人都说："让白鹤去替他打仗吧！"卫懿公帅军与狄人战于荥泽，卫师大败，卫懿公不肯去掉自己的旗帜，结果败得更惨。经文说"入"，隐含着卫国被狄人灭亡的意思。⑫**郑弃其师**：据《左传》载：郑国国君厌恶郑将高克，设法除掉他。于是派高克驻军河上，久不召还，军队于是溃散，高克逃奔陈国。⑬**恶其长也**：长，指郑军的领兵官高克。句意为：郑国的国君讨厌郑国军队的带兵官高克。⑭**兼不反众也**：反，同返。句意为：同时，不让高克带兵返回郑国都城。⑮**则**：副词。表示肯定判断。**弃**：舍弃，抛弃。

xī gōng　yuán nián　sān shí sān nián
僖公（元年~三十三年）

重耳返国　烛之武退秦师图　清·佚名

xī gōng yuán nián
僖公元年

yuán nián chūn wáng zhēng yuè

经 元年[①]，春，王正月。

jì shì jūn bù yán jí wèi zhèng yě

传 继弑君不言即位[②]，正也。

qí shī sòng shī cáo shī cì yú niè běi jiù xíng

经 齐师、宋师、曹师次于聂北[③]，救邢[④]。

jiù bù yán cì yán cì fēi jiù yě fēi jiù ér yuē jiù hé yě suì qí hóu zhī yì yě shì qí hóu yú qí hóu yě hé yòng jiàn qí shì qí hóu yě cáo wú shī cáo shī zhě cáo bó yě qí bù yán cáo bó hé yě yǐ qí bù yán qí hóu bù kě yán cáo bó yě qí bù yán qí hóu hé yě yǐ qí bù zú hū yáng bù yán qí hóu yě

传 救不言次[⑤]，言次非救也。非救而曰救，何也？遂齐侯之意也[⑥]。是齐侯与[⑦]？齐侯也。何用见其是齐侯也[⑧]？曹无师[⑨]，曹师者，曹伯也。其不言曹伯，何也？以其不言齐侯，不可言曹伯也。其不言齐侯，何也？以其不足乎扬[⑩]，不言齐侯也。

注释：①**元年**：始年。这里指鲁僖公开始成为诸侯的那一年，即公元前659年。②**继**：继承，接着。**弑君**：被弑的君主。弑，古代时指臣下杀死君主、子女杀死父母的行为。③**聂北**：邢国地名。在今河北邢台境，清丰之北。④**邢**：周代国名。姬姓。始封君为周公旦的儿子。公元前659年，为狄所攻，迁夷仪，在今山东聊城西南，或说今邢台浆水村。⑤**次**：驻扎。⑥**遂齐侯之意也**：《国语·周语》注："遂，犹顺也。"句意为：顺齐桓公的心意。⑦**与**：同"欤"。助词，表疑问语气。⑧**何用**：凭什么。⑨**无师**：没有军队。⑩**以其不足乎扬**：《汉书·五行志》注："扬，谓振扬张大也。"句意为：因为齐桓公不值得赞扬。

xià liù yuè xíng qiān yú yí yí

经 夏，六月，邢迁于夷仪①。

qiān zhě yóu dé qí guó jiā yǐ wǎng zhě yě qí dì

传 迁者，犹得其国家以往者也。其地，

xíng fù xiàn yě

邢复见也②。

qí shī sòng shī cáo shī chéng xíng

经 齐师、宋师、曹师城邢③。

shì xiàng zhī shī yě shǐ zhī rú gǎi shì rán měi qí

传 是向之师也④，使之如改事然⑤，美齐

hóu zhī gōng yě

侯之功也⑥。

qiū qī yuè wù chén fū rén jiāng shì hōng yú yí

经 秋，七月戊辰，夫人姜氏薨于夷⑦。

fū rén hōng bú dì dì gù yě qí rén yǐ guī

传 夫人薨不地⑧；地，故也⑨。齐人以归⑩。

bù yán yǐ sāng guī fēi yǐ sāng guī yě jiā sāng yān huì yǐ

不言以丧归，非以丧归也。加丧焉，讳以

fū rén guī yě qí yǐ guī hōng zhī yě

夫人归也⑪，其以归薨之也⑫。

chǔ rén fá zhèng

经 楚人伐郑。

bā yuè gōng huì qí hóu sòng gōng zhèng bó cáo bó

八月，公会齐侯、宋公、郑伯、曹伯、

注释：①**邢迁于夷仪**：邢国，从邢台迁到山东聊城西南，即古代的夷仪。②**邢复见也**：邢国，在山东的聊城西南，又出现了。见，义与现同。③**城邢**：邢国迁到夷仪，各诸侯国又为邢国的新都修筑城墙。④**向之师**：前面所提到的援救邢国的军队。⑤**使**：派遣。**如**：如同。**改事**：另外做一件事。**然**：如此，这样。⑥**美**：赞美。**功**：功绩。⑦**夫人姜氏薨于夷**：夷，齐国地名。在今山东费县西。《公羊传·僖公元年》载："夫人薨于夷，则齐人曷为以归？桓公召而缢杀之。"鲁庄公的夫人哀姜，齐桓公召唤她回齐国，在齐国的夷地，把她吊死了。⑧**地**：动词。记载地点。⑨**故**：有所变故。⑩**以归**：带（哀姜）回去。⑪**讳**：隐讳。**以夫人归**：把活着的夫人带回去。⑫**以归薨之**：把夫人带回去处死。

邾人于柽[1]。

九月，公败邾师于偃[2]。

传　不日，疑战也[3]。疑战而曰败，胜内也。

经　冬，十月壬午，公子友帅师败莒师于丽[4]，获莒挐[5]。

传　莒无大夫，其曰莒挐何也？以吾获之目之也。内不言获，此其言获何也？恶公子之绐[6]。绐者奈何？公子友谓莒挐曰[7]："吾二人不相说（悦）[8]，士卒何罪[9]？"屏左右而相搏[10]，公子友处下[11]，左右曰"孟劳！"孟劳者，鲁之宝刀也。公子友以杀之[12]。然

注释：①**柽**：《公羊传》作朾。《左传》作柽。宋国地名。在今河南淮阳西南。②**偃**：《公羊传》作缨。《左传》亦作偃。邾娄国地名。在今山东费县南。③**疑战也**：作战双方，对方用诈谋取胜，叫疑战。④**丽**：《左传》作郦。《公羊传》作黎。丽，鲁国地名。在今山东范县。⑤**获莒挐**：获，俘获。莒，以国为姓。挐，人名。莒挐，莒国的大夫。句意为：俘获了莒国的大夫莒挐。⑥**恶公子之绐**：恶，厌恶、憎恨。绐，《史记·樊郦滕灌传》索隐："绐，欺也，诈也。"句意为：厌恶公子欺诈、骗人的行为。⑦**公子友**：又称季友、成季。鲁桓公之幼子，鲁庄公同母之幼弟。⑧**吾二人不相说**：说，通悦。句意为：我们两个人彼此不喜悦对方。⑨**何罪**：有什么罪过。⑩**屏左右而相搏**：钟补注："屏，除。搏，手搏。"句意为：让左右的卫士散开，两人徒手搏斗。⑪**处下**：处在下风。⑫**以杀之**：用这把刀杀了莒挐。

zé hé yǐ wù hū dài yě yuē qì shī zhī dào yě

则何以恶乎绐也？曰弃师之道也①。

shí yòu èr yuè dīng sì fū rén shì zhī sāng zhì zì qí

经 十有又二月丁巳，夫人氏之丧至自齐②。

qí bù yán jiāng yǐ qí shā èr zǐ biǎn zhī yě huò

传 其不言姜，以其杀二子③，贬之也④。或

yuē wèi qí huán huì shā tóng xìng yě

曰为齐桓讳杀同姓也。

注释：①**弃师之道**：指欺骗乃抛弃军队的做法。②**夫人氏**：指哀姜。**丧**：指尸体，遗体。③**以其杀二子**：范解："二子，子般、闵公。"句意为：因为她杀了子般和闵公两个儿子。④**贬**：贬损。

xī gōng èr nián

僖公二年

èr nián chūn wáng zhēng yuè chéng chǔ qiū

经 二年，春，王正月，城楚丘①。

chǔ qiū zhě hé wèi yì yě guó ér yuē chéng cǐ yì

传 楚丘者何？卫邑也。国而曰城②，此邑

yě qí yuē chéng hé yě fēng wèi yě zé qí bù yán chéng wèi

也，其曰城何也？封卫也③。则其不言城卫

hé yě wèi wèi qiān yě qí bù yán wèi zhī qiān yān hé

何也④？卫未迁也⑤。其不言卫之迁焉何

yě bù yǔ qí hóu zhuān fēng yě qí yán chéng zhī zhě zhuān

也⑥？不与齐侯专封也⑦。其言城之者⑧，专

cí yě gù fēi tiān zǐ bù dé zhuān fēng zhū hóu zhū hóu bù

辞也⑨。故非天子不得专封诸侯⑩。诸侯不

dé zhuān fēng zhū hóu suī tōng qí rén yǐ yì ér bù yǔ yě

得专封诸侯，虽通其仁以义而不与也⑪。

gù yuē rén bú shèng dào

故曰：仁不胜道。

xià wǔ yuè xīn sì zàng wǒ xiǎo jūn āi jiāng yú shī

经 夏，五月辛巳，葬我小君哀姜⑫。虞师、

注释：①**城楚丘**：在楚丘筑城。楚丘，卫国邑名。在今河南滑县东。②**国**：国都。**城**：筑城。③**封卫**：加封卫国（使之恢复为一个国家）。按：闵公二年，狄入卫，遂灭。④**城卫**：给卫国修筑城墙。⑤**迁**：迁徙。⑥**焉**：助词。无实义。⑦**不与齐侯专封**：与，赞许。《广雅·释言》："专，擅也。"句意为：不赞许齐侯擅自分封别国为诸侯。⑧**城之**：为之筑城。⑨**专辞**：有封诸侯的权力的言辞。⑩**故非天子不得专封诸侯**：所以不是天子，不得专门擅自分封别国为诸侯。⑪**虽**：即使。**通其仁**：在仁德上讲得通。**以义**：在道义上讲。**与**：赞许，赞同。⑫**小君**：古代称诸侯的妻子为小君。《穀梁传·庄公二十二年》："小君，非君也。其曰君，何也。以其为公配，可以言小君也。"

jìn shī miè xià yáng

晋师灭夏阳①。

fēi guó ér yuē miè zhòng xià yáng yě yú wú shī qí

传 非国而曰灭，重夏阳也。虞无师，其

yuē shī hé yě yǐ qí xiān jìn bù kě yǐ bù yán shī yě

曰师何也？以其先晋②，不可以不言师也。

qí xiān jìn hé yě wéi zhǔ hū miè xià yáng yě xià yáng zhě

其先晋何也？为主乎灭夏阳也③。夏阳者，

yú guó zhī sài yì yě miè xià yáng ér yú guó jǔ yǐ

虞、虢之塞邑也④。灭夏阳而虞、虢举矣⑤。

yú zhī wéi zhǔ hū miè xià yáng hé yě jìn xiàn gōng yù fá guó

虞之为主乎灭夏阳何也？晋献公欲伐虢，

xún xī yuē jūn hé bù yǐ qū chǎn zhī shèng chuí jí zhī

荀息曰⑥："君何不以屈产之乘⑦、垂棘之

bì ér jiè dào hū yú yě gōng yuē cǐ jìn guó zhī bǎo

璧而借道乎虞也⑧？"公曰："此晋国之宝

yě rú shòu wú bì ér bú jiè wú dào zé rú zhī hé

也，如受吾币而不借吾道⑨，则如之何？"

xún xī yuē cǐ xiǎo guó zhī suǒ yǐ shì dà guó yě bǐ bú

荀息曰："此小国之所以事大国也⑩。彼不

jiè wú dào bì bù gǎn shòu wú bì rú shòu wú bì ér jiè

借吾道⑪，必不敢受吾币。如受吾币而借

注释：①**夏阳**：古代邑名。在今陕西韩城南。②**先晋**：把它排在晋国前面。③**为主**：作为主要一方。④**虞、虢之塞邑也**：虞，周代国名。姬姓。在今山西平陆北。周武王封吴王周章之弟（名虞仲），又称北虞（吴）、西虞（吴）。公元前655年为晋献公所灭。虢，周代国名。姬姓。始封君为文王的弟弟虢仲（一说文王弟虢叔），在今河南荥阳东北。平王东迁後，公元前767年为郑所灭。⑤**举**：（被）攻破。⑥**荀息**：春秋时晋国大夫，名叔。鲁僖公二年（公元前658年），晋献公用计，以屈产的名马，垂棘产的玉璧，假道于虞以伐虢。他与里克率军攻灭虢的下阳（今河南陕县东南）。晋献公病，嘱他傅太子奚齐。他以"竭其股肱之力，加以忠贞"许诺，晋献公死，里克杀奚齐，他又立奚仲弟卓子，里克又杀卓子，乃以身从死。⑦**屈产之乘**：屈产的马。乘为良马四。屈产，《一统志》说："今山西省石楼县东南四十里，有屈产水，一名龙泉水。"⑧**垂棘之璧**：垂棘，在今山西省潞城县南二十里。句意为：垂棘产的玉璧。⑨**币**：礼物。⑩**事**：侍奉。⑪**彼**：它。指虞国。

wú dào zé shì wǒ qǔ zhī zhōng fǔ ér cáng zhī wài fǔ qǔ
吾道，则是我取之中府而藏之外府①，取

zhī zhōng jiù ér zhì zhī wài jiù yě gōng yuē gōng zhī qí
之中厩而置之外厩也②。”公曰：“宫之奇

cún yān bì bù shǐ shòu zhī yě xún xī yuē gōng zhī
存焉③，必不使受之也④。”荀息曰：“宫之

qí zhī wéi rén yě dá xīn ér nuò yòu shǎo zhǎng yú jūn
奇之为人也，达心而懦⑤，又少长于君⑥，

dá xīn zé qí yán lüè nuò zé bù néng qiáng jiàn shǎo zhǎng yú
达心则其言略⑦，懦则不能强谏，少长于

jūn zé jūn qīng zhī qiě fú wán hào zài ěr mù zhī qián ér
君则君轻之。且夫玩好在耳目之前⑧，而

huàn zài yī guó zhī hòu cǐ zhōng zhì yǐ shàng nǎi néng lǜ zhī
患在一国之後⑨，此中知【智】以上乃能虑之⑩，

chén liào yú jūn zhōng zhì yǐ xià yě gōng suì jiè dào ér fá
臣料虞君中知【智】以下也⑪。”公遂借道而伐

guó gōng zhī qí jiàn yuē jìn guó zhī shǐ zhě qí cí bēi ér
虢。宫之奇谏曰：“晋国之使者，其辞卑而

bì zhòng bì bú biàn yú yú yú gōng fú tīng suì shòu qí
币重，必不便于虞⑫。”虞公弗听，遂受其

bì ér jiè zhī dào gōng zhī qí jiàn yuē yǔ yuē chún wáng
币而借之道。宫之奇谏曰：“语曰：‘唇亡

zé chǐ hán qí sī zhī wèi yú qiè qí qī zǐ yǐ bēn
则齿寒。’其斯之谓与！”挈其妻子以奔

注释：①**取之中府而藏之外府**：府，为国家储藏财物的地方。《礼记·曲礼下》注：“府，谓宝藏货贿之处也。”《周礼·天官》里有内府、外府、玉府，《周礼·地官》里有泉府。句意为：从藏财物的内府取出来，放到外府去。②取之中厩而置入外厩也：厩为马房。《汉书·武五子传》注：汉皇后安置车马的地方叫中厩，设中厩令。句意为：把宫中马房养的马，牵到宫外的马房里去。③**宫之奇**：虞国大夫，系一忠臣。**存**：在。**焉**：兼有介词“于”加代词“此”的语法功能，相当于“于是”、“于此”。④**使**：让。後面省略了“虞君”。**受**：接受。**之**：代词。指币。⑤**达心**：心灵通达。**懦**：性格怯懦。⑥**少长**：稍微年长。**于**：比。⑦**则**：副词。表示肯定，相当于“就”。**言略**：言辞简略。⑧**且**：况且。**夫**：代词。那些。表示远指。**玩好**：玩赏与爱好的东西。⑨**患**：忧患。**一国之後**：指一个国家的长远前程。⑩**此中知以上乃能虑之**：知，同智。智慧，智商。句意为：这是具有中等智慧以上的人才能考虑到的。⑪**料**：料想。⑫**不便**：即不利。

cáo xiàn gōng wáng guó wǔ nián ér hòu jǔ yú xún xī qiān mǎ
曹[①]。献公亡虢，五年而後举虞。荀息牵马
cāo bì ér qián yuē bì zé yóu shì yě ér mǎ chǐ jiā zhǎng
操璧而前曰[②]：“璧则犹是也，而马齿加长
yǐ
矣[③]！”

qiū jiǔ yuè qí hóu sòng gōng jiāng rén huáng rén méng
经 **秋，九月，齐侯、宋公、江人、黄人盟**
yú guàn
于贯[④]。

guàn zhī méng bù qī ér zhì zhě jiāng rén huáng rén
传 贯之盟，不期而至者[⑤]，江人、黄人
yě jiāng rén huáng rén zhě yuǎn guó zhī cí yě zhōng guó chēng
也。江人、黄人者，远国之辞也[⑥]。中国称
qí sòng yuǎn guó chēng jiāng huáng yǐ wéi zhū hóu jiē lái zhì
齐、宋[⑦]，远国称江、黄，以为诸侯皆来至
yě
也[⑧]。

dōng shí yuè bú yù
经 **冬，十月，不雨[⑨]。**

bú yù zhě qín yǔ yě
传 不雨者[⑩]，勤雨也[⑪]。

chǔ rén qīn zhèng
经 **楚人侵郑。**

注释：①**挈其妻子**：《公羊传·襄公二十七年》注：“挈，犹提也。”句意为：带着他的妻子儿女。②**牵马操璧**：《说文》：“操，把持也，从手喿声。”意为：牵着马，拿着璧玉。③**马齿加长矣**：齿，年龄。长，增长。意为：马的年龄增长了。④**江人、黄人**：江，周代国名。嬴姓。在今河南正阳东南。春秋初曾附于齐、晋以抗楚。公元前623年为楚所灭。黄，周代国名。嬴姓。在今河南潢川西。春秋时为楚所伐，公元前658年，与齐结盟。公元前648年为楚所灭。意为：江国人、黄国人。**盟于贯**：贯，为宋国地名。在今山东曹县南。意为：在贯地盟誓。⑤**至**：前来。⑥**远国**：边远国度。**辞**：言辞。⑦**中国称齐、宋**：春秋战国时，称中原的诸侯国为中国。意为：中原的诸侯国，有齐国、宋国。⑧**以为**：认为。**来至**：来到。⑨**雨**：动词。下雨。⑩**不雨者**：记载没有下雨的原因。⑪**勤雨**：为雨而忧心。勤，忧愁。

僖公三年

xī gōng sān nián

sān nián chūn wáng zhēng yuè bú yù

经 三年，春，王正月，不雨①。

bú yù zhě qín yǔ yě

传 不雨者，勤雨也②。

xià sì yuè bú yù

经 夏，四月，不雨。

yī shí yán bú yù zhě mǐn yǔ yě mǐn yǔ zhě yǒu zhì hū mín zhě yě

传 一时言不雨者，闵雨也③。闵雨者，有志乎民者也④。

xú rén qǔ shū

经 徐人取舒⑤。

liù yuè yù

六月，雨。

yù yún zhě xǐ yǔ yě xǐ yǔ zhě yǒu zhì hū mín zhě yě

传 雨云者⑥，喜雨也⑦。喜雨者，有志乎民者也。

注释：①**雨**：动词。下雨。②**不雨者，勤雨也**：范解："言不雨，是欲得雨之勤也。明君之恤民。"③**一时言不雨者，闵雨也**：范解："一时不雨则书首月。"一个季节不下雨，就记载这个季节的第一个月不下雨。一时，一个季度。闵同悯，忧也。钟补注："勤雨、闵雨皆为忧雨也。""古谓忧为勤。"④**有志乎民者**：有志于为人民做好事的人。⑤**徐人取舒**：徐，金文作郐。亦称徐方、徐戎、徐夷。周代国名。嬴姓。在今江苏泗洪。周初曾随管、蔡、武庚叛周。周穆王时又率九夷侵周至黄河，穆干加以征伐。周宣王时命召穆公等南征，使"徐方来庭"。春秋时仍为江淮间强国，齐桓公与之联合抗楚。公元前512年灭于吴。舒，一作郐。周代国名，群舒之一。偃姓，在今安徽舒城。春秋时，公元前657年徐人取舒，但不能长有其地，反又复国。公元前615年，其君被楚所执，遂灭于楚。《公羊传》载："徐人取舒。其言取之何？易也。"就是徐国占领了舒国，为什么说取呢？意思是表示很容易就占领了。⑥**雨云者**：说下雨的原因。⑦**喜雨**：为下雨而高兴。

qiū qí hóu sòng gōng jiāng rén huáng rén huì yú yáng gǔ

经 秋，齐侯、宋公、江人、黄人会于阳縠①。

yáng gǔ zhī huì huán gōng wěi duān jìn hù ér cháo zhū hóu zhū hóu jiē yù hū huán gōng zhī zhì

传 阳縠之会，桓公委、端、搢笏而朝诸侯②，诸侯皆谕乎桓公之志③。

dōng gōng zǐ jì yǒu rú qí lì méng

经 冬，公子季友如齐莅盟④。

lì zhě wèi yě qí bú rì qián dìng yě bù yán jí zhě yǐ guó yù zhī yě bù yán qí rén yì yǐ guó yù zhī yě

传 莅者，位也⑤。其不日，前定也⑥。不言及者，以国与之也⑦。不言其人，亦以国与之也。

chǔ rén fá zhèng

经 楚人伐郑。

注释：①**阳縠**：齐国地名。在今山东阳穀东北。②**桓公委、端、搢笏而朝诸侯**：范解："委，委貌之冠也。端，玄端之服。搢，插也。笏，以记事者也。所谓衣裳之会。"杨士勋疏："《论语》云羔裘玄冠不以吊。郑玄云：玄冠委貌，诸侯视朝之服。是委者，委貌之冠也。""端，玄端也。衣玄端，冠章甫，诸侯日视朝之服。""谓之玄端者，其色玄，而制正幅而无杀，故谓之玄端。"搢笏，为天子、诸侯上朝时插在腰带上，用玉或象牙做的记事板。句意为：齐桓公戴着黑色丝绸做的高礼帽、穿着黑色绸子做的衣服，腰带上插着象牙做的记事板，接受诸侯们的朝拜。阳縠之会，齐桓公有四教令，据《公羊传》载："桓公曰：无鄣谷，无贮粟，无易树子，无以妾为妻。"即不要阻断河流，使下游的国家不能用水利；不要囤积粟米，使缺粮的国家得不到粮食；不要换掉应立为太子的嫡长子；不要把庶妾变为正妻。③**诸侯皆谕乎桓公之志**：钟补注："谕，晓也。言不须盟誓。"句意为：诸侯们都知道齐桓公的志愿。④**公子季友如齐莅盟**：范解："莅，位也。内之前定之盟，谓之莅。外之前定之盟，谓之来。"意为：鲁国的大夫公子季友前去齐国参加事前约定的、已经排好鲁国位子的盟誓。⑤**莅者，位也**：范甯云："盟誓之言素定，今但往其位而盟。"莅就是盟誓已定而前往就位。⑥**前定**：在这之前已经确定好了。⑦**与**：参与（盟誓）。

xī gōng sì nián

僖公四年

sì nián chūn wáng zhēng yuè gōng huì qí hóu sòng gōng chén hóu wèi hóu zhèng bó xǔ nán cáo bó qīn cài cài kuì

经 四年，春，王正月，公会齐侯、宋公、陈侯、卫侯、郑伯、许男、曹伯侵蔡[①]。蔡溃。

kuì zhī wéi yán shàng xià bù xiāng dé yě qīn qiǎn shì yě qīn cài ér cài kuì yǐ huán gōng wéi zhī suǒ qīn yě bù tǔ qí dì bù fēn qí mín míng zhèng yě

传 溃之为言，上下不相得也[②]。侵，浅事也。侵蔡而蔡溃，以桓公为知所侵也。不土其地[③]，不分其民[④]，明正也。

suì fá chǔ cì yú xíng

经 遂伐楚，次于陉[⑤]。

suì jì shì yě ci zhǐ yě

传 遂，继事也。次，止也。

xià xǔ nán xīn chén zú

经 夏，许男新臣卒。

zhū hóu sǐ yú guó bú dì sǐ yú wài dì sǐ yú shī hé wèi bú dì nèi huán shī yě

传 诸侯死于国，不地；死于外，地。死于师，何为不地？内桓师也。

注释：①**齐侯**：齐桓公小白。此在其三十年。**宋公**：宋桓公御说。此在其二十六年。**陈侯**：陈宣公杵臼。此在其三十七年。**卫侯**：卫文公燬。此在其四年。**郑伯**：郑文伯捷。此在其十七年。**许男**：许穆公新臣。此在其四十二年。**曹伯**：曹昭公班。此在其六年。②**上下不相得**：即君民上下不能团结一致。③**土其地**：占有蔡的土地。④**分其民**：俘虏蔡的人民。⑤**陉**：楚国地名。在今河南郾城西南。或说在今湖北应山北。

chǔ qū wán lái méng yú shī méng yú shào líng
经 楚屈完来盟于师①，盟于召陵②。

chǔ wú dà fū qí yuē qū wán hé yě yǐ qí lái huì
传 楚无大夫，其曰屈完何也？以其来会
huán chéng zhī wéi dà fū yě qí bù yán shǐ quán zài qū wán
桓，成之为大夫也。其不言使③，权在屈完
yě zé shì zhèng hū yuē fēi zhèng yě yǐ qí lái huì zhū
也④。则是正乎⑤？曰非正也⑥。以其来会诸
hóu zhòng zhī yě lái zhě hé nèi huán shī yě yú shī
侯⑦，重之也⑧。来者何？内桓师也⑨。于师，
qián dìng yě yú shào líng dé zhì hū huán gōng yě dé zhì
前定也⑩。于召陵，得志乎桓公也⑪。得志
zhě bù dé zhì yě yǐ huán gōng dé zhì wéi jǐn yǐ qū wán
者，不得志也，以桓公得志为仅矣⑫。屈完
yuē dà guó zhī yǐ bīng xiàng chǔ hé yě huán gōng yuē
曰："大国之以兵向楚何也⑬？"桓公曰：
zhāo wáng nán zhēng bù fǎn jīng máo zhī gòng bú zhì gù zhōu
"昭王南征不反**返**⑭。菁茅之贡不至⑮，故周
shì bú jì qū wán yuē jīng máo zhī gòng bú zhì zé nuò
室不祭⑯。"屈完曰："菁茅之贡不至，则诺⑰。

注释：①**楚屈完来盟于师**：屈完，楚国大夫。到齐桓公率领的诸侯联军中来结盟。②**盟于召陵**：召陵，楚国地名。在今河南郾城东。齐桓公为首的诸侯联军到达召陵，楚派屈完来谈判。据《左传》记载，齐桓公对屈完说："以诸侯的众多军队，没有谁能抵挡得住，没有什么城邑不能攻破。"屈完回答说："您如果用德行来统率诸侯，谁敢不服从？但是您如果用武力来强迫楚国服从，那么楚国的方城山就是城邑，汉水就是护城河，尽管您的军队众多，也没有什么用处。"于是齐桓公与屈完在召陵订立盟约。③**使**：派遣。④**权**：权力。⑤**是**：代词。此，这。⑥**非正也**：范解：以为"臣无自专之道"。⑦**以**：因为，由于。**会**：会见，会晤。⑧**重之**：看重他。⑨**内桓师**：把齐桓公的军队当作内。⑩**前定**：预先约定好了。⑪**得志**：指实现心愿或事业成功。⑫**得志为仅矣**：范解："桓为霸主，以会诸侯，楚子不来，屈完受盟，令问诸江，辞又不顺，仅乃得志。言楚之难服。"⑬**以兵向楚**：对楚国用兵。⑭**昭王南征不反**：反与返同。昭王，即周昭王，名瑕。周康王的儿子。公元前1004–前986年在位。其南征事迹。据《史记·周本纪》正义说："昭王德衰，南征，济于汉，船人恶之，以胶船进王，王御船至中流，胶液船解，王及祭公俱没于水中而崩。"意为：周昭王南征荆楚，没有返回。⑮**菁茅之贡不至**：范解："菁茅，香草，所以缩酒，楚之职贡。"钟补注："缩酒，泲酒也。又曰以茅缩去滓也。"中国古代宋以前的酒为米酒，即醪糟酒。祭祀以前，先用香草过滤米酒，上面留下渣，下面流下香酒，神饮此酒，甚欢畅。郑玄说："菁茅，茅之有王刺者。"菁茅，乃楚贡方物。⑯**不祭**：不能祭祀。⑰**诺**：答应（进贡）。

zhāo wáng nán zhēng bù fǎn wǒ jiāng wèn zhū jiāng

昭王南征不反返，我将问诸江①！”

qí rén zhí chén yuán tāo tú

经 齐人执陈袁涛涂。

qí rén zhě qí hóu yě qí rén zhī hé yě yú shì

传 齐人者，齐侯也。其人之，何也？于是

chǐ rán wài qí hóu yě bú zhèng qí yú guó ér zhí yě

哆然外齐侯也②，不正其逾国而执也③。

qiū jí jiāng rén huáng rén fá chén

经 秋，及江人、黄人伐陈。

bù yán qí rén jí zhī zhě hé nèi shī yě

传 不言其人及之者何？内师也④。

bā yuè gōng zhì zì fá chǔ

经 八月，公至自伐楚。

yǒu èr shì ǒu zé yǐ hòu shì zhì hòu shì xiǎo zé

传 有二事偶⑤，则以後事致⑥，後事小，则

yǐ xiān shì zhì qí yǐ fá chǔ zhì dà fá chǔ yě

以先事致。其以伐楚致⑦，大伐楚也⑧。

zàng xǔ mù gōng

经 葬许穆公。

dōng shí yòu èr yuè gōng sūn zi shuài shī huì qí rén

冬，十有又二月，公孙兹帅师会齐人、

sòng rén wèi rén zhèng rén xǔ rén cáo rén qīn chén

宋人、卫人、郑人、许人、曹人侵陈⑨。

注释：①**我将问诸江**：诸，乃“之于”二字合音。江，指汉水。句意为：我以後问了汉江再说。②**哆然外齐侯**：陈士勋疏：“哆然，宽大之意也。”宽广或扩大，即疏远的意思。句意为：疏远齐侯，把他当成外人。③**不正其逾国而执也**：逾，与踰音义同，跨越、超越。执，拘执，拘捕，逮捕。意为：齐桓公超越国境去拘捕别国的人，是不合乎正道的。④**内**：指鲁国。**师**：军队。⑤**二事**：两件事情。指会盟与伐楚。**偶**：对等，相当。⑥**以後事致**：记载从办理後面那件事回国。⑦**以伐楚至**：记载从伐楚回国。⑧**大**：以……为大。⑨**公孙兹**：又称公子牙、叔牙，僖叔之子叔孙戴伯，鲁大夫。

xī gōng wǔ nián

僖公五年

wǔ nián chūn jìn hóu shā qí shì zǐ shēn shēng

经 五年，春，晋侯杀其世子申生①。

mù jìn hóu chì shā wù jìn hóu yě

传 目晋侯②，斥杀③，恶晋侯也④。

qǐ bó jī lái cháo qí zǐ

经 杞伯姬来朝其子⑤。

fù rén jì jià bù yú jìng yú jìng fēi zhèng yě

传 妇人既嫁不逾竟(境)⑥，逾竟(境)非正也。

zhū hóu xiāng jiàn yuē cháo bó jī wéi zhì hū cháo qí zǐ yě

诸侯相见曰朝，伯姬为志乎朝其子也⑦。

bó jī wéi zhì hū cháo qí zǐ zé shì qǐ bó shī fū zhī dào

伯姬为志乎朝其子，则是杞伯失夫之道

yǐ zhū hóu xiāng jiàn yuē cháo yǐ dài rén fù zhī dào dài rén

矣⑧。诸侯相见曰朝，以待人父之道待人

zhī zǐ fēi zhèng yě gù yuē qǐ bó jī lái cháo qí zǐ sān

之子，非正也。故曰杞伯姬来朝其子，参(叁)

注释：①**晋侯杀其世子申生**：此事發生在鲁僖公四年十二月，经文在僖公五年记载，是根据鲁国在得到晋侯讣告後记录的。晋侯，即晋献公。世子申生，乃晋献公的夫人齐姜所生。齐姜死後，晋献公立骊姬为夫人。骊姬生奚齐，欲以其取代世子申生。她欺骗申生到曲沃去祭其母齐姜，暗中将毒药放在申生准备献给献公吃的祭肉中。献公不明真相，先杀了世子申生的师傅。申生明知是骊姬从中捣鬼，但为了成全献公宠爱骊姬的心愿，遂自尽。骊姬接着又诬谄公子重耳和夷吾，迫使二人分别逃亡到蒲地和屈地。世子，天子或诸侯的嫡妻所生的长子，是国君的继承人，是下一代国君，故称世子。也就是太子。《礼记·文王世子》：“文王为世子。”清代亲王的嫡长子封世子。②**目**：列出。③**斥**：指斥。④**恶**：谴责。⑤**杞伯姬来朝其子**：杞伯姬，鲁君之女，于庄公二十五年嫁给杞国国君为夫人。《公羊传》载：“杞伯姬来朝其子，其言来朝其子何？内辞也，与其子俱来朝也。”句意为：杞君的夫人杞伯姬与她的儿子一起来朝见鲁君。⑥**既**：已经。**逾**：逾越，越过。**竟**：假借为“境”。边境，国境。⑦**为志乎朝其子**：决意要他的儿子朝见。⑧**杞伯**：杞惠公。此在其十八年。**失夫之道**：失去为夫之道。

jī yě
讥也[1]。

xià gōng sūn zī rú móu
经 夏，公孙兹如牟[2]。

gōng jí qí hóu sòng gōng chén hóu wèi hóu zhèng bó
公及齐侯、宋公、陈侯、卫侯、郑伯、
xǔ nán cáo bó huì wáng shì zǐ yú shǒu dài
许男、曹伯会王世子于首戴[3]。

jí yǐ huì zūn zhī yě hé zūn yān wáng shì zǐ yún
传 及以会[4]，尊之也[5]。何尊焉？王世子云
zhě wéi wáng zhī èr yě yún kě yǐ zhòng zhī cún yān zūn
者，唯王之贰也[6]。云可以重之存焉[7]，尊
zhī yě hé zhòng yān tiān zǐ shì zǐ shì tiān xià yě
之也。何重焉？天子世子，世天下也[8]。

qiū bā yuè zhū hóu méng yú shǒu dài
经 秋，八月，诸侯盟于首戴。

wú zhōng shì ér fù jǔ zhū hóu hé yě zūn wáng shì zǐ
传 无中事而复举诸侯何也[9]？尊王世子
ér bù gǎn yǔ méng yě zūn zé qí bù gǎn yǔ méng hé yě
而不敢与盟也[10]。尊则其不敢与盟何也？
méng zhě bù xiāng xìn yě gù jǐn xìn yě bù gǎn yǐ suǒ bú
盟者不相信也[11]，故谨信也[12]，不敢以所不
xìn ér jiā zhī zūn zhě huán zhū hóu yě bù néng cháo tiān zǐ
信而加之尊者。桓，诸侯也，不能朝天子，

注释：①**参讥也**：参通叁（三）。范解："参讥，谓伯姬、杞伯、鲁侯也。"杨疏："参讥也。释曰并讥之者，伯姬托事而行，近于淫泆，失为妇之道；杞伯不能防其闺门，令妻至鲁，失为夫之宜；鲁待人之子，行待父之礼，失为主之度，故三事同讥之也。"句意为：杞伯、伯姬、鲁君，三者都予以讥讽。②**公孙兹如牟**：《左传》、《公羊传》均作公孙慈。牟，为鲁的附庸国。在今山东莱芜东。《左传》说：公孙慈到牟国去，是为娶亲。③**首戴**：《左传》作"首止"。在今河南睢县东南。④**及**：言及诸侯。以会：然後会见王世子。⑤**之**：代词。指王世子。⑥**唯王之贰也**：《周礼·小宰》注："贰，副也。"意为：周天子的唯一的副天王。⑦**重**：尊重。存：在。⑧**世天下**：世世代代拥有天下。⑨**无中事**：指中间没有别的事情。**复举**：再次举出。⑩**与盟**：与（王世子）结盟。⑪**相信**：相互信任。⑫**故**：所以。**谨信**：敬重地结盟以为信。

shì bù chén yě wáng shì zǐ zǐ yě kuài rán shòu zhū hóu zhī
是不臣也。王世子，子也，块然受诸侯之
zūn jǐ ér lì hū qí wèi shì bù zǐ yě huán bù chén wáng
尊己而立乎其位①，是不子也。桓不臣，王
shì zǐ bù zǐ zé qí suǒ shàn yān hé yě shì zé biàn zhī zhèng
世子不子，则其所善焉何也？是则变之正
yě tiān zǐ wēi zhū hóu bù xiǎng jìn huán kòng dà guó fú
也。天子微，诸侯不享觐②。桓控大国，扶
xiǎo guó tǒng zhū hóu bù néng yǐ cháo tiān zǐ yì bù gǎn zhì
小国，统诸侯，不能以朝天子，亦不敢致
tiān wáng zūn wáng shì zǐ yú shǒu dài nǎi suǒ yǐ zūn tiān wáng zhī
天王。尊王世子于首戴，乃所以尊天王之
mìng yě shì zǐ hán wáng mìng huì qí huán yì suǒ yǐ zūn tiān
命也。世子含王命会齐桓③，亦所以尊天
wáng zhī mìng yě shì zǐ shòu zhī kě hū shì yì biàn zhī zhèng
王之命也。世子受之可乎④？是亦变之正
yě tiān zǐ wēi zhū hóu bù xiǎng jìn shì zǐ shòu zhū hóu
也⑤。天子微⑥，诸侯不享觐。世子受诸侯
zhī zūn jǐ ér tiān wáng zūn yǐ shì zǐ shòu zhī kě yě
之尊己，而天王尊矣⑦，世子受之可也。

zhèng bó táo guī bù méng
经 **郑伯逃归⑧，不盟⑨。**

yǐ qí qù zhū hóu gù táo zhī yě
传 以其去诸侯⑩，故逃之也。

chǔ rén miè xián xián zǐ bēn huáng
经 **楚人灭弦⑪。弦子奔黄。**

注释：①**块然**：安然无事，无动于衷的样子。②**诸侯不享觐**：享，以食物进献。觐，朝见。意为：天子的力量衰微，诸侯之间不能进献食物和相互朝拜。③**含王命**：秉承天王之命。**会**：会见，会晤。④**受之**：接受诸侯的遵奉。⑤**是**：代词。此，这。**变之正**：变化了的情况中的正道。⑥**微**：势力微弱。⑦**尊**：受到尊崇。⑧**郑伯**：郑文公。此在其十八年。⑨**不盟**：不参与盟誓。⑩**以**：因为。**其**：代词。指郑伯。**去**：离去。⑪**弦**：周代国名。隗姓。一说姬姓，在今河南光山西北。公元前655年为楚所灭。

xián guó yě qí bú rì wēi guó yě

弦，国也。其不日，微国也。

jiǔ yuè wù shēn shuò rì yǒu shí zhī

经 九月戊申，朔，日有食之。

dōng jìn rén zhí yú gōng

冬，晋人执虞公①。

zhí bù yán suǒ yú dì yùn yú jìn yě qí yuē gōng hé yě yóu yuē qí xià zhí zhī zhī cí yě qí yóu xià zhí zhī zhī cí hé yě jìn mìng xíng hū yú mín yǐ yú guó zhī xiāng jiù fēi xiāng wéi cì yě jīn rì wáng guó ér míng rì wáng yú yǐ

传 执不言所于地，缊(蕴)于晋也②。其曰公何也？犹曰其下执之之辞也③。其犹下执之之辞何也？晋命行乎虞民矣。虞虢之相救，非相为赐也，今日亡虢而明日亡虞矣。

注释：①**晋人执虞公**：虞为周代国名。姬姓。在今山西平陆北。武王封吴周章之弟虞仲，又称北虞（吴）、西虞（吴）。公元前655年为晋献公所灭。意为：晋国人拘捕了虞国的国君虞公。②**缊于晋也**：缊通蕴。这里指虞国的土地为晋国所包蕴。③**下**：臣下或民众。

xī gōng liù nián

僖公六年

liù nián chūn wáng zhēng yuè

经 六年，春，王正月。

xià gōng huì qí hóu sòng gōng chén hóu wèi hóu cáo bó fá zhèng wéi xīn chéng

夏，公会齐侯、宋公、陈侯、卫侯、曹伯伐郑①，围新城②。

fá guó bù yán wéi yì cǐ qí yán wéi hé yě bìng zhèng yě zhù zhèng bó zhī zuì yě

传 伐国不言围邑③，此其言围何也？病郑也④，著郑伯之罪也⑤。

qiū chǔ rén wéi xǔ zhū hóu suì jiù xǔ

经 秋，楚人围许⑥，诸侯遂救许。

shàn jiù xǔ yě

传 善救许也。

dōng gōng zhì zì fá zhèng

经 冬，公至自伐郑。

qí bù yǐ jiù xǔ zhì hé yě dà fá zhèng yě

传 其不以救许致何也⑦？大伐郑也⑧。

注释：①**齐侯**：齐桓公小白。此在其三十二年。**宋公**：宋桓公御说。此在其二十八年。**陈侯**：陈宣公杵臼。此在其三十九年。**曹伯**：曹昭公班。此在其八年。②**新城**：郑国地名。在今河南密县东南。原称"密"，後来郑国重新修筑城墙，故名新城。《左传》解说中称"新密"。③**围**：包围。④**病郑**：谴责郑国。⑤**著郑伯之罪也**：《礼记·乐记》："著，谓显著。"意为：突出郑伯文公的罪过。⑥**许**：古国名。公元前十一世纪周分封的诸侯国。姜姓。战国初期为楚所灭。一说灭于魏。故地在今河南许昌东。⑦**其不以救许致**：他不把救援许国的事来祭告宗庙。⑧**大伐郑也**：把讨伐郑国的事视为重大行动。

僖公七年

经 七年，春，齐人伐郑。

夏，小邾子来朝①。

郑杀其大夫申侯②。

传 称国以杀大夫，杀无罪也③。

经 秋，七月，公会齐侯、宋公、陈世子款、郑世子华④，盟于宁母⑤。

传 衣裳之会也⑥。

经 曹伯班卒⑦。

公子友如齐。

冬，葬曹昭公。

注释：①**小邾**：周代诸侯国名。也称郳或小邾娄。曹姓。开国君主是邾文公之子友，战国时灭于楚。其地当今山东省滕州市东。此小邾子当为邾犁来。②**郑杀其大夫申侯**：郑国大夫申侯，曾得宠于楚文王，文王赐给他玉璧。文王死，他出奔到郑国，又得宠于郑厉公。在僖公四年齐桓公率诸侯军队伐楚时，他出卖陈大夫袁涛涂，致使袁涛涂遭齐桓公逮捕，陈国因此受到齐桓公的讨伐。③**杀无罪**：杨疏："庄九年，齐人杀无知。传曰：称人以杀，杀有罪也。此云称国以杀大夫，无罪也。""准例言之，则是罪郑伯也。""枉杀卿佐，是失德之俦。"④**世子**：古代天子、诸侯的嫡长子或儿子中继承帝位或王位的人。⑤**宁母**：鲁国地名。《左传》作甯母，在今山东鱼台东。⑥**衣裳之会**：僖公三年秋传文说，"桓公委端搢笏而朝诸侯"。范解认为此即"所谓衣裳之会"。与"兵车之会"相对而言，衣裳之会，是诸侯之间的和平友好聚会。⑦**曹伯班卒**：即曹昭公死了。曹昭公是春秋时曹国的国君。名班。曹釐公的儿子。公元前661–前653年在位。鲁僖公元年（公元前659年），赤狄伐邢国，他与齐、宋等国联兵救邢，败赤狄。邢迁夷仪（今山东聊城西，或说在今河北邢台市浆水村），他又派军助邢筑城。四年，齐桓公率诸侯伐楚，他率军参与。次年，又参与齐桓公在首止（今河南睢县东）举行的诸侯会盟。死後子襄继位。

xī gōng bā nián

僖公八年

bā nián chūn wáng zhēng yuè gōng huì wáng rén qí hóu
经 八年，春，王正月，公会王人、齐侯、
sòng gōng wèi hóu xǔ nán cáo bó chén shì zǐ kuǎn méng yú
宋公、卫侯、许男、曹伯、陈世子款①，盟于
táo
洮②。

wáng rén zhī xiān zhū hóu hé yě guì wáng mìng yě cháo
传 王人之先诸侯何也③？贵王命也④。朝
fú suī bì bì jiā yú shàng biàn miǎn suī jiù bì jiā yú
服虽敝⑤，必加于上；弁冕虽旧⑥，必加于
shǒu zhōu shì suī shuāi bì xiān zhū hóu bīng chē zhī huì yě
首；周室虽衰，必先诸侯。兵车之会也。

zhèng bó qǐ méng
经 郑伯乞盟。

yǐ xiàng zhī táo guī qǐ zhī yě qǐ zhě zhòng cí yě
传 以向之逃归乞之也。乞者，重辞也，
zhòng shì méng yě qǐ zhě chǔ qí suǒ ér qǐng yù yě gài zhuó
重是盟也。乞者，处其所而请与也⑦。盖汋酌
zhī yě
之也⑧。

注释：①**王人**：周王室的官员。**齐侯**：齐桓公小白。此在其三十四年。**宋公**：宋桓公御说。此在其三十年。**卫侯**：卫文公燬。此在其八年。**许男**：许僖公叶。此在其四年。**曹伯**：曹共公襄。此在其元年。**世子**：古代诸侯的嫡长子或儿子中继承帝位或王位的人。②**洮**：曹国地名。在山东濮县西南。③**先**：排列在……之前。④**贵**：以……为贵。⑤**敝**：破旧。⑥**弁冕**：《仪礼·士冠礼》注："弁者，冠名也。"《仪礼·觐礼》注："皮弁者，天子之朝朝服也。"弁，就是帽子。冕，《礼记·明堂位》："冕，冠名也。"冕也是帽子。⑦**处其所而请与也**：与，参与。意为：郑文公还在国内，派人向齐桓公提出请求，同意让他参与盟会。⑧**盖汋之也**：汋与酌，音义同。意为：大概是让齐桓公斟酌。

xià dí fá jìn

经 夏，狄伐晋。

qiū qī yuè dì yú tài miào yòng zhì fū rén

秋，七月，禘于大【太】庙①，用致夫人②。

yòng zhě bù yí yòng zhě yě zhì zhě bù yí zhì zhě yě yán fū rén bì yǐ qí shì xìng yán fū rén ér bù yǐ shì xìng fēi fū rén yě lì qiè zhī cí yě fēi zhèng yě fū rén zhī wǒ kě yǐ bù fū rén zhī hū fū rén zú zàng zhī wǒ kě yǐ bù zú zàng zhī hū yī zé yǐ zōng miào lín zhī ér hòu biǎn yān yī zé yǐ wài zhī fú fū rén ér jiàn zhèng yān

传 用者，不宜用者也。致者，不宜致者也。言夫人③，必以其氏姓④。言夫人而不以氏姓，非夫人也，立妾之辞也⑤，非正也。夫人之⑥，我可以不夫人之乎？夫人卒葬之⑦，我可以不卒葬之乎？一则以宗庙临之，而後贬焉；一则以外之弗夫人，而见正焉。

dōng shí yòu èr yuè dīng wèi tiān wáng bēng

经 冬，十有【又】二月丁未，天王崩⑧。

注释：①**禘于大庙**：禘，《尔雅·释天》：“禘，大帝。”禘，为大规模祭祀名。大庙，范解：“大庙，周公庙。《礼记·明堂位》曰：季夏六月以禘礼，祀周公于大庙。”“禘，三年大祭之名。”在周公的太庙里举行了三年一次的大规模的祭祀。②**用致夫人**：范解：“刘向曰：夫人成风也。致之于太庙，致之以为夫人。夫人，成风也。《左氏》以为哀姜。”意为：通过禘祭，把哀姜送进太庙，封她为夫人。③**夫人**：古代时称诸侯的妻子。④**以其氏姓**：连带提及她的氏姓。⑤**非夫人也，立妾之辞也**：不是夫人，是立庶妾为夫人的文辞。⑥**夫人**：意动用法。以……为夫人。⑦**夫人卒葬之**：以夫人的礼节来对待她的卒与葬。⑧**天王崩**：周天王去世了。即周惠王。他是东周的周天王。名阆。周僖王（一作釐王）的儿子。公元前676年–前652年在位。鲁庄公十九年（前675年），被王子颓（庄王庶子）与蔿国、边伯、詹父、子禽、祝危五大夫所攻，为他所败。王子颓奔卫。卫、南燕攻周，立王子颓。次年，郑厉公调和王室冲突无效，乃迎他至郑居栎（今河南禹州）。郑、虢二君攻杀王子颓，迎他复位。二十七年，遣召伯廖赐齐桓公为侯命，令其伐卫，以讨拥立王子颓之罪。鲁僖公五年（公元前655年），他欲以王子带（惠王的小儿子）为嗣。齐桓公会诸侯，会周太子郑于首止（今河南睢县东南），谋定其位。

xī gōng jiǔ nián

僖公九年

jiǔ nián chūn wáng sān yuè dīng chǒu sòng gōng yù yuè zú

经 九年，春，王三月丁丑，宋公御说卒①。

xià gōng huì zǎi zhōu gōng qí hóu sòng zǐ wèi hóu

夏，公会宰周公、齐侯、宋子、卫侯、

zhèng bó xǔ nán cáo bó yú kuí qiū

郑伯、许男、曹伯于葵丘②。

tiān zǐ zhī zǎi tōng yú sì hǎi sòng qí chēng zǐ hé

传 天子之宰，通于四海。宋其称子何

yě wèi zàng zhī cí yě lǐ jiù zài táng shàng gū wú wài

也？未葬之辞也④。礼⑤：柩在堂上，孤无外

shì jīn bèi bìn ér chū huì yǐ sòng zǐ wéi wú āi yǐ

事⑥。今背殡而出会⑦，以宋子为无哀矣⑧。

qiū qī yuè yǐ yǒu bó jī zú

经 秋，七月乙酉，伯姬卒。

注释：①**宋公御说卒**：即宋桓公死了。宋桓公是春秋时宋国的国君。名御说。宋闵公的弟弟。宋闵公十年（公元前682年），大夫南宫长万杀闵公、大夫仇牧、太宰华父督。宋人平乱，立其为君。公元前681－前651年在位。即位元年，齐桓公与诸侯会于北杏（今山东东阿境内），以平宋之内乱。次年，赴周大夫单伯与齐、卫、郑于鄄（今山东鄄城）之会。又多次赴齐桓公召集之诸侯会盟。②**葵丘**：宋国地名。在今河南兰考境内。③**天子之宰，通于四海**：范解："宰，天官冢宰，兼为三公者，三公论道之官，无事于会盟。冢宰掌建邦之六典，以佐王治邦国，故曰通于四海。"意为：周王的冢宰官，佐王治理天下，所以叫做通于四海。④**未葬**：指宋桓公御说去世後尚未安葬。⑤**礼**：指按照礼仪制度。⑥**柩在堂上，孤无外事**：范解："殷人殡于两楹之间，周人殡于西阶之上。宋，殷後也。"《礼记》云："在床曰尸，在棺曰柩。"宋人为殷後人，丧从殷俗。棺木放在两楹之间。孤为死者之子，柩在堂上，孝子不能做治丧以外的事。⑦**背殡**：殡，古代丧葬礼之一。尸殓于棺而待葬，称殡。因古人将死者的棺木停于西阶客位，是将死者视为宾客，用对待宾客的礼节对待它，故称殡。殡时的丧仪，有哭灵、哭踊和供祭（奠）等，由于死者社会地位不同，准备丧事物资和让人吊唁时间的长短，殡的时间也有不同。《礼记·玉制》："天子七日而殡，七月而葬。诸侯五日而殡，五月而葬。大夫、士、庶人三日而殡，三月而葬。"如死者家贫，亦可以衣衾裹尸，不殡而葬。宋桓公三月死，其子夏季就去葵丘开会，宋桓公未葬，所以说其子"背殡"。"背殡"是背离、离开父亲的殡丧。⑧**以**：以为，认为。**宋子**：宋襄公兹父。此时尚未正式即位。无哀：没有哀痛（的表现）。

nèi nǚ yě　wèi shì rén bù zú　cǐ hé yǐ zú yě

传　内女也①，未适人不卒②，此何以卒也？

xǔ jià jī ér zì zhī　sǐ zé yǐ chéng rén zhī sāng zhì zhī

许嫁笄而字之③，死则以成人之丧治之④。

jiǔ yuè wù chén　zhū hóu méng yú kuí qiū

经　**九月戊辰，诸侯盟于葵丘⑤。**

huán méng bú rì　cǐ hé yǐ rì　měi zhī yě　wèi xiàn

传　桓盟不日⑥，此何以日？美之也⑦。为见

tiān zǐ zhī jìn　gù bèi zhī yě　kuí qiū zhī huì　chén shēng

天子之禁⑧，故备之也⑨。葵丘之会，陈牲

ér bù shā　dú shū jiā yú shēng shàng　yī míng tiān zǐ zhī jìn

而不杀，读书加于牲上，壹明天子之禁⑩，

yuē　wú yōng quán　wú qì dí　wú yì shù zǐ　wú

曰：“毋雍(壅)泉⑪，毋讫籴⑫，毋易树子⑬，毋

yǐ qiè wéi qī　wú shǐ fù rén yù guó shì

以妾为妻，毋使妇人与国事⑭！”

jiǎ zǐ　jìn hóu guǐ zhū zú

经　**甲子，晋侯诡诸卒⑮。**

注释：①**内女**：鲁国的闺女。②**未適人不卒**：《文选·寡妇赋》：“適，谓往嫁也。”《礼仪·丧服》：“凡女行于大夫以上曰嫁，行于士、庶人曰適人。”意为：凡是未出嫁的女子死了，是不记载日子的。③**许嫁笄而字之**：《说文》：“笄，簪也。”《国语·郑语》注：“女，十五而笄。”《周礼·外史》注：“古曰名，今曰字。”意为：女子许嫁给别人，就给她束髮戴上簪子，称呼她的字。④**丧**：丧葬礼节。**治**：治理（丧事）。⑤**诸侯盟丁葵丘**：葵丘之盟，是春秋时齐桓公主持的一次诸侯盟会。桓公在止戎狄、荆楚对中原侵犯和安定三室之後，于鲁僖公元年（前651年）邀集鲁、宋、卫、许、曹诸国君于宋之葵丘（今河南兰考东）会盟。周襄王命卿士宰孔莅会，赐给桓公祭肉。盟约规定：凡同盟诸侯都要和好。不要乱筑堤坝，阻塞水流；不要囤积粮食，阻碍流通；不要废黜太子；不要以妾为妻；不要让妇人参与政事；不要擅杀大夫，等等。⑥**桓盟**：齐桓公盟会。**日**：动词。记载日子。⑦**美**：赞美。**之**：代词。指齐桓公。范甯引郑君释之曰：“桓德极而将衰，故备日以美之，自此不复盟矣。”⑧**见**：同“现”。显现，显示。**禁**：禁令。⑨**备之**：使日月齐备。⑩**壹明天子之禁**：范解：“壹，犹专也。”钟补注：“读载书，以明之如下所云。”意为：读载书，讲明周天子的禁令。⑪**毋雍泉**：毋，不要。雍，通壅。泉，泉水、河水。意为：不要阻塞河水，让下游的人可以利用水利。⑫**毋讫籴**：讫，讫止，阻止。籴，买米为籴。意为：不要阻止粮食流通。或囤积居奇，阻碍粮食流通。⑬**毋易树子**：易，交换，更换。树子，已立的嫡长子。意为：不要轻易变换太子。⑭**毋使妇人与国事**：与，参与，干预。意为：不要让妇人参与政事。⑮**晋侯诡诸卒**：诡诸，一作佹诸。为晋献公的名字。晋献公，春秋时晋国的国君，晋武公的儿子，继武公即位。公元前676–前651年在位。曾伐骊戎（在陕西临潼骊山一带）得骊姬，甚宠之。因惧桓叔、庄伯等族势大，用大夫士蔿计，杀群公子。在位时，国土扩宽，势力渐强。晚年听信骊姬，欲立骊姬所生之子奚齐为太子，迫使太子申生自杀，并逐公子重耳与夷吾。死後引起内乱。意为：晋献公死了。

dōng jìn lǐ kè shā qí jūn zhī zǐ xī qí
冬，晋里克杀其君之子奚齐。

qí jūn zhī zǐ yún zhě guó rén bù zǐ yě guó rén bù
传 其君之子云者，国人不子也。国人不

zǐ hé yě bú zhèng qí shā shì zǐ shēn shēng ér lì zhī yě
子何也？不正其杀世子申生而立之也[①]。

注释：①**不正其杀世子申生而立之**：杀太子申生，而立奚齐为太子，这是不符合正道的。

僖公十年

xī gōng shí nián

经 十年，春，王正月，公如齐①。狄灭温②，温子奔卫③。晋里克弑其君卓，及其大夫荀息④。

传 以尊及卑也⑤，荀息闲也⑥。

经 夏，齐侯、许男伐北戎⑦。晋杀其大夫里克⑧。

传 称国以杀，罪累上也⑨。里克弑二君与一大夫⑩，其以累上之辞言之何也？其

注释：①**如**：前往。②**狄灭温**：温，又称苏，古国名。在今河南济源西北。己姓，祝融之後，昆吾之子所封。商末，纣伐苏，娶其女妲己。周武王时，苏忿生为司寇，受封于温（今河南温县西南）。春秋初，已绝封，公元前712年，周桓王曾以其田予郑。後复封，公元前650年，狄人灭温，苏子奔卫。至春秋中叶尚存。温子奔卫，也就是苏子奔卫。③**奔**：逃奔，出奔。④**晋里克弑其君卓，及其大夫荀息**：卓，《公羊传》作卓子。晋献公与骊姬所生的两个儿子奚齐、卓子。上年，晋献公死，荀息立奚齐为晋君，里克杀奚齐。荀息立奚齐弟卓子为君，里克又杀卓子，同时又杀了荀息。荀息，春秋时晋国大夫。名叔。鲁僖公二年（公元前658年），晋献公用其计，以屈产的良马，垂棘产的玉璧，借道于虞（今山西平陆北）以伐虢（今河南三门峡北）。他与里克率军攻灭虢之下阳（今河南陕县东南）。晋献公病，嘱他傅太子奚齐。他以"竭其股肱之力，加以忠贞"许诺。晋献公死，里克杀奚齐。他又立奚齐弟卓子，里克又杀卓子，他以身从死。⑤**以尊及卑**：指这里记载事件时先说君再说荀息，这是按照从尊贵到卑下的次序。⑥**荀息闲也**：《左传·昭公六年》疏："闲，谓防卫也。"《左传·襄公二十一年》经注疏："闲是栏卫禁防之名也。"荀息是奚齐、卓子的保卫者。故二人被杀，荀息也被杀。⑦**齐侯**：齐桓公。此在其三十六年。**许男**：许僖公。此在其六年。⑧**里克**：又称里季。⑨**累**：连及，延及。**上**：君王。⑩**里克弑二君与一大夫**：里克杀了两个国君和一个大夫。两个国君，指奚齐、卓子。一个大夫，指荀息。

shā zhī bù yǐ qí zuì yě　qí shā zhī bù yǐ qí zuì nài hé

杀之不以其罪也。其杀之不以其罪奈何？

lǐ kè suǒ wéi shā zhě　wèi chóng ěr yě　yí wú yuē　shì

里克所为杀者，为重耳也[1]。夷吾曰[2]：“是

yòu jiāng shā wǒ hū　gù shā zhī　bù yǐ qí zuì yě　qí wèi

又将杀我乎？”故杀之，不以其罪也。其为

chóng ěr shì nài hé　jìn xiàn gōng fá guó　dé lì jī　xiàn gōng

重耳弑奈何？晋献公伐虢，得丽姬[3]，献公

sī zhī　yǒu èr zǐ　zhǎng yuē xī qí　zhì yuē zhuó zǐ　lì

私之。有二子，长曰奚齐[4]，稚曰卓子[5]。丽

jī yù wéi luàn　gù wèi jūn yuē　wú yè zhě mèng fū rén qū

姬欲为乱[6]，故谓君曰：“吾夜者梦夫人趋

ér lái　yuē　wú kǔ wèi　hú bù shǐ dà fū jiàng wèi

而来[7]，曰：‘吾苦畏[8]！’胡不使大夫将卫

shì ér wèi zhǒng hū　gōng yuē　shú kě shǐ　yuē　chén

士而卫冢乎[9]？”公曰：“孰可使[10]？”曰：“臣

mò zūn yú shì zǐ　zé shì zǐ kě　gù jūn wèi shì zǐ

莫尊于世子[11]，则世子可。”故君谓世子

yuē　lì jī mèng fū rén qū ér lái　yuē　wú kǔ wèi

曰：“丽姬梦夫人趋而来，曰：‘吾苦畏！’

rǔ　qí jiàng wèi shì ér wǎng wèi zhǒng hū　shì zǐ yuē　jìng

女汝其将卫士而往卫冢乎[12]！”世子曰：“敬

注释：①**重耳**：即晋文公。春秋时晋国的国君。晋献公的儿子。为公子时，因献公欲立宠妾骊姬的儿子奚齐为嗣而遭加害，被迫流亡于外十九年。鲁僖公二十四年（公元前636年），由秦军护送返国，立为晋君。公元前636–前628年在位。即位後，改革内政，扩建二军为三军，国势日强。後主持践土之盟，自此称霸诸侯。②**夷吾**：即後来的晋惠公。春秋时晋国的国君，名夷吾。晋献公的儿子，继献公即位。公元前650–前637年在位。初因受献公夫人骊姬迫害，出奔梁（今陕西韩城）。献公死，子奚齐立，不久被大夫里克所杀。荀息立卓子，又被里克所杀。齐、秦以兵送他还晋即位。他先许割河西五城与秦，入晋後，不与。③**晋献公战虢，得丽姬**：《左传》作晋献公伐骊戎，得骊姬。④**长**：年长。⑤**稚**：年幼。⑥**欲为乱**：想作乱。⑦**趋而来**：《释名》：“急行曰趋。”小步快跑到我身边来。⑧**吾苦畏**：我很痛苦，而且感到害怕。⑨**胡**：为什么。**使**：派遣。**将**：率领，带领。**而**：连词。表并列。**卫**：保卫。**冢**：指夫人的坟墓。⑩**孰可使**：可以派遣谁前往（保卫）？⑪**臣**：臣下。**莫尊于**：没有比……更尊贵。**世子**：古代天子、诸侯中的嫡长子或儿子中继承帝位或王位的人。这里指申生。⑫**女其将卫士而往卫冢乎**：女，通汝。你就率领卫兵去守卫你母亲的坟墓吧！

诺！”筑宫，宫成。丽姬又曰：“吾夜者梦夫人趋而来，曰：‘吾苦饥①！’世子之宫已成，则何为不使祠也②？”故献公谓世子曰：“其祠！”世子祠。已祠，致福于君③。君田而不在④。丽姬以鸩为酒⑤，药脯以毒⑥。献公田来，丽姬曰：“世子已祠，故致福于君⑦。”君将食⑧，丽姬跪曰：“食自外来者⑨，不可不试也⑩。”覆酒于地而地贲（坟）⑪。以脯与犬⑫，犬死。丽姬下堂而啼呼⑬，曰：“天乎天乎！国，子之国也⑭，子何迟于为君⑮？”君喟然叹曰⑯：“吾与女（汝）未有过切⑰，是何

注释：①**吾苦饥**：我感到痛苦而且饥饿。②**则何为不使祠也**：祠，祭祀。意为：那么为什么不叫他祭祀呢？③**致福于君**：福是祭神的酒肉。《国语·晋语二》：“骊姬以君命命令申生曰：今夕君梦见齐姜，必速祠而归福。”注：“福，胙肉也。”献神的冷腊肉叫做福。意为：献神的胙肉，送给晋献公。④**君田而不在**：《易·恒》疏：“田者，田猎也。”意为：晋献公在外打猎，而不在宫中。⑤**丽姬以鸩为酒**：《玉篇》：“鸩，毒鸟，食蛇。其羽画酒饮之即死。”意为：丽姬用毒鸟的羽毛制作鸩酒。⑥**药脯以毒**：《吕览·行论》：“肉熟为脯。”意为：在熟肉上放毒药。⑦**故**：所以。**致福于君**：送祭肉给君王你。⑧**食**：进食。⑨**食**：食物。⑩**试**：指吃之前验证一下有毒否。⑪**覆酒于地而地贲**：贲，通坟。隆起。《广雅·释邱》：“坟，冢也。”《礼记·檀弓上》：“土之高者曰坟。”地贲，地上冒起一个包。意为：把酒倒在地上，地上就冒起来一个包。⑫**以脯与犬**：《仪礼·士冠礼》疏：“干肉曰脯。”《吕览·行论》：“肉熟为脯。”把放有毒药的熟肉给狗吃，狗马上就死了。⑬**啼呼**：大声呼叫。⑭**子**：你。⑮**何迟于为君**：为什么要嫌为君王迟了。⑯**喟然**：叹息的样子。⑰**吾与女未有过切**：过切，有所失误和相迫太急切。范甯云：“吾与女未有过差切急。”意为：我们对你没有过失，没有对你过急。

与我之深也！”使人谓世子曰：“尔其图之！”世子之傅里克谓世子曰：“入自明！入自明则可以生，不入自明则不可以生。”世子曰：“吾君已老矣，已昏矣！吾若此而入自明，则丽姬必死；丽姬死，则吾君不安。所以使吾君不安者，吾自死。吾宁自杀以安吾君，以重耳为寄矣！”刎脰而死[①]。故里克所为弑者[②]，为重耳也。夷吾曰：“是又将杀我也。”

经 **秋，七月**[③]**。**

冬，大雨雪。

注释：①**刎脰而死**：脰，颈项。钟补注：“刎，割断也。脰，颈项也。”割断颈项而死。②**为弑者**：被杀害的原因。③按照《春秋》体例，一年四季中任何一季，即使没有什么有意义的事情值得记载，也要写上这个季度头一个月，以保证一年的完整性。

xī gōng shí yī nián

僖公十一年

shí yòu yī nián chūn jìn shā qí dà fū pī zhèng fǔ

经 十有（又）一年①，春，晋杀其大夫丕郑父②。

chēng guó yǐ shā zuì lèi shàng yě

传 称国以杀③，罪累上也④。

xià gōng jí fū rén jiāng shì huì qí hóu yú yáng gǔ

经 夏，公及夫人姜氏会齐侯于阳谷⑤。

qiū bā yuè dà yú

秋，八月，大雩⑥。

yú yuè zhèng yě yú dé yǔ yuē yú bù dé yǔ yuē hàn

传 雩⑦，月⑧，正也。雩：得雨曰雩，不得雨曰旱。

dōng chǔ rén fá huáng

经 冬，楚人伐黄⑨。

注释： ①**有**：通又。用于整数和零数之间。②**丕郑父**：《公羊传》作丕父。《左传》作丕郑，无“父”。《春秋经》作丕郑父。晋国大夫，与里克皆为重耳同党，里克杀奚齐、卓子及荀息後，掌握郑国大权，派丕郑父到秦国，劝说秦国召拥护夷吾的吕甥、郄称、冀芮三人去秦，欲趁三人离晋国之机在国内發难，让公子重耳即位。不料此计被吕甥等人识破，遂杀了丕郑父及里克等人。此事發生在僖公十年，经文放在十一年春，可能是鲁国的史官根据晋国来告难的日期记载的。③**称国以杀**：指杀大夫用国家的名义来杀。④**累**：连累，连及。**上**：君王。⑤**阳谷**：齐国地名。在今山东阳谷东北。⑥**雩**：古代求雨的祭祀名。⑦**雩**：动词。举行雩祭。⑧**月**：动词。记载月份。⑨**黄**：周代国名。嬴姓。在今河南潢川西。春秋时为楚所伐。公元前658年，与齐结盟。公元前648年为楚所灭。这次楚人伐黄，是因为黄国不向楚国交纳贡赋。

僖公十二年

xī gōng shí èr nián

经 十有（又）二年，春，王正月庚午，日有食之①。

夏，楚人灭黄。

传 贯之盟②，管仲曰③："江、黄远齐而近楚。楚，为利之国也④。若伐而不能救⑤，则无以宗诸侯矣⑥。"桓公不听，遂与之盟。管仲死，楚伐江灭黄⑦，桓公不能救，故君子闵（悯）之也⑧。

注释：①**日有食之**：日食。有，指有某物（来食之）。之，代词。指日。②**贯之盟**：贯，宋国地名。在今山东曹县南。僖公二年秋九月，齐桓公与宋桓公、江人、黄人，在贯地盟誓。③**管仲**：春秋时齐国的政治家。名敬仲，一称夷吾。颍上（今安徽颍水之滨）人。曾由齐大夫鲍叔牙推荐给齐桓公，相桓公，以"尊王攘夷"为号召，联合诸侯，使齐桓公成为春秋时第一个霸主。在担任齐相期间，大力改革齐国内政，制定了一系列發展经济的措施，使齐国国力大大增强。今存《管子》一书，是後人根据他的言行思想汇编的著作。他于鲁僖公十五年（公元前645年）去世。前648年楚灭黄时，他还在世。故《穀梁传》所载"管仲死"，当是将後来發生的事提前来说明经文。此类情况，在前文也出现过。④**为利之国**：指楚国是便于进攻江国与黄国的国家。⑤**若**：如果。**伐**：指楚国攻伐江国与黄国。**不能救**：指齐国不能救助江国与黄国。⑥**无以宗诸侯**：指没有成为诸侯宗主的理由。⑦**楚伐江灭黄**：黄为嬴姓小国。在今河南潢川西。自恃与齐结盟，扬言"自郢（楚都）及我九百里，焉能害我"。楚遂灭黄。意为：楚出兵讨伐江国，攻灭黄国。⑧**闵**：通悯。怜悯。

经 秋（qiū），七（qī）月（yuè）[9]。

冬（dōng），十（shí）有（yòu）**又** 二（èr）月（yuè）丁（dīng）丑（chǒu），陈（chén）侯（hóu）杵（chǔ）臼（jiù）卒（zú）[10]。

注释：①**秋，七月**：《春秋》一书为鲁国的编年史，一年要四季齐备，某季虽无事，但首月必书，方能成季，四季齐备，方为一年。②**陈侯杵臼卒**：《左传》亦作"杵臼"。《公羊传》作"处臼"。《左传》为孔壁古文相传，当较《公羊传》的师徒口传为近真，《左传》所载较得之。

僖公十三年

xī gōng shí sān nián

经 十有（又）三年，春，狄侵卫①。

shí yòu sān nián chūn dí qīn wèi

夏，四月，葬陈宣公②。

xià sì yuè zàng chén xuān gōng

公会齐侯、宋公、陈侯、卫侯、郑伯、许男、曹伯于咸③。

gōng huì qí hóu sòng gōng chén hóu wèi hóu zhèng bó xǔ nán cáo bó yú xián

传 兵车之会也。

bīng chē zhī huì yě

经 秋，九月，大雩。

qiū jiǔ yuè dà yú

冬，公子友如齐。

dōng gōng zǐ yǒu rú qí

注释：①**狄**：我国古代民族名。春秋前，长期活动于齐、鲁、晋、卫、宋、邢等国之间，与诸国有频繁的接触。公元前七世纪时，分为赤狄、白狄、长狄三部，各有支系。因为他们主要居住在北方，故又称北狄。②**陈宣公**：春秋时陈国的国君。名杵臼，一作处臼。陈庄公的弟弟，继庄公即位。公元前692–前648年在位。鲁庄公十八年（前676年），周惠王娶陈妫为后，号惠后。二十二年，陈宣公宠爱姬所生之子款，欲立为太子，乃杀太子御寇。厉公之子完（敬仲）惧，出奔齐国。齐桓公令为齐国工正，是为齐田（陈）氏之祖。③**咸**：卫国地名。在今河南濮阳东南。《左传》说，此次会盟，是因为淮夷侵扰杞国，周王室又發生兄弟相争的事。故会同诸侯共商救杞和平周室内乱的事。《穀梁传》说"兵车之会"，也是这个意思。

xī gōng shí sì nián

僖公十四年

shí yòu sì nián chūn zhū hóu chéng yuán líng

经 **十有（又）四年，春，诸侯城缘陵①。**

qí yuē zhū hóu sàn cí yě jù ér yuē sàn hé yě

传 其曰诸侯②，散辞也③。聚而曰散何也？

zhū hóu chéng yǒu sàn cí yě huán dé shuāi yǐ

诸侯城④，有散辞也，桓德衰矣⑤。

xià liù yuè jì jī jí zēng zǐ yù yú fáng shǐ zēng

经 **夏，六月，季姬及缯子遇于防⑥，使缯**

zǐ lái cháo

子来朝⑦。

yù zhě tóng móu yě lái cháo zhě lái qǐng jǐ yě

传 遇者，同谋也。来朝者，来请己也⑧。

cháo bù yán shǐ yán shǐ fēi zhèng yě yǐ bìng zēng zǐ yě

朝不言使，言使非正也。以病缯子也。

qiū bā yuè xīn mǎo shā lù bēng

经 **秋，八月辛卯，沙鹿（麓）崩⑨。**

lín shǔ yú shān wéi lù shā shān míng yě wú bēng dào

传 林属于山为鹿（麓）。沙，山名也。无崩道

注释：①**缘陵**：杞国都邑名。在今山东昌乐东南。诸侯会盟于贯，共商救杞之事，于是在杞都缘陵筑城墙。②**其曰诸侯**：指《春秋》经文笼统地记载“诸侯”，没有尊卑等级的差别。③**散辞**：分散的言辞。指各诸侯国各自分别想筑城，没有统一的领导者，没有哪个能制约大家。④**城**：动词。筑城。⑤**桓德衰**：指齐桓公的德业已经衰落。⑥**缯子**：一作鄫，或称鄫衍。古代国名。姒姓，传为夏禹後裔。在山东枣庄东。西周末强盛，与申、西戎伐周，导致西周灭亡。公元前567年为莒所灭。公元前538年，其地为鲁所取。一说伐周者为姬姓之曾，在今湖北北部。意为：缯国子爵的国君。**防**：一作房。古国名。祁姓。传为尧子丹朱所封。在今河南遂平。周昭王娶房女为后。春秋时为楚所灭。公元前531年，楚灵王迁民于荆山。公元前529年，楚平王即位，一度复国。⑦**来朝**：前来朝见。⑧**来请己**：来请求娶她自己为妻。⑨**沙鹿崩**：《穀梁传》说：沙，为山名。鹿，通麓，山脚。意为：沙山的山脚發生山体滑坡。

ér bēng gù zhì zhī yě qí rì zhòng qí biàn yě
而崩，故志之也。其日，重其变也。

dí qīn zhèng
经 狄侵郑。

dōng cài hóu xī zú zhū hóu shí zú wù zhī yě
冬，蔡侯肸卒[①]。诸侯时卒，恶之也[②]。

注释：①**蔡侯肸卒**：即蔡穆侯去世。蔡穆侯为春秋时蔡国的国君。名肸，公元前674年-前644年在位。以妹嫁齐桓公，称蔡姬。鲁僖公三年（公元前657年），齐桓公归蔡姬，他使之再嫁。齐桓公怒而伐蔡，为齐所掳。赖诸侯说情，得还蔡。公元前646年冬去世。②**恶之也**：憎恨他。

xī gōng shí wǔ nián

僖公十五年

shí yòu wǔ nián chūn wáng zhēng yuè gōng rú qí

经 十有（又）五年，春，王正月，公如齐[1]。

chǔ rén fá xú

楚人伐徐[2]。

sān yuè gōng huì qí hóu sòng gōng chén hóu wèi hóu zhèng bó xǔ nán cáo bó méng yú mǔ qiū

三月，公会齐侯、宋公、陈侯、卫侯、郑伯、许男、曹伯[3]，盟于牡丘[4]。

bīng chē zhī huì yě

传 兵车之会也。

suì cì yú kuāng

经 遂次于匡[5]。

suì jì shì yě cì zhǐ yě yǒu wèi yě

传 遂，继事也。次，止也，有畏也。

gōng sūn áo shuài shī jí zhū hóu zhī dà fū jiù xú

经 公孙敖帅师及诸侯之大夫救徐[6]。

shàn jiù xú yě

传 善救徐也。

xià wǔ yuè rì yǒu shí zhī

经 夏，五月，日有食之。

注释：①**如**：前往。②**徐**：金文作郐。亦称徐方、徐戎、徐夷。周代国家，在今江苏泗洪。周初曾叛周。周穆王率九夷侵周。周宣王时“徐方来庭”。春秋时为江淮间强国。齐桓公与之联合抗楚。公元前512年灭于吴。③**齐侯**：齐桓公小白。此在其四十一年。**宋公**：宋襄公兹父。此在其六年。陈侯：陈穆公款。此在其三年。**卫侯**：卫文公燬。此在其十五年。**郑伯**：郑文公捷。此在其二十八年。许男：许僖公业。此在其十一年。曹伯：曹共公襄。此在其八年。④**牡丘**：古地名。在今山东茌平东南。⑤**匡**：卫国地名。在今河南省长垣西南。⑥**公孙敖**：鲁国公子庆父之子，也称孟穆伯，时为鲁国大夫。

qiū qī yuè qí shī cáo shī fá lì

秋，七月，齐师、曹师伐厉①。

bā yuè zhōng

八月，螽②。

zhōng chóng zāi yě shèn zé yuè bú shèn zé shí

传 螽，虫灾也。甚则月，不甚则时。

jiǔ yuè gōng zhì zì huì

经 九月，公至自会③。

jì jī guī yú zēng

季姬归于缯④。

jǐ mǎo huì zhèn yí bó zhī miào

己卯，晦⑤，震夷伯之庙⑥。

huì míng yě zhèn léi yě yí bó lǔ dà fū

yě yīn cǐ yǐ xiàn tiān zǐ zhì yú shì jiē yǒu miào tiān zǐ

qī miào zhū hóu wǔ dà fū sān shì èr gù dé hòu

zhě liú guāng dé bó zhě liú bēi shì yǐ guì shǐ dé zhī běn

yě shǐ fēng bì wéi zǔ

传 晦，冥也⑦。震⑧，雷也⑨。夷伯⑩，鲁大夫也⑪。因此以见天子至于士皆有庙⑫。天子七庙⑬，诸侯五⑭，大夫三⑮，士二⑯。故德厚者流光，德薄者流卑。是以贵始，德之本也；始封必为祖。

注释：①**厉**：周代国名。姜姓。传为厉山氏即炎帝之後。在今湖北随州北。春秋中期尚存，为楚之属国。一说即赖。②**螽**：蝗虫。《广韵》：螽同蚣。《列子·仲尼》释文："螽，一曰蝗也。"《尔雅·释虫》："螽，蝗子也。"③**至自会**：从盟会地点回到国内。④**季姬归于缯**：归，嫁。《公羊传·隐公二年》注："妇人生以父母为家，嫁以夫为家，故谓嫁曰归。"缯，一作鄫，或称缯衍。古国名，姒姓。传为夏禹後裔，在今山东枣庄东。句意为：鲁僖公的小女儿季姬出嫁给缯子作夫人。⑤**晦**：晦暗，阴暗。⑥**震夷伯之庙**：《公羊传》："震之者何？雷电击夷伯之庙者也。"夷伯是鲁国的大夫。意为：雷电击中了鲁国的大夫的祖庙。⑦**冥**：幽冥阴暗。⑧**震**：雷震。⑨**雷**：雷击。⑩**夷伯**：鲁大夫展氏之祖父。夷，谥；伯，字。⑪**大夫**：古代官名或爵名。西周以後的诸侯国中，国君下有卿、大夫十三级。"大夫"世袭，且有封地。⑫**士**：先秦时期贵族的最低等级，位次于大夫。⑬**天子七庙**：范解："《祭法》曰：王立七庙。曰：考庙、王考庙、皇考庙、显考庙、祖考庙；有二祧。远庙称祧。"⑭**诸侯五**：范解："曰：考庙、王考庙、皇考庙、显考庙、祖考庙。"⑮**大夫三**：范解："曰：考庙、王考庙、皇考庙。"⑯**士二**：范解："曰：考庙、王考庙。"即父庙、祖父庙。

dōng sòng rén fá cáo

经 冬，宋人伐曹。

chǔ rén bài xú yú lóu lín

楚人败徐于娄林[①]。

yí dí xiāng bài zhì yě

传 夷狄相败，志也。

shí yòu yī yuè rén xū jìn hóu jí qín bó zhàn yú hán

经 十有[又]一月壬戌，晋侯及秦伯战于韩[②]。

huò jìn hóu

获晋侯。

hán zhī zhàn jìn hóu shī mín yǐ yǐ qí mín wèi bài ér jūn huò yě

传 韩之战，晋侯失民矣，以其民未败而君获也。

注释：①娄林：徐国地名。在今安徽亳州市东南。②韩：晋国地名。在今陕西韩城南。

xī gōng shí liù nián

僖公十六年

shí yòu liù nián chūn wáng zhēng yuè wù shēn shuò

经 十有又六年，春，王正月，戊申，朔[1]，

yǔn shí yú sòng wǔ

陨石于宋[2]，五[3]。

xiān yǔn ér hòu shí hé yě yǔn ér hòu shí yě yú

传 先陨而後石何也[4]？陨而後石也[5]。于

sòng sì jìng zhī nèi yuē sòng hòu shù sàn cí yě

宋[6]，四竟境之内曰宋[7]。後数[8]，散辞也[9]。

ěr zhì yě

耳治也[10]。

shì yuè liù yì tuì fēi guò sòng dū

经 是月，六鶂退飞，过宋都[11]。

shì yuè yě jué bú rì ér yuè yě liù yì tuì fēi

传 是月也，决不日而月也。六鶂退飞，

guò sòng dū xiān shù jù cí yě mù zhì yě zǐ yuē

过宋都，先数，聚辞也，目治也。子曰[12]：

shí wú zhī zhī wù yì wēi yǒu zhī zhī wù shí wú zhī

石，无知之物；鶂，微有知之物。石无知，

注释：①**朔**：农历指每月的初一。②**陨石于宋**：《春秋经·僖公十六年》注：“陨，落也。”《春秋繁露·玉英》：“星坠谓之陨。”《说文》：“陨，从高下也。从𨸏员声。”《易》曰：“有陨自天。”意为：在宋国境内，从天上落下石头。③**五**：一共有五块。④**先陨**：先说坠落。後石：然後说石头。⑤**陨而後石**：坠落下来之後才發现是石头。⑥**于宋**：（石头坠落）到宋国。⑦**四竟**：竟通境。⑧**後数**：最後是数字（五块）。⑨**散辞**：分散计数出来的言辞。⑩**耳治**：指这件事是从耳朵听到陨石坠落的声音这个角度说起的。⑪**六鶂退飞，过宋都**：《春秋经·僖公十六》作“六鹢”。杜预注：“鹢，水鸟，高飞遇风而退。宋人以为灾，告于诸侯，故书。”清阮元《春秋左传注疏卷十四校勘记》：“案公羊、穀梁传‘六鹢’作‘六鶂’。释文云：本或作鶂。《说文》引传亦作鶂。《史记·宋徽子世家》索隐引同。然则三传，经文本皆作鶂字，按《说文》作鶂，引‘六鶂退飞’，无鹢字。”据此，作“鶂”为是。宋都，商丘，在今河南商丘南。句意为：六只水鸟高飞，遇风而退着飞，经过宋都商丘上空。⑫**子**：指孔子。

gù rì zhī yì wēi yǒu zhī zhī wù gù yuè zhī jūn zǐ zhī
故日之；鹢微有知之物①，故月之。君子之

yú wù wú suǒ gǒu ér yǐ shí yì qiě yóu jìn qí cí ér
于物，无所苟而已。石、鹢且犹尽其辞，而

kuàng yú rén hū gù wǔ shí liù yì zhī cí bú shè zé wáng dào
况于人乎？故五石六鹢之辞不设，则王道

bú kàng yǐ mín suǒ jù yuē dū
不亢矣②。民所聚曰都。

sān yuè rén shēn gōng zǐ jì yǒu zú
经 三月壬申，公子季友卒③。

dà fū rì zú zhèng yě chēng gōng dì shū zhòng xián
传 大夫日卒④，正也。称公弟叔仲⑤，贤

yě dà fū bù yán gōng zǐ gōng sūn shū zhī yě
也⑥。大夫不言“公子”、“公孙”⑦，疏之也⑧。

xià sì yuè bǐng shēn zēng jì jī zú
经 夏，四月丙申，缯季姬卒⑨。

qiū qī yuè jiǎ zǐ gōng sūn zī zú
秋，七月甲子，公孙兹卒⑩。

dà fū rì zú zhèng yě
传 大夫日卒，正也。

dōng shí yòu èr yuè gōng huì qí hóu sòng gōng chén
经 冬，十有(又)二月，公会齐侯、宋公、陈

hóu wèi hóu zhèng bó xǔ nán xíng hóu cáo bó yú huái
侯、卫侯、郑伯、许男、邢侯、曹伯于淮⑪。

bīng chē zhī huì yě
传 兵车之会也。

注释：①**鹢微有知之物**：钟补注：“微，小也。”意为：鹢是略微有知觉的动物。②**王道不亢矣**：范解：“不遗细微故王道可举。”意为：王道就不得张扬了。③**公子季友卒**：公子季友，即公子友，鲁桓公少子，鲁庄公的弟弟。鲁桓公去世後，他为稳定鲁国的政局起了一定作用。其後逐渐掌握鲁国实权，从其孙季文子开始，相继成为鲁国的执政大臣。④**日卒**：记载卒的日子。⑤**称公弟**：因公子友为庄公之弟，所以称季友。《穀梁传》认为经文中凡是记载贵族去世时，使用体现其与国君关系的身份，就表示此人的德行贤明。如“宣公十八年”记“公弟叔肸卒”，也因其贤而称“公弟”。⑥**贤**：认为他贤能。⑦**公子**：古代称诸侯的儿子或女儿。**公孙**：诸侯之孙。⑧**疏**：疏远。⑨**缯季姬**：鲁女，缯国阆夫人。缯，古国名。姒姓，相传为夏禹後裔。故城在今山东省枣庄市东。⑩**公孙兹**：《公羊传》作公孙慈，他是公子牙的儿子。⑪**淮**：地名。在今安徽盱眙。

xī gōng shí qī nián

僖公十七年

shí yòu qī nián chūn qí rén xú rén fá yīng shì

经 十有又七年，春，齐人、徐人伐英氏①。

xià miè xiàng

夏，灭项②。

shú miè zhī huán gōng yě hé yǐ bù yán huán gōng yě

传 孰灭之？桓公也。何以不言桓公也？

wèi xián zhě huì yě xiàng guó yě bù kě miè ér miè zhī

为贤者讳也③。项，国也，不可灭而灭之

hū huán gōng zhī xiàng zhī kě miè yě ér bù zhī jǐ zhī bù

乎④？桓公知项之可灭也，而不知己之不

kě yǐ miè yě jì miè rén zhī guó yǐ hé xián hū jūn

可以灭也。既灭人之国矣⑤，何贤乎⑥？君

zǐ wù è jí qí shǐ shàn shàn lè qí zhōng huán gōng cháng yǒu

子恶恶疾其始⑦，善善乐其终⑧。桓公尝有

cún wáng jì jué zhī gōng gù jūn zǐ wèi zhī huì yě

存亡继绝之功⑨，故君子为之讳也⑩。

qiū fū rén jiāng shì huì qí hóu yú biàn

经 秋，夫人姜氏会齐侯于卞⑪。

注释：①**英氏**：一称英。古国名。偃姓。相传夏禹封皋陶之後于英（今安徽金寨东南）。春秋时为楚所灭。②**项**：周代国名。姬姓。在今河南项城。公元前643年为齐所灭，後地归于楚。《穀梁·僖公十七年》说：“夏，灭项，孰灭之？桓公也。”说齐灭项国，以此可证。③**贤者**：贤能之人。**讳**：隐讳。④**不可灭**：指称霸者不可以灭掉别人的国家。⑤**既**：已经。⑥**何贤乎**：还有什么贤能呢。⑦**君子恶恶疾其始**：范解：“绝其始则得不终于恶。邵曰：谓疾其初为恶之事，不终身疾之。”君子憎恶坏人，谴责他开始作恶。⑧**善善乐其终**：嘉奖善人，希望他最终为善。⑨**桓公尝有存亡继绝之功**：范解：“邵曰：存亡，谓存邢卫；继绝，谓立僖公，所以终其善。”句意为：齐桓公曾经有保存亡国、延续绝代的功劳。⑩**故**：所以。**君子**：古时指有知识有学问的人。这里指史书的记载者。**之**：代词。指齐桓公。⑪**卞**：鲁国地名。在今山东泗水东。

经 九月，公至自会。

冬，十有（又）二月乙亥，齐侯小白卒[①]。

传 此不正[②]，其日之何也[③]？其不正，前见矣。其不正之前见何也？以不正入虚国[④]，故称嫌焉尔[⑤]。

注释： ①**齐侯小白卒**：即齐国侯爵的国君名叫小白的去世。即齐桓公死了。②**此**：此人。指齐桓公。**不正**：指获得诸侯之位不合乎法度或情理。③**日之**：记载他卒的日子。④**以不正入虚国**：范解："庄九年齐小白入于齐，贬，不称公子，虚国谓齐无君。传例曰：以国氏者，嫌也。"不正，指齐桓公当初从莒国进入齐国不合礼制。句意为：公子小白，以不合礼制的身份进入当时没有国君的齐国。⑤**故称嫌焉尔**：所以说经文对齐桓公也作了贬抑。

僖公十八年

经 十有又八年，春，王正月，宋公、曹伯、卫人、邾人伐齐[①]。

传 非伐丧也[②]。

经 夏，师救齐[③]。

传 善救齐也[④]。

经 五月戊寅，宋师及齐师战于甗[⑤]。齐师败绩。

传 战不言伐，客不言及[⑥]；言及，恶宋也[⑦]。

经 狄救齐。

传 善救齐也[⑧]。

注释：①**宋公**：宋襄公兹父。此在其九年。**曹伯**：曹共公襄。此在其十一年。②**非伐丧也**：《榖梁传·隐公五年》注："非，责也。"意为：责备去讨伐办丧事的国家。③**师救齐**：范解："师，鲁师。"鲁国的军队。④**善救齐也**：不记前"鲁与齐仇"，去援救齐国，称赞救援齐国的行动。⑤**甗**：齐国地名。在今山东历城县。⑥**客**：客军。指宋国军队。⑦**恶宋也**：憎恶宋国。⑧**善救齐也**：范解："上文鲁师救齐，并为善者，此善狄能忧中国。"意为：狄人出兵救齐，能以中原的诸侯之忧为己忧，称赞狄人救齐的行动。狄，古代民族名。春秋前，长期活动于齐、鲁、晋、卫、宋、邢等国之间，与诸国有频繁接触。因居住于北方，故又称北狄。

经 qiū bā yuè dīng hài zàng qí huán gōng
秋，八月丁亥，葬齐桓公[①]。
dōng xíng rén dí rén fá wèi
冬，邢人、狄人伐卫[②]。

传 dí qí chēng rén hé yě shàn lěi ér hòu jìn zhī fá wèi suǒ yǐ jiù qí yě gōng jìn ér dé yuǎn yǐ
狄其称人何也？善累而後进之[③]。伐卫，所以救齐也，功近而德远矣[④]。

注释：①**葬齐桓公**：范解："竖刁、易牙争，五公子争立，故危之。"齐桓公去年十二月死，至今年八月才安葬。违反诸侯死後五个月安葬的礼制。②**邢**：古代诸侯国名。故地在今湖北省邢台市境。周公之子封于此，春秋时为卫所灭。③**善累而後进之**：善事做多了，就应该提高他的名誉。④**功近而德远矣**：范解：狄人"伐卫功近耳，夷狄而忧中国，其德远也"。意为：狄人伐卫救齐，它的功绩虽近在眼前，但德行却可以传播久远了。

xī gōng shí jiǔ nián

僖公十九年

shí yòu jiǔ nián chūn wáng sān yuè sòng rén zhí téng zǐ yīng qí

经 十有又九年，春，王三月，宋人执滕子婴齐①。

xià liù yuè sòng gōng cáo rén zhū rén méng yú cáo nán

夏，六月，宋公、曹人、邾人盟于曹南②。

zēng zǐ huì méng yú zhū jǐ yǒu zhū rén zhí zēng zǐ yòng zhī

缯子会盟于邾③。己酉，邾人执缯子，用之④。

wēi guó zhī jūn yīn zhū yǐ qiú yù zhī méng rén yīn jǐ yǐ qiú yù zhī méng jǐ yíng ér zhí zhī wù zhī gù jǐn ér rì zhī yě yòng zhī zhě kòu qí bí yǐ èr shè yě

传 微国之君⑤，因邾以求与之盟⑥。人因己以求与之盟⑦，己迎而执之⑧。恶之⑨，故谨而日之也⑩。用之者，叩其鼻以衈社也⑪。

qiū sòng rén wéi cáo

经 秋，宋人围曹。

注释：①**执**：逮捕。《周礼·校人》注："执，犹拘也。"《说文》："执，捕罪人也。"滕子婴齐：滕宣公，名婴齐。②**曹南**：范解："曹南，曹之南鄙。"意为：曹国南边的边邑。在今山东定陶南。③**缯子**：缯国的国君。缯同鄫。在今山东枣庄东。会盟于邾：参加会盟行至邾国。④**邾人执缯子用之**：邾人，邾娄国人。意为：邾国人拘捕了缯国的国君，用他的血来祭祀社神。⑤**微国**：弱小国家。⑥**因邾以求与之盟**：因，《吕览·尽数》注："因，依也。"《广雅·释诂三》："因，亲也。"与，参与。依靠邾国以求得参与这次盟会。⑦**人**：别人。⑧**己**：自己。**迎而执之**：对他实施拘捕。⑨**恶之**：恶，憎恶、憎恨。之，和白话的"他"相当。这里指邾国的国君。意为：憎恨他。⑩**故**：所以。**谨**：慎重，敬重。**而**：连词。表示修饰关系，连接状语。日之：对这件事记上日子。⑪**叩其鼻以衈社也**：范解："衈者衅也，取鼻血以衅祭社器。"杨疏："叩，谓击也。"意为：打击他的鼻子，打出鼻血，用鼻血来涂土地神庙里的祭器。

wèi rén fá xíng
卫人伐邢①。

dōng huì chén rén cài rén chǔ rén zhèng rén méng yú qí
冬，会陈人、蔡人、楚人、郑人盟于齐。

liáng wáng
梁亡②。

zì wáng yě miǎn yú jiǔ yín yú sè xīn hūn ěr mù sè shàng wú zhèng zhǎng zhī zhì dà chén bèi pàn mín wéi kòu dào liáng wáng zì wáng yě rú jiā lì yì yān miǎn bù zú dào yě liáng wáng zhèng qì qí shī wǒ wú jiā sǔn yān zhèng míng ér yǐ yǐ liáng wáng chū è zhèng yě zhèng qì qí shī wù qí zhǎng yě

传 自亡也。湎于酒③，淫于色④，心昏，耳目塞，上无正长之治⑤，大臣背叛，民为寇盗⑥。梁亡，自亡也⑦。如加力役焉⑧，湎不足道也⑨。梁亡，郑弃其师⑩，我无加损焉⑪，正名而已矣。梁亡，出恶正政也⑫。郑弃其师，恶其长也⑬。

注释：①**邢**：古代诸侯国名。故地在今河北邢台市境。周公之子封于此，春秋时为卫所灭。②**梁亡**：梁，周代国名，嬴姓。或说与秦同祖，在今陕西韩城南。春秋时，鲁僖公十九年（公元前641年），为秦所灭，改名少梁。③**湎于酒**：《尚书·酒诰》注："饮酒齐色曰湎。"《说文》："湎，沈于酒也。"意为：沉醉于饮酒。④**淫于色**：《左传·成公二年》："贪色为淫。"《小尔雅广义》："男女不以礼交谓之淫。"《诗·关雎序》疏："淫者过也。过其度量，谓之淫。"意为：贪恋女色。⑤**上无正长之治**：上面没有卿大夫等官长对国家进行治理。⑥**寇**：本义指手持器械的人到屋中行凶。《说文》："寇，暴也。与败贼同义。"⑦**自亡**：自己灭亡自己。⑧**如加力役焉**：范解："如使伐之而灭亡。"意为：如同出兵讨伐它，使它灭亡。⑨**湎不足道也**：沉湎于酒色的事，就不足以称道（或就不足以记载）。⑩**郑弃其师**：见前闵公二年注。⑪**加损**：增删。⑫**梁亡，出恶正也**：钟补注："正即政字。""胡安国传曰：心昏而出恶政皆是也。始于耽酒色，中于失官守，终于酿群盗，皆缘君之无道积渐使然。故总言出恶政，为人君者之明监大诫。""以出恶政而亡，故正其名，直云梁，不言秦灭之。《左传》言梁伯亟城罢民，公羊家言梁君隆刑峻法，亦足兼之矣。"意为：梁国灭亡，因为它出了恶政，所以灭亡。⑬**长**：谓高克。

xī gōng èr shí nián

僖公二十年

èr shí nián chūn xīn zuò nán mén

经 二十年，春，新作南门①。

zuò wéi yě yǒu jiā qí dù yě yán xīn yǒu gù

传 作，为也②。有加其度也③。言新，有故

yě fēi zuò yě nán mén zhě fǎ mén yě

也④，非作也⑤。南门者，法门也⑥。

xià gào zǐ lái cháo

经 夏，郜子来朝⑦。

wǔ yuè jǐ sì xī gōng zāi

五月己巳，西宫灾。

wèi zhī xīn gōng zé jìn wéi nǐ gōng yǐ shì yán zhī

传 谓之新宫，则近为祢宫⑧。以谥言之，

zé rú shū zhī rán yǐ shì wéi mǐn gōng yě

则如疏之然，以是为闵宫也⑨。

zhèng rén rù huá

经 郑人入滑⑩。

qiū qí rén dí rén méng yú xíng

秋，齐人、狄人盟于邢。

注释：①**新作**：重新修建。**南门**：《左传》杜预注："鲁城南门也，本名稷门。僖公更高大之，今犹不与诸门同，改名高门也。"②**为**：修建，建造。③**有加其度**：对南门的高度和宽度有所增加。④**有故**：原来有旧的。指在旧有的基础上加以修建。⑤**非作**：并不是重新建造。⑥**法门**：范甯云："法门，谓天子诸侯皆南面而治，法令之所出入，故谓之法门。"⑦**郜子来朝**：郜，周代国名。姬姓。初封君为周文王子。在今山东成武东南。春秋时为宋所灭。意为：郜国子爵的国君到鲁国来朝见鲁君。⑧**祢宫**：父亲的宗庙。《公羊传·隐公元年》注："生称父，死称考，入庙称祢。"《说文》："祢，亲庙也。"《增韵》："父庙曰祢。"宫，《诗·云汉》："宫，宗庙也。"《穀梁传·成公三年》注："宫庙，亲之神灵所凭居。"⑨**以是为闵宫也**：闵宫，鲁闵公的宗庙。意为：由此知道是闵公。⑩**郑人入滑**：滑，周代国名。姬姓。原在今河南睢县西北，後迁于费（今河南偃师南），又称费滑。春秋时，公元前627年，为秦所灭，地後入晋，後又属周。意为：郑人进入滑国。

传 邢为主焉尔。邢小，其为主何也？其为主乎救齐。

xíng wéi zhǔ yān ěr xíng xiǎo qí wéi zhǔ hé yě qí wéi zhǔ hū jiù qí

经 **冬，楚人伐随[1]。**

dōng chǔ rén fá suí

传 随，国也。

suí guó yě

注释：①**随：**周代国名。姬姓。文王时所封，文献说：汉阳诸姬，以随为大。春秋时汉水以东诸姬姓小国中，随为强国。公元前640年为楚所败，自此成为楚的属国。战国时亡于楚。随国，在今湖北随州市。

僖公二十一年

xī gōng èr shí yī nián

经 二十有又一年，春，狄侵卫。

èr shí yòu yī nián chūn dí qīn wèi

宋人、齐人、楚人盟于鹿上①。

sòng rén qí rén chǔ rén méng yú lù shàng

夏，大旱。

xià dà hàn

传 旱，时②，正也③。

hàn shí zhèng yě

经 秋，宋公、楚子、陈侯、蔡侯、郑伯、许男、曹伯会于雩④。执宋公以伐宋⑤。

qiū sòng gōng chǔ zǐ chén hóu cài hóu zhèng bó xǔ nán cáo bó huì yú yú zhí sòng gōng yǐ fá sòng

传 以，重辞也⑥。

yǐ zhòng cí yě

经 冬，公伐邾⑦。

dōng gōng fá zhū

楚人使宜申来献捷⑧。

chǔ rén shǐ yí shēn lái xiàn jié

传 捷，军得也。其不曰宋捷何也？不与

jié jūn dé yě qí bù yuē sòng jié hé yě bù yǔ

注释：①鹿上：宋国地名。在今山东巨野西南。②时：记载时间（指季度）。③正：指合乎情理或法度。④雩：《公羊传》作霍。《春秋经》、《左传》均作盂。宋国地名。在今河南睢县。⑤执：逮捕。宋公：宋襄公兹父。此在其十二年。⑥重辞：国家间重大事情的文辞。⑦公伐邾：《左传》载：因邾国灭了僖公的外公所在的须句国。须句国君出奔鲁求救，故僖公率军攻打邾国。⑧使：派。宜申：鬥宜申，楚国大夫。

chǔ jié yú sòng yě
楚捷于宋也[①]。

shí yòu èr yuè guǐ chǒu gōng huì zhū hóu méng yú bó
经 十有(又)二月癸丑，公会诸侯盟于薄[②]。

huì zhě wài wéi zhǔ yān ěr
会者，外为主焉尔。

shì sòng gōng
释宋公[③]。

wài shì bú zhì cǐ qí zhì hé yě yǐ gōng zhī yù zhī
传 外释不志，此其志何也？以公之与之

méng mù zhī yě bù yán chǔ bù yǔ chǔ zhuān shì yě
盟目之也[④]。不言楚，不与楚专释也[⑤]。

注释：①**与**：赞同，赞成。②**薄**：与亳同。商朝旧都。宋国地名，在今河南商丘北。③**释宋公**：释放宋襄公。《公羊传》、《左传》均载，这次会盟本由宋襄公發起。襄公不听大夫公子目夷告诫（楚国不讲义），不带兵与楚成王会见，结果被楚成王埋伏的士兵俘虏。楚成王要宋投降，不然就杀襄公。宋襄公被俘後，与公子目夷见面时，叫目夷返回国作君，设械守国。楚攻不成，释放宋襄公。襄公走之卫。目夷迎襄公回宋国。④**以公之与之盟目之也**：与，参与。意为：因为僖公参与了这次盟会，并且释放了宋公，认为僖公有功，所以称说这件事。⑤**不与楚专释也**：与，赞成。专，《列子·立命》注："专，谓自专擅不与众同也。"《广雅·释言》："专，擅也。"意为：不赞成楚国不请示周天子就擅自拘捕了宋襄公，又擅自放了宋襄公。

xī gōng èr shí èr nián

僖公二十二年

èr shí yòu èr nián chūn gōng fá zhū qǔ xū qú

经 二十有[又]二年，春，公伐邾[①]，取须句[②]。

xià sòng gōng wèi hóu xǔ nán téng zǐ fá zhèng

夏，宋公、卫侯、许男、滕子伐郑[③]。

qiū bā yuè dīng wèi jí zhū rén zhàn yú shēng xíng

秋，八月丁未，及邾人战于升陉[④]。

nèi huì bài jǔ qí kě dào zhě yě bù yán qí rén

传 内讳败[⑤]，举其可道者也。不言其人[⑥]，

yǐ wú bài yě bù yán jí zhī zhě wèi nèi huì yě

以吾败也[⑦]。不言及之者[⑧]，为内讳也。

dōng shí yòu yī yuè jǐ sì shuò sòng gōng jí chǔ rén

经 冬，十有[又]一月己巳，朔，宋公及楚人

zhàn yú hóng sòng shī bài jì

战于泓[⑨]。宋师败绩。

rì shì yù shuò yuē shuò chūn qiū sān shí yòu sì

传 日事遇朔曰朔[⑩]。《春秋》三十有[又]四

注释：①**邾**：《说文》云：“邾，周武时所封曹姓国也。始封之君曰侠，为鲁附庸。”其地当今山东省邹城市。②**取须句**：《公羊传》作须朐。朐，周代国名。风姓，传为大皞之後，在今山东东平西北。公元前639年，为邾娄所灭。次年，鲁伐邾，复国。後再为邾所灭，前620年鲁取之。意为：鲁国取得须句。僖公母成风即须句国君之女。③**滕**：周代国名。姬姓。周文王之子叔绣所封，在今山东滕州西南。④**升陉**：陉，鲁国地名。在今山东曲阜西南。⑤**内讳败**：为鲁国隐讳战败。内，指鲁国。讳，隐讳。⑥**不言其人**：杨士勋疏：“谓不言邾之主名也。”指没有点明邾国是谁前来作战。⑦**以**：因为。**吾**：指鲁国。⑧**不言及之者**：杨士勋疏：“不言及者，为内讳也，谓不言鲁之主名也。”此句指的是：不说鲁国这方是谁和邾人作战。⑨**宋公及楚人战于泓**：鲁僖公二十二年（公元前638年），郑文公朝楚，宋襄公率卫、许、滕等国伐郑，楚救郑伐宋。十一月，宋、楚会战于泓（水名，在今河南柘城北），宋军已列阵，楚军还在渡河。宋司马子鱼以楚兵多而宋兵少，建议宋军乘楚军半渡出击，宋襄公以君子不攻处于险地之敵不从。楚军渡後尚未列好阵，子鱼又建议攻击，襄公又不从。楚军布好阵後，襄公才下令进攻，宋军大败，襄公受重伤，七个月後，于次年死去，宋国争霸从此结束。⑩**日事遇朔曰朔**：史官记载事件發生的日子时，遇到初一，就记为朔。《说文》：“朔，月一日始苏也。”《尚书·虞典传》疏：“月之始日，谓之朔日。”

zhàn wèi yǒu yǐ zūn bài hū bēi yǐ shī bài hū rén zhě yě
战，未有以尊败乎卑，以师败乎人者也。
yǐ zūn bài hū bēi yǐ shī bài hū rén zé jiāo qí dí xiāng
以尊败乎卑，以师败乎人，则骄其敌[①]。襄
gōng yǐ shī bài hū rén ér bù jiāo qí dí hé yě zé zhī
公以师败乎人，而不骄其敌何也？责之
yě hóng zhī zhàn yǐ wèi fù yú zhī chǐ yě yú zhī chǐ
也[②]。泓之战，以为复雩之耻也[③]。雩之耻，
sòng xiāng gōng yǒu yǐ zì qǔ zhī fá qí zhī sāng zhí téng
宋襄公有以自取之[④]。伐齐之丧[⑤]，执滕
zǐ wéi cáo wéi yú zhī huì bú gù qí lì zhī bù zú
子[⑥]，围曹[⑦]，为雩之会[⑧]，不顾其力之不足
ér zhì chǔ chéng wáng chéng wáng nù ér zhí zhī gù yuē lǐ
而致楚成王[⑨]，成王怒而执之[⑩]。故曰：礼
rén ér bù dá zé fǎn qí jìng ài rén ér bù qīn zé
人而不答[⑪]，则反其敬[⑫]；爱人而不亲[⑬]，则
fǎn qí rén zhì rén ér bú zhì zé fǎn qí zhì guò ér bù
反其仁；治人而不治，则反其知【智】。过而不
gǎi yòu zhī shì wèi zhī guò xiāng gōng zhī wèi yě gǔ zhě pī
改，又之，是谓之过。襄公之谓也。古者被【披】
jiǎ yīng zhòu fēi yǐ xīng guó yě zé yǐ zhēng wú dào yě qǐ
甲婴胄[⑭]，非以兴国也，则以征无道也，岂
yuē yǐ bào qí chǐ zāi sòng gōng yǔ chǔ rén zhàn yú hóng shuǐ zhī shàng
曰以报其耻哉？宋公与楚人战于泓水之上。

注释：①**骄其敌**：对敌人来说是由于骄傲。②**责**：谴责。**之**：代词。指宋襄公。③以为复雩之耻：用来报复在雩地所受的耻辱。④**有以自取之**：有自取其辱的行为。⑤**伐齐之丧**：指齐桓公死後，齐之竖刁、易牙争权，诸子争去，停桓公丧不葬，宋襄公出兵讨伐齐。⑥**执滕子**：指宋襄公逮捕滕国的国君滕子。⑦**围曹**：指宋襄公出兵围困曹国。⑧**为雩之会**：上年雩之会，楚成王逮捕宋襄公为此报仇。钟补注："明上四事，皆讥文。"⑨**致**：把……召来。⑩**执**：逮捕。⑪**礼人而不答**：以礼待人却没有得到以礼相待。⑫**反其敬**：反省自己是否恭敬。⑬**爱人而不亲**：亲爱别人，别人却不亲爱自己。⑭**被甲婴胄**：《汉书·杨雄传上》注："被读曰披。"《诗·叔于田》序笺："甲，铠也。"《汉书·贾谊传》注："婴，加也。"《广雅·释器》："兜鍪谓之胄。"兜鍪，就是头盔。句意为：披上铠甲，戴上头盔。

sī mǎ zǐ fǎn yuē chǔ zhòng wǒ shǎo gǔ xiǎn ér jī zhī shèng
司马子反曰①："楚众我少，鼓险而击之，胜
wú xìng yān xiāng gōng yuē jūn zǐ bù tuī rén wēi bù gōng
无幸焉②。"襄公曰："君子不推人危③，不攻
rén è xū qí chū jì chū jīng luàn yú shàng zhèn luàn
人厄④。须其出⑤。"既出⑥，旌乱于上，陈[阵]乱
yú xià zǐ fǎn yuē chǔ zhòng wǒ shǎo jī zhī shèng wú xìng
于下⑦。子反曰："楚众我少，击之，胜无幸
yān xiāng gōng yuē bù gǔ bù chéng liè xū qí chéng liè ér
焉。"襄公曰："不鼓不成列⑧。"须其成列而
hòu jī zhī zé zhòng bài ér shēn shāng yān qī yuè ér sǐ
後击之⑨，则众败而身伤焉⑩，七月而死⑪。

bèi zé gōng dí zé zhàn shǎo zé shǒu rén zhī suǒ yǐ
倍则攻，敵则战，少则守⑫。人之所以
wéi rén zhě yán yě rén ér bù néng yán hé yǐ wéi rén yán
为人者，言也。人而不能言，何以为人？言
zhī suǒ yǐ wéi yán zhě xìn yě yán ér bú xìn hé yǐ wéi
之所以为言者，信也。言而不信，何以为
yán xìn zhī suǒ yǐ wéi xìn zhě dào yě xìn ér bú dào hé
言？信之所以为信者，道也。信而不道，何
yǐ wéi dào dào zhī guì zhě shí qí xíng shì yě
以为道？道之贵者时，其行，势也。

注释：①**司马子反**：钟补注："麋信云：子反当为子夷。文烝按：麋说可从。夷之为反，形近而误也。"《左传》："公子目夷，字子鱼。"即公子目夷，字子鱼。②**鼓险而击之，胜无幸焉**：范解："若要而击之，必可破，非侥幸也。"钟补注："言鼓者，何休谓军法：以鼓战，以金止。""无犹莫也。乘其在险，鼓而击之以取胜，莫有幸于此者。"意为：乘敵人在险要处，擂鼓發起进攻，取得胜利，没有什么比这更值得庆幸的了。③**推人危**：乘人之危进攻人。④**攻人厄**：趁着别人处于困境而攻击人。⑤**须其出**：《易·归妹》释文："须，待也。"意为：等待楚军从险境中出来。⑥**既出**：已经出来。⑦**旌乱于上，陈乱于下**：旌，旗子。陈义同阵。意为：旌旗在上面乱动，军阵在下面散乱。⑧**不鼓不成列**：鼓为擂鼓發动进攻。成列为摆好阵式。意为：敵人没有摆阵式，不擂鼓进攻。⑨**须其成列而後击之**：《诗·皇矣》疏："须，待也。"意为：等待敵人摆好阵式，然後擂鼓出击。⑩**众败**：军众失利。身伤：指宋襄公自身受了伤。⑪**七月**：指过了七个月。⑫**倍则攻，敵则战，少则守**：钟补注："孙子曰：用兵之法，十则围之，五则攻之，倍则分之。敵则能战，少则能守，不若而能避之。"意为：己方的军队人数多于敵人一倍，就可以發动进攻。我方的兵力与敵人相当，就可以与敵人一战。如果我方兵力少于敵人，就坚守不出战。

xī gōng èr shí sān nián
僖公二十三年

èr shí yòu sān nián chūn qí hóu fá sòng wéi mǐn

经 二十有(又)三年①，春，齐侯伐宋②，围闵③。

fá guó bù yán wéi yì cǐ qí yán wéi hé yě bú zhèng qí yǐ è bào è yě

传 伐国不言围邑④，此其言围何也？不正其以恶报恶也⑤。

xià wǔ yuè gēng yín sòng gōng zī fǔ zú

经 夏，五月庚寅，宋公兹父卒⑥。

zī fǔ zhī bú zàng hé yě shī mín yě qí shī mín hé yě yǐ qí bú jiào mín zhàn zé shì qì qí shī yě wéi rén jūn ér qì qí shī qí mín shú yǐ wéi jūn zāi

传 兹父之不葬何也⑦？失民也⑧。其失民何也？以其不教民战⑨，则是弃其师也。为人君而弃其师，其民孰以为君哉！

qiū chǔ rén fá chén

经 秋，楚人伐陈⑩。

dōng shí yòu yī yuè qǐ zǐ zú

冬，十有(又)一月，杞子卒⑪。

注释：①**有**：通"又"。用于整数和零数之间。②**齐侯**：齐孝公昭。此在其六年。③**闵**：《春秋经》、《左传》、《公羊传》均作"缗"。宋国地名，在今山东金乡东北。④**伐国**：攻伐国家。**围邑**：包围城邑。⑤**不正其以恶报恶也**：宋襄公曾于僖公十八年趁齐桓公去世时伐齐，史官记载"恶之"。今齐亦趁宋国被楚打败，宋襄公受伤生病不起，出兵伐宋，这就是"以恶报恶"。句意为：认为齐国用恶行报复恶行不符合正当行为。⑥**宋公兹父卒**：即宋襄公死了。宋襄公是春秋时宋国的国君。名兹父。宋桓公的儿子。公元前650—前638年在位。齐桓公死後，与齐、楚争霸。鲁僖公十八年（公元前642年），率宋、曹、卫、邾之师伐齐，败齐师，强迫齐立齐孝公。次年，拘捕滕国国君。又命邾文公杀鄫国君以祭坛，欲以此威胁东夷依附宋国。二十一年和齐、楚盟于鹿上（今山东巨野西南），请求楚支持宋为霸，楚同意。同年秋，会诸侯于盂（今河南睢县西北），会上被楚所执，後经诸侯请求方释。二十二年，因郑朝楚，率师伐郑。楚救郑伐宋，遂和楚进行泓之战，被楚战败，伤股。次年五月伤重而死。⑦**不葬**：不记载安葬的事情。⑧**失民**：失去民众。⑨**以其不教民战**：用没有经过训练过的人民参战。⑩**楚人伐陈**：宋、楚争霸，陈国动摇于两国之间，时而亲宋，时而亲楚。泓之战，宋败，襄公死，楚于是伐陈，夺去陈国的焦、夷二邑。⑪**杞子卒**：即杞成公死了。《史记·陈杞世家》载：周武王灭商後，封禹之後为东楼公于杞，建立杞国，直到公元前445年楚惠王灭杞。杞君一直称"公"。但《左传》杜注："杞入春秋称侯，庄二十七年绌称伯，至此用夷礼，贬称子。"此为杞君爵号，《史记》与"三传"记载之不同。

僖公二十四年

xī gōng èr shí sì nián

经 二十有（又）四年，春，王正月①。

夏，狄伐郑②。

秋，七月③。

冬，天王出居于郑④。

传 天子无出；出，失天下也。居者，居其所也。虽失天下，莫敢有也。

经 晋侯夷吾卒⑤。

注释：①王正月：周天子所颁行历法的正月。周王朝以建子之月（约相当于现行农历十一月）为正月。②狄伐郑：狄人此次伐郑，是由于周襄王不满郑文公擅自拘禁周朝的使臣，于是使狄人攻打郑国。③按照《春秋》体例，一年四季中任何一季，即使没有什么有意义的事情值得记载，也要写上这个季度头一个月，以保证一年的完整性。④天王出居于郑：范解："襄王也。天子以天下为家，故所在称居。"钟补注："避弟子带之难也。"周襄王的继母生有一子，名子带，甚宠爱之，襄王的父亲惠王曾欲立其为太子，事未成而惠王死。襄王即位後，子带此前曾与狄人勾结，畏罪逃于齐国，襄王念及兄弟之情，召子带回国。及襄王娶狄人女隗氏为夫人，子带竟与隗氏私通，襄王废隗氏。王叔子颓奉子带，召狄人攻王室，襄王不敵，逃郑避难，向鲁、秦、晋告急，救援。⑤晋侯夷吾卒：即惠公死了。晋惠公是春秋时晋国的国君。名夷吾，晋献公的儿子，继献公即位。公元前650—前637年在位。初因受献公夫人骊姬的迫害，出奔梁（今陕西韩城南）。献公死，子奚齐立。不久被大夫里克所杀。齐、秦用兵送他还晋即位。他先许割河西、河南五城与秦，既入晋，不与。鲁僖公十三年（公元前647），晋饥求助于秦，秦粮船自雍至绛，史称泛舟之役。十五年，秦与晋战于韩原（今山西稷山西），晋败，他被擒，旋得释归。秦尽取河西地。晋遂作"爰田"、作"州兵"。又二年，以太子圉入质秦，秦穆公以女嫁晋。还晋河西之地，惠公死，秦军护送公子重耳，立为晋文公。

xī gōng èr shí wǔ nián

僖公二十五年

èr shí yòu wǔ nián chūn wáng zhēng yuè bǐng wǔ wèi hóu huǐ miè xíng

经 二十有又五年，春，王正月，丙午，卫侯燬灭邢①。

huǐ zhī míng hé yě bú zhèng qí fá běn ér miè tóng xìng yě

传 燬之名②，何也？不正其伐本而灭同姓也③。

xià sì yuè guǐ yǒu wèi hóu huǐ zú

经 夏，四月癸酉，卫侯燬卒④。

sòng dàng bó jī lái nì fù

宋荡伯姬来逆妇⑤。

fù rén jì jià bù yú jìng sòng dàng bó jī lái nì fù fēi zhèng yě qí yuē fù hé yě yuán gū yán zhī zhī

传 妇人既嫁不逾竟境⑥。宋荡伯姬来逆妇，非正也⑦。其曰妇何也？缘姑言之之

注释：①**卫侯**：卫文公。卫文公是春秋时卫国的国君，名辟疆，後改为燬。昭伯顽的儿子，戴公申之弟。公元前659—前635年在位。初因内乱奔齐。鲁闵公二年（前660年），狄人破卫，卫懿公被杀。卫人立昭伯顽之子为君。在位时，《史记·卫康叔世家》说：他能“轻赋平罪，身自劳，与百姓同苦，以收卫民”。即位初，卫国只有革车三十乘，到他的晚年乃有三百乘。鲁僖公十八年（前642年），邢与狄联军攻卫，他率军在訾娄（今河南长垣西北）拒之，狄兵退去。次年卫伐邢。二十五年，卫灭邢。旋卒。②**燬之名**：称呼卫侯燬的名。③**不正其伐本而灭同姓也**：《吕览·上农》注：“伐，斫也。”《说文》：“木下曰本，从木一在其下。”《广雅·释木》：“本，干也。”邢国的始封君为周公旦的儿子，卫国始封君为武王弟康叔，均为姬姓。卫灭邢，为灭同姓。句意为：卫灭邢是砍伐树根、树干，攻灭同姓的诸侯国，这是不符合正道的。④**卫侯燬卒**：即卫文公死了。⑤**宋荡伯姬来逆妇**：范解：“伯姬，鲁女，为宋大夫荡氏妻也。自为其子来迎妇。”意为：鲁君的女儿伯姬嫁给宋国的大夫荡氏作妻子，她亲自到鲁国来，替她的儿子迎娶新媳妇。⑥**既**：已经。**嫁**：出嫁。**逾**：越过。**竟**：通境。国境。⑦**非正**：不符合情理或法度。

cí yě
辞也①。

sòng shā qí dà fū
经 宋杀其大夫。

qí bù chēng míng xìng yǐ qí zài zǔ zhī wèi zūn zhī yě
传 其不称名姓，以其在祖之位②，尊之也③。

qiū chǔ rén wéi chén nà dùn zǐ yú dùn
经 秋，楚人围陈，纳顿子于顿④。

nà zhě nèi fú shòu yě wéi yī shì yě nà yī
传 纳者，内弗受也⑤。围，一事也。纳，一
shì yě ér suì yán zhī gài nà dùn zǐ zhě chén yě
事也。而遂言之，盖纳顿子者陈也。

zàng wèi wén gōng
经 葬卫文公⑥。

dōng shí yòu èr yuè guǐ hài gōng huì wèi zǐ jǔ
冬，十有又二月癸亥，公会卫子、莒
qìng méng yú táo
庆⑦，盟于洮⑧。

jǔ wú dà fū qí yuē jǔ qìng hé yě yǐ gōng zhī huì
传 莒无大夫⑨，其曰莒庆何也？以公之会
mù zhī yě
目之也⑩。

注释：①**缘姑言之之辞也**：《广雅·释诂四》："缘，循也。"姑，指婆婆。意为：循着宋荡伯姬是新媳妇的婆婆的身份来说的话。②**以其在祖之位**：因为他在孔子之祖（指孔父）的官位（指司马）上。③**尊**：尊重。④**纳顿子于顿**：顿为周代国名。姬姓。原在今河南商水北。春秋时为陈所迫，南迁于今河南项城西。《穀梁传·昭公十二年》："纳者，内不受也。"《公羊传·庄公六年》："他国立之曰纳。"意为：外国强迫顿国立顿子为国君。⑤**内弗受**：要进去的地方不肯接受。⑥**葬卫文公**：安葬卫文公，或给卫文公行葬礼。⑦**卫子**：范解："卫称子，在丧。"卫文公死，其子守丧期未满，参加会盟，故称子。⑧**洮**：鲁国地名。在今山东泗水，即桃墟。⑨**莒**：周代诸侯国名。己姓，旧都介根（在今山东胶县西南），後迁莒（在今山东莒县），後为楚灭。⑩**以**：因为。**公之会**：僖公去参加盟会。

僖公二十六年

经 二十有（又）六年，春，王正月己未，公会莒子、卫甯速①，盟于向②。

传 公不会大夫③，其曰甯速何也？以其随莒子，可以言会也。

经 齐人侵我西鄙。公追齐师，至巂④，弗及。

传 人，微者也。侵，浅事也。公之追之，非正也。至巂，急辞也。弗及者，弗与也⑤，可以及而不敢及也⑥。其侵也曰人，其追

注释：①**会**：会晤，会见。**莒子**：莒兹丕公。《左传》杜注："兹丕，时君之号。莒，夷，无谥，以号为称。"**甯速**：甯庄子，卫大夫。②**向**：莒国地名。原为古国名，在今山东莒县西南。姜姓，春秋时为莒国并吞。据《左传》载"莒人入向"，是由于莒国国君娶向国女子向姜，後向姜不安而归，于是莒人入向，将向姜抢回莒国。③**公**：古爵位名。《公羊传》云："公，爵名，五等之首曰公；其馀大国称侯；小国称伯、子、男。"**大夫**：古代官名或爵名。西周以後的诸侯国中，国君下有卿、大夫十三级，"大夫"世袭，且有封地。④**巂**：《左传》经文作"酅"。齐国地名，在今山东东阿西南。⑤**弗与也**：范解："弗与战也。"意为：不敢与齐人交战。⑥**可以及而不敢及也**：范解："畏齐师。"由于害怕齐国的军队，可以追上，但不敢追上与齐军交战。

yě yuē shī yǐ gōng zhī fú jí dà zhī yě fú jí nèi cí
也曰师，以公之弗及大之也①。弗及，内辞
yě
也。

xià qí rén fá wǒ běi bǐ
经 **夏，齐人伐我北鄙。**

wèi rén fá qí
卫人伐齐。

gōng zǐ suì rú chǔ qǐ shī
公子遂如楚乞师②。

qǐ zhòng cí yě hé zhòng yān zhòng rén zhī sǐ yě
传 乞，重辞也。何重焉？重人之死也③，
fēi suǒ qǐ yě shī chū bú bì fǎn zhàn bú bì shèng gù
非所乞也④。师出不必反返⑤，战不必胜，故
zhòng zhī yě
重之也。

qiū chǔ rén miè kuí yǐ kuí zǐ guī
经 **秋，楚人灭夔⑥，以夔子归⑦。**

kuí guó yě bú rì wēi guó yě yǐ guī yóu
传 夔，国也。不日⑧，微国也⑨。以归⑩，犹
yù hū zhí yě
愈乎执也⑪。

dōng chǔ rén fá sòng wéi mǐn
经 **冬，楚人伐宋，围闵⑫。**

注释：①**以公之弗及大之也**：范解：“大之谓变人言师。”意为：因为僖公没有追上齐军，所以往大处说(指前面说“齐人”，这里说“齐师”)。②**公子遂如楚乞师**：范解：“雍曰：人道施而不有，让而不取。”意为：鲁国的公子遂到楚国去乞求楚军援助。公子遂为鲁大夫。《左传》称其为“东门襄仲”。“东门”为居住之地。③**重**：看重，重视。④**非所乞**：出动军队并不是应当请求的。⑤**出**：出动作战。**反**：通“返”。返回。⑥**夔**：周代国名。或作隗、归，芈姓。在今湖北秭归。西周晚期，楚君熊绎六世孙熊挚有恶痛，自窜于夔，为楚附庸。公元前643年，灭于楚。楚灭夔的原因，据《左传》记载，是由于夔君不愿祭祀楚人的远祖祝融与鬻熊。⑦**以**：带。**归**：回国。⑧**不日**：没有记载日期。⑨**微国**：微弱小国。⑩**以归**：以之归。指把夔子带回国内。⑪**犹**：还。**愈乎执**：好过抓起来。⑫**闵**：《左传》经文、《公羊传》均作“缗”。宋国地名，在今山东金乡、东北。

传 伐国不言围邑，此其言围何也？以吾用其师目其事也，非道用师也[①]。

经 **公以楚师伐齐[②]，取穀[③]。**

传 以者，不以者也。民者，君之本也。使民以其死，非其正也。公至自伐齐。恶事不致，此其致之何也？危之也。

注释：①**非**：谴责。**道**：半路上。②**公以楚师伐齐**：《左传》："凡师能左右之曰'以'。"意为：鲁僖公指挥楚国的军队去讨伐齐国。③**穀**：齐国地名，在今山东东阿县治。穀为齐国西部交通要道。

xī gōng èr shí qī nián

僖公二十七年

èr shí yòu qī nián chūn qǐ zǐ lái cháo

经 二十有(又)七年①，春，杞子来朝②。

xià liù yuè gēng yín qí hóu zhāo zú

夏，六月庚寅，齐侯昭卒③。

qiū bā yuè yǐ wèi zàng qí xiào gōng yǐ sì gōng zǐ

秋，八月乙未，葬齐孝公。乙巳，公子

suì shuài shī rù qǐ

遂帅师入杞④。

dōng chǔ rén chén hóu cài hóu zhèng bó xǔ nán wéi

冬，楚人、陈侯、蔡侯、郑伯、许男围

sòng

宋⑤。

chǔ rén zhě chǔ zǐ yě qí yuē rén hé yě rén chǔ

传 楚人者，楚子也⑥。其曰人何也？人楚

zǐ suǒ yǐ rén zhū hóu yě qí rén zhū hóu hé yě bú

子⑦，所以人诸侯也⑧。其人诸侯何也？不

注释：①**有**：通又。用于整数和零数之间。②**杞子**：杞桓公。此在其四年。**来朝**：前来朝见。③齐侯**昭**：齐孝公，春秋时齐国国君。名昭。齐桓公的儿子。公元前642—前633年在位。齐桓公死後，五子争立，易牙、竖刁争权，拥立公子无亏。宋襄公欲立他为君，遂以诸侯之兵伐齐，齐人杀无亏，四公子之徒又作乱，宋再败齐师後，立他为君。鲁僖公二十六年（公元前634年）两次率师讨鲁背约，鲁乞楚师伐齐，次年卒。④**杞**：古代国名。商代中期，甲骨文载有“杞侯”。周武王灭商纣後，封禹之後裔东楼公，建立杞国，都雍丘，在今河南杞县。仍为侯国。齐桓公时，杞成公迁杞国至缘陵(在今山东昌乐东)。杞文公时，杞迁至淳于（在今山东安丘东北)。根据出土青铜器推断，杞後迁到山东新泰境内。杞简公四年（公元前445年）楚灭杞。⑤**宋**：周代国名。子姓。始封君为庶兄微子启。周成王时，周公平定武庚叛乱之後，封微子于商故都商丘（今河南商丘东南)，以续商祀。春秋中期，宋襄公欲图霸业，国力不足，未成。当时宋国疆土有今河南东北部、江苏西北部和山东西南部。春秋後期，曾代表中小诸侯国利益，两次發动弭兵之会。战国时迁都彭城（今江苏徐州)。公元前286年，齐、楚、魏灭宋，三分其地。⑥**楚子**：楚国国君。此指楚成王頵。⑦**人楚子**：把楚子称作人。⑧**人诸侯**：把诸侯当作人。

zhèng qí xìn yí dí ér fá zhōng guó yě
正其信夷狄而伐中国也[①]。

shí yòu èr yuè jiǎ xū gōng huì zhū hóu méng yú sòng
经 十有(又)二月甲戌，公会诸侯盟于宋[②]。

注释： ①**中国：**古代我国华夏族建国于黄河流域一带，以为居天下之中，故称中国，而把周围我国其他地区称为四方。後成为我国国名的专称。孔子、韩非等先秦文人，把春秋战国时中原各诸侯国称为中国。②**公会诸侯：**这里的诸侯承上指楚、陈、蔡、郑、许等诸侯国。意为：鲁僖公会同上述诸侯国，在宋国举行盟誓。

xī gōng èr shí bā nián

僖公二十八年

èr shí yòu bā nián chūn jìn hóu qīn cáo jìn hóu fá wèi

经 二十有[又]八年，春，晋侯侵曹①。晋侯伐卫②。

zài chēng jìn hóu jì yě

传 再称晋侯③，忌也④。

gōng zǐ mǎi shù wèi bù zú shù cì zhī

经 公子买戍卫⑤。不卒戍⑥，刺之⑦。

xiān míng hòu cì shā yǒu zuì yě gōng zǐ qǐ yuē bù zú shù zhě kě yǐ zú yě kě yǐ zú ér bù zú jī zài gōng zǐ yě cì zhī kě yě

传 先名後刺⑧，杀有罪也。公子启曰⑨：“不卒戍者，可以卒也。可以卒而不卒，讥在公子也，刺之可也。”

chǔ rén jiù wèi

经 楚人救卫。

sān yuè bǐng wǔ jìn hóu rù cáo zhí cáo bó bì sòng

三月丙午，晋侯入曹，执曹伯，畀宋

注释：①**晋侯**：晋文公重耳。此在其五年。重耳曾流亡于国外十九年，後来在秦国援助下回国继位。实行一系列政策，任用一批能人，国力大增。城濮之战，大败楚军，旋于践土会集诸侯，邀周天子参加，成为春秋一时霸主。②**晋侯伐卫**：《公羊传》：“晋侯将侵曹，假途于卫，卫曰不可得，则固将伐之也。”晋文公伐卫、侵曹的原因是晋献公杀诸公子时，重耳出奔，过曹、卫时，两国均不接纳，晋文公即位後，因此忌恨之，故伐曹、卫。③**再**：两次。④**忌**：钟补注：“据《左传》事迹，以为文公终始，循私报怨，得之矣。”⑤**公子买**：字子丛，鲁国大夫。⑥**不卒戍**：没有完成戍守的任务。⑦**刺之**：范解：“刺，杀也。内讳杀大夫，故谓之刺。盖取《周礼》三刺之法。”意为：鲁僖公杀了公子买。⑧**先名**：先说名。後刺：後说刺。⑨**公子启**：鲁大夫公子启。范解：“公子启，鲁大夫。”钟补注：“公子启，即公子偃启。书曰者，启无罪。”

rén
人①。

rù zhě nèi fú shòu yě rì rù wù rù zhě yě yǐ
传 入者，内弗受也。日入，恶入者也。以
jìn hóu ér chì zhí cáo bó wù jìn hóu yě bì yǔ yě
晋侯而斥执曹伯，恶晋侯也②。畀，与也。
qí yuē rén hé yě bù yǐ jìn hóu bì sòng gōng yě
其曰人何也？不以晋侯畀宋公也。

xià sì yuè jǐ sì jìn hóu qí shī sòng shī qín
经 夏，四月己巳，晋侯、齐师、宋师、秦
shī jí chǔ rén zhàn yú chéng pú chǔ shī bài jì
师及楚人战于城濮③。楚师败绩④。

chǔ shā qí dà fū dé chén
楚杀其大夫得臣⑤。

wèi hóu chū bēn chǔ
卫侯出奔楚⑥。

wǔ yuè guǐ chǒu gōng huì jìn hóu qí hóu sòng gōng cài
五月癸丑，公会晋侯、齐侯、宋公、蔡
hóu zhèng bó wèi zǐ jǔ zǐ méng yú jiàn tǔ
侯、郑伯、卫子、莒子⑦，盟于践土⑧。

注释：①**执曹伯，畀宋人**：畀，给，给以。范解：“今执曹伯，不言归于宋，而言与宋人者，使宋公拘执之。”意为：逮捕曹伯，把他交给宋人看管起来。②**恶晋侯也**：范解：“恶其忌怨深。”③**楚人**：钟补注：“《左传》谓晋侯一战而霸也。时楚使得臣将师，楚无师无大夫，故战称人也。”**战于城濮**：春秋时晋国与楚国之间的战役。鲁僖公二十七年（公元前633年），楚成王率军攻宋，宋向晋求救。次年，晋文公伐楚盟国曹、卫，晋、楚两军对峙。楚成王命楚将子玉撤军，子玉不听，晋文公退避三舍（九十里）。四月晋军及宋、秦、齐军与楚、陈、蔡军战于城濮（今山东鄄城西南）。晋下军先击溃陈、蔡，楚右军败溃。晋栾枝率部佯退，诱楚中军追击。晋中军与上军击楚左军，左军亦溃，楚全军大败，晋文公遂称霸。④**楚师败绩**：钟补注：“中国败夷狄，言败不言战，举其大者也。”意为：楚国的军队被打得大败。⑤**得臣**：亦称成得臣，字子玉，楚卿。曾任楚国令尹。⑥**卫侯**：卫成公郑。此在其三年。出奔：出逃，逃奔。⑦**卫子**：范解：“卫称子者，时卫侯出奔，国更立君，非王命所加，未成君，故曰子。”⑧**盟于践土**：践土，郑国地名。践土之盟是春秋时晋文公称霸之盟。鲁僖公二十八年（公元前632年）四月，晋文公在城濮大败楚师。五月，邀诸侯于郑国的践土（今河南原阳西南）相会。并召周襄王在践土朝见，行献楚俘之礼，襄王命文公为诸侯之伯。其後，晋文公率齐、鲁、宋、蔡、郑、卫、莒诸国结盟。盟约规定结盟各国协力辅佐王室，不得互相侵害。这次盟会决定了晋文公的霸主地位。

huì huì tiān wáng yě
传 讳会天王也[①]。

chén hóu rú huì
经 陈侯如会[②]。

rú huì wài hū huì yě yú huì shòu mìng yě
传 如会，外乎会也[③]，于会受命也[④]。

gōng cháo yú wáng suǒ
经 公朝于王所。

cháo bù yán suǒ yán suǒ zhě fēi qí suǒ yě
传 朝不言所；言所者，非其所也。

liù yuè wèi hóu zhèng zì chǔ fù guī yú wèi
经 六月，卫侯郑自楚复归于卫。

zì chǔ chǔ yǒu fèng yān ěr fù zhě fù zhōng guó yě
传 自楚，楚有奉焉尔。复者，复中国也[⑤]。

guī zhě guī qí suǒ yě zhèng zhī míng shī guó yě
归者，归其所也。郑之名，失国也。

wèi yuán xuǎn chū bēn jìn
经 卫元咺出奔晋。

chén hóu kuǎn zú
陈侯款卒[⑥]。

qiū qǐ bó jī lái
秋，杞伯姬来[⑦]。

注释：①**讳会天王**：指没有记载天王来参加盟会，是为天王与会隐讳。天王，天子，周天子。这里指周襄王，此在其二十一年。②**陈侯**：陈穆公款。此在其十六年。**如会**：前来参加盟会。③**外乎会**：指盟会时在盟会之外。④**于会受命**：接受盟会所有条款的约束。⑤**复中国**：范解："中国犹国中也。"钟补注："凡训中国为国中者，随文为义。《诗》中谷为谷中，《战国策》东山之君为山东。古人语多如此。君实有国，旧为君，故言复也。"意为：回到中原诸侯国，又作卫国国君。⑥**陈侯款卒**：钟补注："陈穆公也。"陈穆公，春秋时陈国国君。名款。陈宣公的儿子。公元前647—前632年在位。鲁僖公十五年（公元前645年），在牡丘（今山东聊城东北）参加齐、宋、鲁、卫、郑、许、曹等君的会盟。次年，齐桓公征诸侯之师戍国，派军参加。二十一年，参与楚成王会诸侯于盂（今河南睢县西北）。死後子朔继位。⑦**杞伯姬来**：范解："庄公女，来归宁。"意为：庄公的女儿，嫁给杞君作夫人，名杞伯姬，回到鲁国来探亲。

gōng zǐ suì rú qí

公子遂如齐。

dōng gōng huì jìn hóu sòng gōng cài hóu zhèng bó chén zǐ jǔ zǐ zhū zǐ qín rén yú wēn

冬，公会晋侯、宋公、蔡侯、郑伯、陈子、莒子、邾子、秦人于温①。

huì huì tiān wáng yě

传 讳会天王也。

tiān wáng shòu yú hé yáng

经 天王守于河阳②。

quán tiān wáng zhī xíng yě wèi ruò jiāng shòu ér yù zhū hóu zhī cháo yě wèi tiān wáng huì yě shuǐ běi wéi yáng shān nán wéi yáng wēn hé yáng yě

传 全天王之行也③，为若将守而遇诸侯之朝也④，为天王讳也⑤。水北为阳，山南为阳。温，河阳也⑥。

rén shēn gōng cháo yú wáng suǒ

经 壬申，公朝于王所⑦。

cháo yú miào lǐ yě yú wài fēi lǐ yě dú gōng cháo yú zhū hóu jìn cháo yě qí rì yǐ qí zài zhì tiān

传 朝于庙，礼也⑧。于外⑨，非礼也⑩。独公朝与⑪？诸侯尽朝也。其日，以其再致天

注释：①**陈子**：范解：“陈称子，在丧也。”陈穆公才死，子陈共公尚在守丧，还未即位，故称子。陈共公，名朔，陈穆公之子。春秋时陈国国君，公元前631—前614年在位。时值晋、楚两大国争霸剧烈，他周旋于晋楚之间。死後儿子平国继位。②**天王守于河阳**：天王，周襄王。守，帝王出外巡行。范解：“河阳，晋地。”钟补注：“守，巡守也。”《孟子》引晏子对齐景公曰：天子適诸侯曰巡守，巡守者，巡所守也。所守为守巡之，亦为守。”《白虎通》曰：“巡者，循也。守者，牧也。为天子巡行守牧民也。”意为：周襄王巡行到晋地河阳。守，《左传》、《公羊传》作狩。③**全天王之行也**：范解：“时实晋文公召王，以臣召君，不可为训。因天子有巡之礼，故以自行为文。”钟补注：“全者，深正其义，下句是也。”全为保全。意为：保全周襄王此次出行的正当性。④**若**：好像。遇诸侯之朝：恰好碰上温地之盟会而接受诸侯的朝见。⑤**为天王讳也**：钟补注：“晋下陵而王上替，讳之以全之。”意为：替周襄王隐讳。⑥**河阳**：黄河以北。古代典籍的“河”一般指黄河。⑦**公朝于王所**：鲁僖公到周天王所在的地方朝见周天王。⑧**朝于庙，礼也**：范解：“诸侯朝王，王必于宗庙受之者，盖欲尊祖祢共其荣。”⑨**于外**：在外面朝见。⑩**非礼**：不合乎礼仪制度。⑪**独**：单独，唯独。**与**：同“欤”。助词。表感叹、反诘、疑问语气。

zǐ gù jǐn ér rì zhī zhǔ shàn yǐ nèi mù è yǐ wài
子，故谨而日之。主善以内，目恶以外①。
yán yuē gōng cháo nì cí yě ér zūn tiān zǐ huì yú wēn yán
言曰公朝，逆辞也，而尊天子。会于温，言
xiǎo zhū hóu wēn hé běi dì yǐ hé yáng yán zhī dà tiān zǐ
小诸侯。温，河北地，以河阳言之，大天子
yě rì xì yú yuè yuè xì yú shí rén shēn gōng cháo yú
也②。日系于月，月系于时。壬申，公朝于
wáng suǒ qí bú yuè shī qí suǒ xì yě yǐ wéi jìn wén gōng
王所，其不月，失其所系也。以为晋文公
zhī xíng shì wéi yǐ diān yǐ
之行事为已傎颠矣③！

经 jìn rén zhí wèi hóu guī zhī yú jīng shī
晋人执卫侯④，归之于京师⑤。

传 cǐ rù ér zhí qí bù yán rù hé yě bú wài wáng mìng
此入而执⑥，其不言入何也？不外王命
yú wèi yě guī zhī yú jīng shī huǎn cí yě duàn zài jīng
于卫也⑦。归之于京师，缓辞也⑧，断在京
shī yě
师也⑨。

经 wèi yuán xuǎn zì jìn fù guī yú wèi
卫元咺自晋复归于卫⑩。

传 zì jìn jìn yǒu fèng yān ěr fù zhě fù zhōng guó
自晋，晋有奉焉尔⑪。复者，复中国

注释：①**主善以内，目恶以外**：范解："主善以内，谓公朝于王所。目恶以外，言再致天子。"意为：史官记载善行，是以僖公朝于周王住所为主。记录恶行，则是通过鲁国以外的国家。②**大天子也**：范解："温、河阳同耳，小诸侯，故以一邑言之。尊天子，故以广大言之。"意为：尊崇周天子。③**傎**：通颠，颠倒。④**执**：逮捕。⑤**归**：送。**京师**：指周王朝都城（今河南洛阳）。⑥**此入而执**：这是进入卫国逮捕卫侯。⑦**不外王命于卫**：范解："入者自外来，伯者以王命讨卫。卫，王之土，故曰不外王命。"意为：周王封晋文公为伯。晋文公用霸主身份讨伐卫国。把卫成公捉起来，连同元咺为叔武被卫成公杀死而鸣冤的诉状，交给周王裁决。⑧**缓辞**：宽缓的言辞。⑨**断**：指对卫侯的处置决断。⑩**卫元咺自晋复归于卫**：元咺在晋文公的支持下胜诉，于是回到卫国，因卫成公被拘捕，于是他立公子瑕为国君，元咺官复原职。⑪**有奉**：有所依靠。

yě guī zhě guī qí suǒ yě
也。归者，归其所也[①]。

zhū hóu suì wéi xǔ
经 **诸侯遂围许**[②]。

suì jì shì yě
传 遂，继事也。

cáo bó xiāng fù guī yú cáo
经 **曹伯襄复归于曹**[③]。

fù zhě fù zhōng guó yě tiān zǐ miǎn zhī yīn yǔ zhī
传 复者，复中国也。天子免之，因与之

huì qí yuē fù tōng wáng mìng yě
会。其曰复，通王命也[④]。

suì huì zhū hóu wéi xǔ
经 **遂会诸侯围许**。

suì jì shì yě
传 遂，继事也。

注释：①**其所**：他自己的地方。②**诸侯遂围许**：范解："会温诸侯，许比再会不至，故共围之。"意为：在温地聚会的诸侯，接着就共同围攻许国。③**曹伯襄复归于曹**：范解："三月为晋侯所执，今方归。"意为：今年三月为晋文公拘捕的曹共公又回到曹国。曹伯襄，即曹共公，名襄。曹昭公的儿子。公元前652—前618年在位。晋文公为公子时，曾流亡到曹国，他不听僖负羁劝阻，对重耳无礼，因结怨。鲁僖公二十八年（前632年）晋军伐曹，他国破被俘，交周王。同年冬，他被释归国。死後子寿继位。④**通王命**：范解："免之于宋，身未反国，因会于许。即从返国之辞通王命。"意为：曹共公刚从宋国放出来，就接受王命，同诸侯一起去讨伐许国。

僖公二十九年

xī gōng èr shí jiǔ nián

经 二十有又九年，春，介葛卢来①。

èr shí yòu jiǔ nián chūn jiè gé lú lái

传 介，国。葛卢，微国之君未爵者也②。其曰来，卑也③。

jiè guó gě lú wēi guó zhī jūn wèi jué zhě yě qí yuē lái bēi yě

经 公至自围许④。

gōng zhì zì wéi xǔ

夏，六月，公会王人、晋人、宋人、齐人、陈人、蔡人、秦人⑤，盟于翟泉⑥。

xià liù yuè gōng huì wáng rén jìn rén sòng rén qí rén chén rén cài rén qín rén méng yú dí quán

秋，大雨雹。

qiū dà yù báo

冬，介葛卢来⑦。

dōng jiè gé lú lái

注释：①**介葛卢来**：介，周代国名。属东夷。或说斟姓。在今山东胶州市西南。春秋时，公元前631年，其君朝鲁，次年侵宋萧邑（今安徽萧县）。葛卢，为介国国君的名。意为：介国的国君葛卢到鲁国来朝见鲁君。《左传》记载，这次来鲁国，正值僖公在与诸侯围攻许国，不能会见，故鲁“馈之刍米”，以示礼貌。②**微国**：弱小国家。**未爵**：没能接受（周王朝）的爵命。③**卑**：认为他（介葛卢）卑下。④**至自围许**：从围攻许国的地方回到国内。许，公元前十一世纪周分封的诸侯国，姜姓。其地当今河南许昌东。⑤公会王人、晋人、宋人、齐人、陈人、蔡人、秦人：据《左传》记载，与会者有周天子的卿士王子虎、晋国的狐偃、宋国的公孙固、齐国的归父、陈国的袁涛涂、秦国的小子慭。《春秋》经文无“公”字，《左传》有，当为脱漏。⑥**翟泉**：周王室地名。在今河南洛阳市东北。⑦**冬，介葛卢来**：春季已来过，未会见僖公，故此次再来，以示友好、真诚之意。

僖公三十年

xī gōng sān shí nián

经 三十年，春，王正月。

sān shí nián chūn wáng zhēng yuè

夏，狄侵齐。

xià dí qīn qí

秋，卫杀其大夫元咺[①]。

qiū wèi shā qí dà fū yuán xuǎn

传 称国以杀[②]，罪累上也[③]，以是为讼君也。卫侯在外，其以累上之辞言之何也？待其杀而後入也。

chēng guó yǐ shā zuì lěi shàng yě yǐ shì wéi sòng jūn yě wèi hóu zài wài qí yǐ lěi shàng zhī cí yán zhī hé yě dài qí shā ér hòu rù yě

经 及公子瑕[④]。

jí gōng zǐ xiá

传 公子瑕，累也，以尊及卑也。

gōng zi xiá lěi yě yǐ zūn jí bēi yě

经 卫侯郑归于卫。

wèi hóu zhèng guī yú wèi

注释：①**卫杀其大夫元咺**：卫成公因杀叔武一事与元咺对质，结果败诉，为晋文公所执，送周王裁决。元咺返国，即立公子瑕行卫国君事。後晋文公暗中命医衍用毒酒毒死卫成公，卫国大夫宁俞向医衍行贿，医衍将毒酒稀释，卫成公饮酒後不死。僖公遂请求周王，让卫成公向周王室及晋文公行贿上交玉器，周王同意，于是在秋季释放了卫成公。卫成公为了返国，又向卫国的周歂、冶廑行贿，请求帮助，并答应事成後，让他们当大夫。于是周歂、冶廑杀了元咺、子適及公子瑕的同母弟子仪，卫成公因此得以返回卫国。②**称国以杀**：杀人，说是国杀的。③**罪累上**：罪行累及君王。④**及公子瑕**：《广雅·释诂四》："及，连也。"及，连累，连及，殃及。意为：因为杀元咺而连累公子瑕。

jìn rén qín rén wéi zhèng

晋人、秦人围郑①。

jiè rén qīn xiāo

介人侵萧②。

dōng tiān wáng shǐ zǎi zhōu gōng lái pìn

冬，天王使宰周公来聘③。

tiān zǐ zhī zǎi tōng yú sì hǎi

天子之宰，通于四海④。

gōng zǐ suì rú jīng shī suì rú jìn

公子遂如京师，遂如晋⑤。

yǐ zūn suì hū bēi cǐ yán bù gǎn pàn jīng shī yě

传 以尊遂乎卑⑥，此言不敢叛京师也。

注释：①**晋人、秦人围郑**：此事在九月的庚午这天，晋国和秦国因郑国国君曾于重耳（晋文公名）流亡该国时，不予礼遇，後又不参加诸侯会盟，并有亲楚之心，故攻打郑国。晋军由子犯率领。②**介人侵萧**：萧，宋的附庸国名。在今安徽萧县西北。子姓，始封君为萧叔大心。公元前682年，宋南宫万杀闵公，大心联合宋的代、武、宣、穆、庄等族讨伐南宫万，立宋桓公，平乱有功，被封于萧。宣公十二年（公元前597年）为楚所灭。其地後仍为宋所有。意为：介国侵犯宋国的附庸萧国。③**天王使宰周公来聘**：天王，周襄王。宰，《仪礼·大射仪》注："宰于天子，冢宰治官卿也，作大事则掌以君命，戒于百官。"《仪礼·聘礼》注："宰，上卿，贰君事者也。诸侯谓司徒为宰。"宰是为天子掌百官，传达君命的上卿。周公，名叫阅。聘，聘问。意为：周襄王派他的上卿宰官周公阅作使臣，到鲁国来聘问鲁君。④**通于四海**：天子的宰官，可以与天下的诸侯交往。⑤**公子遂如京师，遂如晋**：公子遂之遂，为人名。第二个遂字，为继事之辞。句意为：鲁国公子遂到京师去，接着才到晋国去。⑥**以尊遂乎卑**：先谈尊贵，接着才说卑贱。先去见尊贵的天王，接着才去见地位低一等的晋君。

xī gōng sān shí yī nián

僖公三十一年

sān shí yòu yī nián chūn qǔ jǐ xī tián

经 三十有（又）一年，春，取济西田①。

gōng zǐ suì rú jìn

公子遂如晋②。

xià sì yuè sì bǔ jiāo bù cóng nǎi miǎn shēng

夏，四月，四卜郊③，不从④，乃免牲⑤，

yóu sān wàng

犹三望⑥。

xià sì yuè bù shí yě sì bǔ fēi lǐ yě

传 夏，四月，不时也⑦。四卜⑧，非礼也⑨。

miǎn shēng zhě wèi zhī zī yī xūn cháng yǒu sī xuán duān fèng

免牲者，为之缁衣熏裳⑩，有司玄端⑪，奉

sòng zhì yú nán jiāo miǎn niú yì rán nǎi zhě wú hū rén zhī

送至于南郊，免牛亦然。乃者，亡乎人之

注释：①**取济西田**：范解："曹田。"钟补注："《公羊传》曰：晋侯执曹伯班其所取侵地于诸侯。《左传》以为晋分曹地予鲁也。"济西田，济水西边的田。济水在山东。意为：鲁国取得被曹国夺去的济水西边的田地。②**公子遂**：又称东门襄仲、襄仲、东门遂、仲遂、东门氏，鲁庄公同之子，鲁卿。③**四卜郊**：郊，春季、孟春月（即正月）祭祀上帝的祭祀名。范解："谓之郊者，天人相与交接之意也。""郊春事也。"钟补注："《明堂位》曰：鲁国孟春祀帝于郊，配以後稷。"范解："郊，春事，四卜则入夏。"意为：郊祭是春季正月祭祀天帝的祭祀名，第四次占卜举行郊祭是否吉利，已进入夏季。④**不从**：占卜的卜兆显示，不顺从。意为：不吉利。⑤**乃**：于是。**免**：释放。**牲**：古代供祭祀用的家畜。⑥**犹三望**：望，为望祭名。范解："郑君曰：'望者，祭山川之名也。谓海也，岱也，淮也。非其疆界则不祭。禹贡曰：海岱及淮为徐州。徐，鲁地。'"意为：还是要对海、岱、淮举行望祭。⑦**不时**：不合乎时节。⑧**四卜**：四次占卜郊祭。⑨**非礼**：不合乎礼仪制度。⑩**免牲者，为之缁衣熏裳**：钟补注："熏即纁，赤黄色也。"杜预曰：免犹纵也。孔颖达曰：纵，放不杀之也。⑪**有司玄端**：何休曰：礼，卜郊不吉，则为牲作玄衣纁裳，使有司玄端，放之于南郊。意为：占卜不吉利的祭祀就不举行了，要杀的牲畜就不杀了，给它穿上黑色的上衣，红黄色的裤子，让穿着黑色衣裳的管牲畜的人，把牲畜赶着放到都城南边的郊区去。有司，为主持祭祀的人，或管理祭牲的人。范解："玄端，黑衣，接神之道。玄熏者天地之色也。"

辞也①。犹者，可以已之辞也②。

经　秋，七月③。

冬，杞伯姬来求妇④。

传　妇人既嫁不逾竟境⑤，杞伯姬来求妇，非正也。

经　狄围卫。

十有又二月，卫迁于帝丘⑥。

注释：①**亡乎人**：范解："亡乎人，若曰：无贤人也。"钟补注："凡言亡乎人者，皆谓不在乎人。"钟说可从。②**已**：停止。③按照《春秋》体例，一年四季，无论哪一个季度，即使没有值得记载的事件，也要写入头一个月，以保证一年的完整性。④**杞伯姬来求妇**：杞伯姬，是鲁君的女儿嫁给杞国国君作夫人，叫杞伯姬。杞为古国名。姬为鲁国国君的姓。女从父姓，称姬。伯，为姊妹的大小排行。乃伯、仲、叔、季之伯，应为长女。求妇，求媳妇。意为：杞伯姬到鲁国来给她的儿子找媳妇。⑤**竟**：通境。⑥**帝丘**：卫国新都城名。在今河南濮阳西南。

僖公三十二年

xī gōng sān shí èr nián

经

sān shí yòu èr nián chūn wáng zhēng yuè
三十有（又）二年，春，王正月。

xià sì yuè jǐ chǒu zhèng bó jié zú
夏，四月己丑，郑伯捷卒①。

wèi rén qīn dí
卫人侵狄。

qiū wèi rén jí dí méng
秋，卫人及狄盟。

dōng shí yòu èr yuè jǐ mǎo jìn hóu chóng ěr zú
冬，十有（又）二月己卯，晋侯重耳卒②。

注释：①**郑伯捷卒**：即郑文公死了。郑文公，春秋时郑国的国君。名捷，一作踕。郑厉公的儿子。公元前672—前628年在位。鲁僖公六年（公元前654年），齐、鲁、宋、陈、卫、曹联军攻郑。楚国围许救郑，诸侯救许，楚军还师。次年，齐攻郑，郑听命于齐。八年，齐、鲁、宋、卫、许、曹、陈与周盟于洮（今山东鄄城西），共谋王室，郑亦乞盟。其後，多次与诸侯会盟。二三十年，晋重耳流亡过郑，他不以礼相待。三十年，晋秦围郑，郑烛之武说秦穆公，秦遂与郑盟，留杞子等戍郑而还，晋亦解郑国而去。②**晋侯重耳卒**：即晋文公死了。晋文公，名重耳。春秋时晋国的国君。公元前636—前628年在位。

xī gōng sān shí sān nián

僖公三十三年

sān shí yòu sān nián chūn wáng èr yuè qín rén rù huá

经 三十有（又）三年，春，王二月，秦人入滑①。

huá guó yě

传 滑，国也。

qí hóu shǐ guó guī fǔ lái pìn

经 齐侯使国归父来聘②。

xià sì yuè xīn sì jìn rén jí jiāng róng bài qín shī yú xiáo

夏，四月辛巳，晋人及姜戎败秦师于殽③。

bù yán zhàn ér yán bài hé yě dí qín yě qí dí zhī hé yě qín yuè qiān lǐ zhī xiǎn rù xū guó jìn bù néng shǒu tuì bài qí shī tú luàn rén zǐ nǚ zhī jiào wú nán nǚ

传 不言战而言败何也？狄秦也④。其狄之何也？秦越千里之险⑤，入虚国⑥，进不能守，退败其师徒，乱人子女之教，无男女

注释：①滑：周代国名。姬姓。原在今河南睢县西北，後迁于费（今河南偃师南），又称费滑。春秋时，公元前627年，为秦所灭，地後入晋，後又属周。②**齐侯使国归父来聘**：齐侯，齐昭公。国归父，齐国的执政大夫。《左传》作国庄子。聘，《礼记·曲礼下》："诸侯使大夫问于诸侯曰聘。"《诗·采薇》疏："聘问俱是谓问安之义，散则通，对则别。"意为：齐昭公派大夫名国归父的作使臣，到鲁国来向鲁僖公问安。③**及**：《左传》杜预注："晋人角之，诸戎掎之，不同陈，故言'及'。"姜戎：《左传》杜预注："姜姓之戎，居晋南鄙，戎子驹支之先也。"**败**：击败，打败。**殽**：古代地名或山名。古代九塞之一。其地当今河南省洛宁北。④**狄秦**：把秦国看成夷狄。⑤**越**：越过。**险**：险阻。⑥**入虚国**：进入没有什么防守准备的国家。

之别，秦之为狄，自殽之战始也[1]。秦伯将袭郑[2]，百里子与蹇叔子谏曰[3]："千里而袭人，未有不亡者也。"秦伯曰："子之冢木已拱矣[4]，何知！"师行，百里子与蹇叔子送其子而戒（诫）之[5]，曰："女（汝）死，必于殽之岩唫（崟）之下[6]。我将尸女（汝）于是[7]！"师行[8]，百里子与蹇叔子随其子而哭之[9]。秦伯怒

注释：①**殽之战**：春秋时秦国、晋国之间的战役。鲁僖公三十二年（公元前628年）冬，晋文公死，戍守郑国的秦将掌管郑都北门，秦穆公命孟明率军袭郑。次年春，秦军因密谋泄露，灭滑（今河南偃师缑氏镇）後还师。晋伏兵于殽（今河南三门峡市东）以待秦军。四月秦兵至，遭伏击，全军覆没，主将孟明等三人被俘。殽之战，是秦欲东进中原，發展势力，而遭晋阻击的一次战争。殽为殽山，系秦岭东段的支脉，延伸于黄河、洛阳沿岸，在今河南西部，此处所说的殽，在今河南洛宁北。②**秦伯**：即秦穆公。他是春秋时秦国的国君。名任好。秦德公的儿子。公元前659—前621年在位。选用贤能，任用蹇叔、百里奚、由余、孟明治国。鲁僖公元年（公元前659年），率师伐茅津戎（今山西平陆），胜之。九年，用兵护送公子夷吾返晋为君，是为晋惠公。夷吾许割河西、河外地与秦，既入晋，不与。十五年，帅师伐晋，战于韩原（今山西稷山西），俘晋惠公，得晋河西地。二十四年，以师护送公子重耳返晋，立为晋文公。三十二年，晋文公死，命孟明率师东进袭郑，未果，于殽山为晋襄公率军击败。後连续对晋用兵，终因殽函通道、风凌渡为晋扼守被阻，转而向西發展，灭国十二，开地千里，遂霸西戎。③**百里子**：即百里奚。他是春秋时秦国大夫。家贫，流落于虞，曾为虞国大夫，鲁僖公五年（公元前655年），晋灭虞时为晋所俘。後为晋献公女媵臣陪嫁至秦，从秦逃至楚，又为楚人所执。秦穆公闻其贤，用五张羊皮将其赎回，授以国政，故有"五羖大夫"之称。後与蹇叔、由余等共佐穆公创立霸业。蹇叔子：蹇叔，春秋时秦国大夫。有贤名，为百里奚所荐，秦穆公任为上大夫。鲁僖公三十二年（前628年），穆公欲袭郑，他加以劝阻，认为长途偷袭，军易疲劳，郑亦有备，穆公不听，仍派孟明东征。其子亦在军中，他泣送其子，断言秦军定在殽山为晋所败。秦军至滑（今河南偃师东南），知郑亦有防备而返，至殽山果被晋军伏击，全军覆没，主帅孟明等被俘，穆公深悔不听其言。④**子之冢木已拱矣**：《说文》："冢，高坟也。"拱，《左传·襄公二十八年》疏："拱，谓合两手也。"句意为：你的坟墓上的树木已经长得有两只手合拢来那样粗了。⑤**戒**：通诫。告诫。⑥**女死，必于殽之岩唫之下**：女，通汝。指你、你们。殽，殽山。唫，通崟。高险的山岩。钟补注："唫者崟之借字。《音义》曰：'本或作崟字。'《说文》：'岩，厓也。'崟山之岑崟边。厓者山边；岑者山小而高。《广雅》曰：'岑、崟，高也。'《公羊》作嵚岩。《楚辞·招隐士》岩崟二字并出。《左传》曰：晋人御师必于殽。殽有二陵焉，其南陵，夏後皋之墓也；其北陵，文王之所辟风雨也。必死是间，馀收尔骨焉。二陵，即传岩崟之下也。句意为：你死，必定死在殽山的险岩之下。⑦**我将尸女于是**：我们将在这个地方收你们的尸体。⑧**师行**：军队出發。⑨**随其子而哭之**：跟在他们的儿子後面哭着送行。

yuē hé wèi kū wú shī yě èr zǐ yuē fēi gǎn kū
曰："何为哭吾师也？"二子曰[①]："非敢哭
shī yě kū wú zǐ yě wǒ lǎo yǐ bǐ bù sǐ zé wǒ
师也。哭吾子也。我老矣！彼不死，则我
sǐ yǐ jìn rén yǔ jiāng róng yāo ér jī zhī xiáo pǐ mǎ
死矣！"晋人与姜戎要邀而击之殽[②]，匹马
jī lún wú fǎn zhě jìn rén zhě jìn zǐ yě qí yuē rén
倚轮无反返者[③]。晋人者，晋子也[④]。其曰人
hé yě wēi zhī yě hé wèi wēi zhī bú zhèng qí shì bìn
何也？微之也[⑤]。何为微之？不正其释殡
ér zhǔ hū zhàn yě
而主乎战也[⑥]。

guǐ sì zàng jìn wén gōng
经 **癸巳，葬晋文公。**

rì zàng wēi bù dé zàng yě
日葬[⑦]，危不得葬也[⑧]。

dí qīn qí
狄侵齐。

gōng fá zhū qǔ zī lóu
传 公伐邾，取訾楼[⑨]。

qiū gōng zǐ suì shuài shī fá zhū jìn rén bài dí yú jī
经 **秋，公子遂帅师伐邾。晋人败狄于箕[⑩]。**

注释：①**二子**：指百里子和蹇叔子。②**要**：通"邀"。拦阻，截击。③**匹马倚轮无反者**：《方言》："倚，寄也。自关而西，秦晋之间，凡全物而体不具谓之倚。"范解："倚轮，一只之轮。"反通返。句意为：一匹马、一辆车子的一个轮子都没有返回来。《公羊传》作"匹马只轮无反者"可为证。④**晋子**：即晋襄公。晋国的国君爵位为侯。晋文公新死，其子欢，尚未即君位，故称子，以代表国君。晋襄公是春秋时晋国国君。名欢，一作驩。文公的儿子，继文公即位。公元前627—前621年在位。初继位，与姜戎阻击秦军，战于殽山（今河南三门峡市东），擒秦之孟明视、西乞术、白乙丙三帅，其母文嬴（秦穆公的女儿）请释三帅，许之。狄攻晋，晋败狄于箕（今山西太谷东）。郤缺以军功升为卿。後与秦屡战，互有胜负。鲁文公六年（公元前621年），罢新军，复置三军。是年死。⑤**微之**：轻视他。⑥**不正其释殡而主乎战**：《说文》："殡，死在棺，将迁葬。柩，宾遇之。"意为：他把安葬父亲晋文公的事放在一边，而带兵去打仗，这是违反作为儿子的正道的。⑦**日葬**：记载安葬的日子。⑧**危不得葬**：有战争的危险而不能按时下葬。⑨**訾楼**：《左传》经文作"訾娄"。《公羊传》作"丛"。邾娄国地名。在今山东济宁市东。⑩**箕**：晋国地名。在今山西太谷市。

经 dōng shí yuè gōng rú qí
冬，十月，公如齐[①]。

shí yòu èr yuè gōng zhì zì qí yǐ sì gōng hōng
十有（又）二月，公至自齐[②]。乙巳，公薨

yú xiǎo qǐn
于小寝[③]。

传 xiǎo qǐn fēi zhèng yě
小寝，非正也[④]。

经 yǔn shuāng bù shā cǎo
陨霜不杀草[⑤]。

传 wèi kě shā ér shā jǔ zhòng yě kě shā ér bù shā
未可杀而杀，举重也[⑥]。可杀而不杀，

jǔ qīng yě
举轻也[⑦]。

经 lǐ méi shí
李、梅实[⑧]。

传 shí zhī wéi yán yóu shí yě
实之为言，犹实也[⑨]。

经 jìn rén chén rén zhèng rén fá xǔ
晋人、陈人、郑人伐许[⑩]。

注释：①**公如齐**：鲁僖公到齐国去。据《左传》载，僖公到齐国，一是为了答谢前年齐国派执政大夫国归父的来访；二是对齐国遭狄人侵犯的慰问。②**至自齐**：从齐国回到国内。③**小寝**：《公羊传·庄公三十二年》何休注：“天子、诸侯皆有三寝，一曰高寝，二曰路寝，三曰小寝。父居高寝，子居路寝，孙从王父母，妻从夫寝，夫人居小寝。”小寝是国君听政後休息宴乐的住所。《周礼·宫人》杜预注引《玉藻》说：“君日出而视朝，退適路寝听政……大夫退，然後適小寝释服。是路寝以治事，小寝以时宴息焉。”④**非正**：不正常。或者说不符合情理或法度。⑤**陨霜不杀草**：《尔雅·释诂》：“陨，落也。”《说文》：“陨，从高下也。”从阜员声。《易》曰：“有陨自天。”意为：降下霜，但草没有冻死。⑥**未可杀而杀，举重也**：指农作物不可杀而被杀，是举重的来说。⑦**可杀而不杀，举轻也**：指野草可杀而没有杀，是举轻的说。⑧**李、梅实**：指李树梅树结果子。⑨**犹实**：如同说里面充实。⑩**伐许**：在楚成王向北扩张势力时，许国曾与楚攻打中原诸侯国。城濮之战，晋败楚後，相继对楚的盟国进行报复。所以，《左传》说：“伐其贰于楚也。”

wén gōng yuán nián shí bā nián

文公（元年~十八年）

晋襄公墨缞败秦图 清·佚名

wén gōng yuán nián

文公元年

yuán nián chūn wáng zhēng yuè gōng jí wèi

经 元年①，春，王正月，公即位②。

jì zhèng jí wèi zhèng yě

传 继正即位③，正也④。

èr yuè guǐ hài rì yǒu shí zhī

经 二月癸亥，日有食之⑤。

tiān wáng shǐ shū fú lái huì zàng

天王使叔服来会葬⑥。

zàng yuē huì qí zhì zhòng tiān zǐ zhī lǐ yě

传 葬曰会，其志，重天子之礼也。

xià sì yuè dīng sì zàng wǒ jūn xī gōng

经 夏，四月丁巳，葬我君僖公。

hōng chēng gōng jǔ shàng yě zàng wǒ jūn jiē shàng xià yě

传 薨称公，举上也。葬我君，接上下也。

xī gōng zàng ér hòu jǔ shì shì suǒ yǐ chéng dé yě yú zú

僖公，葬而後举谥⑦，谥所以成德也，于卒

shì hū jiā zhī yǐ

事乎加之矣⑧。

注释：①**元年**：始年。指鲁文公开始的那年。②**公即位**：即鲁文公即位。他是春秋时鲁国国君。名兴。鲁僖公的儿子。公元前626—前609年在位。由公子遂作执政卿士，鲁国从此出现大夫专政局面。对外附晋抗齐，曾于二年、三年、十三年三次到晋国朝见晋君。③**继正**：继先君正常死亡即位。鲁国自隐公起，鲁君一直未有正统传承即位的。隐公心存让位之志，其弟桓公却弑兄自立，庄公继，桓公被舅子齐襄公杀死在外，闵公继子般被弑，僖公又继闵公被弑，都不是正常传承即位。今僖公寿终，儿子兴即位为鲁文公。可以说是《春秋》史记记载中唯一正当即位的鲁国国君。④**正**：指合乎法度或情理。⑤**日有食之**：日食。有，有某物（来食之）。之，代词。指日。⑥**天王**：天子。此指周襄王郑。此在其二十七年。叔服：周大夫。**来会葬**：前来参加安葬仪礼。⑦**谥**：《穀梁传·桓公十七年》注："谥者，行之迹，所以表德。"《艺文类聚》四十引《五经通义》："谥之言，列其所行，身虽死，名常存，故谓谥也。"《礼记·曲礼下》："谥者，列平生德行，而为作美号。"谥，就是根据死者生平的德行，给他议定一个赞扬的名号。⑧**于卒事乎加之矣**：《尔雅·释诂》："卒，事之已也。"《吕览·慎大》注："卒，卒尽也。"句意为：在丧事办完之後加给死者。

tiān wáng shǐ máo bó lái xī gōng mìng

经 天王使毛伯来锡公命①。

lǐ yǒu shòu mìng wú lái xī mìng xī mìng fēi zhèng yě

传 礼有受命，无来锡命，锡命，非正也。

jìn hóu fá wèi

经 晋侯伐卫②。

shū sūn dé chén rú jīng shī

叔孙得臣如京师③。

wèi rén fá jìn

卫人伐晋④。

qiū gōng sūn áo huì jìn hóu yú qī

秋，公孙敖会晋侯于戚⑤。

dōng shí yuè dīng wèi chǔ shì zǐ shāng chén shì qí jūn kūn

冬，十月丁未，楚世子商臣弑其君髡⑥。

rì kūn zhī zú suǒ yǐ jǐn shāng chén zhī shì yě yí dí bù yán zhèng bú zhèng

传 日髡之卒⑦，所以谨商臣之弑也⑧。夷狄不言正、不正。

gōng sūn áo rú qí

经 公孙敖如齐。

注释：①**毛伯来锡公命**：毛为周王畿内封国，始封君为武王弟叔郑，姬姓。毛伯当为毛国国君，在周王室作高官。毛伯名卫。毛封国，有人认为在陕西扶风、岐山一带。平王东迁後，改迁于今河南宜阳。锡，《尔雅·释诂》："锡，赐也。"句意为：鲁文公即位，周王派毛伯卫到鲁国来赐给文公玉圭和服饰。②**晋侯伐卫**：据《左传》载，卫成公在晋文公晚年，不仅不朝晋，还出兵攻打郑国，晋襄公即位後，为了维护晋国的霸主地位，率诸侯伐卫，俘卫大夫孙昭子。③**叔孙得臣**：又称叔孙庄叔，鲁庄公的弟弟公子牙的孙子。④**卫人伐晋**：这是前"晋侯伐卫"一事的继续。晋俘卫大夫孙昭子後，卫人告诉陈君，陈共公建议卫反攻晋，于是卫派大夫孔达率军攻晋。⑤**公孙敖**：鲁大夫。**戚**：卫国地名。在今河南濮阳北。晋伐卫後，戚为晋所有。晋侯前往划界，因涉及鲁国疆土，故鲁君派公孙敖前去会见晋侯。⑥**楚世子商臣弑其君髡**：世子，为太子。商臣，是太子的名字，弑其父亲即位後为楚穆王。其君髡为楚成王。成王，名髡，一作頵、恽，是楚文王的小儿子。杀其兄楚王堵敖而自立。他是春秋时楚国国君。公元前671—前626年在位。以"布德施惠"、"结好诸侯"和重贡周王来巩固王位。时齐桓公称霸，故屡用兵中原与齐争霸。鲁僖公四年（公元前656年），慑于齐桓公兵威，与齐结召陵之盟，暂时与中原诸侯和好休兵。次年，率师灭齐之盟国弦（今河南息县）。後又灭黄（今河南民权东南）。齐桓公死後，因宋襄公欲称霸，故又与宋争斗。二十一年，雩之会，执宋襄公。次年，泓之战又败宋师，宋襄公在是役受重伤死去。楚自此称雄中原。二十八年，城濮之战为晋所败，向中原發展受阻。鲁文公元年（公元前626年），他欲废太子商成，商成率兵围王宫，望救不得，自缢死。句意为：楚国的太子名叫商臣，杀了他的国君楚成王髡。⑦**日髡之卒**：记载髡卒的日子。⑧**所以**：用来。**谨**：慎重，敬重。**弑**：古代时指臣下杀君上，子女杀父母的行为。

wén gōng èr nián

文公二年

èr nián chūn wáng èr yuè jiǎ zǐ jìn hóu jí qín shī zhàn yú péng yá qín shī bài jì

经 二年，春，王二月甲子，晋侯及秦师战于彭衙[①]。秦师败绩[②]。

dīng chǒu zuò xī gōng zhǔ

丁丑，作僖公主[③]。

zuò wéi yě wéi xī gōng zhǔ yě lì zhǔ sāng zhǔ yú yú jí zhǔ yú liàn zuò xī gōng zhǔ jī qí hòu yě zuò zhǔ huài miào yǒu shí rì yú liàn yān huài miào huài miào zhī dào yì yán kě yě gǎi tú kě yě

传 作，为也[④]，为僖公主也。立主[⑤]：丧主于虞[⑥]，吉主于练[⑦]。作僖公主，讥其後也[⑧]。作主、坏庙有时日[⑨]，于练焉坏庙[⑩]。坏庙之道[⑪]，易檐可也[⑫]，改涂可也[⑬]。

sān yuè yǐ si jí jìn chǔ fǔ méng

经 三月乙巳，及晋处父盟[⑭]。

注释：①**彭衙**：秦国地名。在今陕西白水东北。②**败绩**：大溃败。③**作僖公主**：范解："为僖公庙作主也。主，盖神之所冯依，其状正方，穿中央，达四方。天子长尺二寸，诸侯长一尺。"主，为神主牌。《公羊传》："作僖公主者何？为僖公作主也。"意为：给鲁僖公的宗庙做神主牌。④**为**：制作。⑤**立主**：立神主牌位。⑥**丧主于虞**：范解："礼，平旦而葬，日中反而祭，谓之曰虞，其主用桑。"意为：安葬死者之後，中午返回，去家庙祭礼叫虞祭，虞祭时的神主牌是用桑木做的。⑦**吉主于练**：范解："期而小祥，其主用栗。"满一年，叫小祥。举行的祭祀为练祭，练祭时神主牌是用栗树木做的。⑧**讥其後**：范解："僖公薨，至此已十五月。"此时再做僖公的神主牌，为时已晚，所以史官讥讽。⑨**坏庙**：即毁庙。诸侯庙中供奉的神主牌，从父辈直到高祖辈，有新神主牌入宗庙，就意味着原先的高祖辈已升为远祖，这时就要将高祖的神主牌迁到太庙里去，这就叫毁庙。毁庙时，一般要将家庙重新加以修缮。⑩**于练**：在周年练祭的时候。⑪**道**：规矩。⑫**易檐**：易，更换。修缮家庙时，更换西北角的屋檐，这叫易檐。⑬**改涂**：（对宗庙）另外涂抹。⑭**及晋处父盟**：范解："晋大夫阳处父。"意为：与晋国的大夫阳处父盟誓。

传 不言公①，处父伉也②，为公讳也③。何以知其与公盟？以其日也④。何以不言公之如晋⑤？所耻也⑥。出不书，反返不致也⑦。

经 **夏，六月，公孙敖会宋公、陈侯、郑伯、晋士縠⑧，盟于垂敛⑨。**

传 内大夫可以会外诸侯⑩。

经 **自十有又二月不雨⑪，至于秋七月⑫。**

传 历时而言不雨⑬，文不忧雨也⑭。不忧雨者，无志乎民也⑮。

经 **八月丁卯，大事于大太庙⑯，跻僖公⑰。**

传 大事者何？大是事也⑱：著祫、尝⑲。祫

注释：①**不言公**：不说文公（及阳处父盟）。②**处父伉也**：处父骄傲。③**讳**：隐讳。④**以**：因为，由于。**日**：动词。记载日子。⑤**如**：前往。⑥**所耻**：因为这是令人感到耻辱的事情。⑦**反不致也**：回来时没有记载回国的事情。⑧**晋士縠**：縠，阮元《穀梁传注疏校勘记》说："闽、监、毛本同，石经作縠。《释文》云：'士縠'本又作'縠'。"《左传》载晋士縠为司空，"晋司空非卿"。司空，即司工，管公共工程和官府手工作坊。⑨垂敛：《左传》作"垂陇"。郑地名，在今河南荥阳北。⑩**内**：国内。指鲁大夫。⑪**自**：从。**雨**：动词。下雨。⑫**至于**：一直到。⑬**历时**：经过四个季度。⑭**文不忧雨**：按当时的制度，如果旱灾發生，国君就要举行求雨的雩祭。但鲁国从去年十二月到今年秋季七月，经历三个季节，鲁文公都没举行雩祭求雨，所以说：文公不忧愁天不下雨。⑮**无志乎民**：没有为民办事的心意。⑯**大事于大庙**：范解："大事，祫也。"《公羊传》："大事者何？大祫也。大祫者何？合祭也。"意为：在太庙里举行大祫祭。⑰**跻僖公**：跻，上升的意思。升鲁僖公的神主牌位。⑱**大是事**：使这件事变得重大。⑲**著祫、尝**：范解："祫，合也。尝，秋祭。"著，为表明的意思。祫，为众祖先一起祭祀。钟补注："祫、尝者，祫而兼尝，谓先祫而後尝也。"意为：表明把祫祭和尝祭放在一起举行。

jì zhě huǐ miào zhī zhǔ chén yú tài zǔ wèi huǐ miào zhī zhǔ jiē shēng hé jì yú tài zǔ jī shēng yě xiān qīn ér hòu zǔ yě nì sì yě nì sì zé shì wú zhāo mù yě wú zhāo mù zé shì wú zǔ yě wú zǔ zé wú tiān yě gù yuē wén wú tiān wú tiān zhě shì wú tiān ér xíng yě jūn zǐ bù yǐ qīn qīn hài zūn zūn cǐ chūn qiū zhī yì yě

祭者，毁庙之主①，陈于大(太)祖②；未毁庙之主，皆升，合祭于大(太)祖③。跻，升也，先亲而後祖也④，逆祀也⑤。逆祀，则是无昭穆也⑥。无昭穆，则是无祖也。无祖，则无天也⑦。故曰：文无天。无天者，是无天而行也。君子不以亲亲害尊尊⑧，此《春秋》之义也。

dōng jìn rén sòng rén chén rén zhèng rén fá qín

经 **冬，晋人、宋人、陈人、郑人伐秦。**

gōng zǐ suì rú qí nà bì

公子遂如齐纳币⑨。

注释：①**主**：神主。②**陈**：陈列。**大祖**：指太祖宗庙。③**皆升，合祭于大祖**：提升新薨之君的神主牌位置，与以前各代祖一同合起来祭祀。④**先亲**：把父的位次排在前面。⑤**逆祀**：颠倒宗庙次序的祭祀。这里是指先祭僖公，後祭闵公。僖公闵公同为庄公的儿子，僖公为闵公的庶兄，按辈分为兄，但作国君，则闵公在前，僖公在後。按君臣的辈分次序，则闵公为父，僖公为子。《穀梁传》认为文公将僖公的神主牌安放在闵公之前，就是颠倒了君臣的名分，先祭父亲，後祭祖父。故称逆祀。⑥**昭、穆**：范解："祫祭者，皆合祭诸庙已毁未毁者之主于大祖庙中，以昭穆为次序，父为昭，子为穆。昭南向，穆北向，孙从王父坐也。祭毕则复还其庙。"⑦**无祖，则无天也**：周人的天道观认为：天帝是周王的父亲，天帝派儿子到人间来统治人民，所以周王自称周天子。民众接受天子的统治，就是顺从天的统治，否则就要受到天的惩罚，遭到天诛。句意为：没有祖辈就是没有天。⑧**不以亲亲害尊尊**：不因亲爱亲人而有害于尊敬尊长。⑨**公子遂如齐纳币**：公子遂为文公时的执政大夫。纳币，为古婚礼六礼中的纳征。纳吉之後，择日具书，遣人送聘礼于女家，女家受物复书，婚姻乃定。俗称过定，亦称文定。纳币，就是纳征。征是成的意思。纳币，就是婚礼成。句意为：鲁文公派公子遂到齐国去，为文公娶齐君之女为夫人，送去定婚礼物。

wén gōng sān nián

文公三年

sān nián chūn wáng zhēng yuè shū sūn dé chén huì jìn rén

经 三年，春，王正月，叔孙得臣会晋人、

sòng rén chén rén wèi rén zhèng rén fá shěn shěn kuì

宋人、陈人、卫人、郑人伐沈[①]。沈溃[②]。

xià wǔ yuè wáng zǐ hǔ zú

夏，五月，王子虎卒[③]。

shū fú yě cǐ bù zú zhě yě hé yǐ zú zhī yǐ

传 叔服也[④]，此不卒者也[⑤]，何以卒之？以

qí lái huì zàng wǒ zú zhī yě huò yuē yǐ qí cháng zhí

其来会葬[⑥]，我卒之也[⑦]。或曰，以其尝执

zhòng yǐ shǒu yě

重以守也[⑧]。

qín rén fá jìn

经 秦人伐晋。

qiū chǔ rén wéi jiāng

秋，楚人围江[⑨]。

注释：①**叔孙得臣**：又名庄叔。鲁大夫。**会**：会同。**沈**：周代国名。姬姓。在今河南沈丘东南。春秋时为楚所灭，公元前531年，楚迁其民于荆山。公元前529年，楚平王即位，复其国。公元前506年，又为蔡所灭。②**沈溃**：沈国的民众逃散。范解：“沈，国也。溃之为言，上下不相得。”③**王子虎卒**：王子虎死了。他是周王室的大夫，曾多次代表周襄王与诸侯交往，参与诸侯盟会。《左传》释为王叔，谥号文公。④叔服：《公羊传》、《穀梁传》均认为“王子虎”就是叔服。《公羊传》何休注说：王子虎就是叔服，新为王者来会葬，即参加文公为僖公举行的葬礼。但《左传》记载参加葬礼的是周王的内史叔服，是另一个人，不是王子虎。⑤**此**：此人。指叔服。**不卒**：指不记载卒的事情。⑥**以**：因为，由于。**会葬**：指于元年来会葬（僖公）。⑦**我**：指鲁国。⑧**以其尝执重以守**：范解：“僖二十四年，天王出居于郑，叔服执重任以守国。”意为：因为他曾经在王室内乱，周王出居郑时，担负重任以守国政。⑨**江**：周代国名。嬴姓。在今河南正阳东南。春秋初曾依附齐、晋以抗楚。公元前623年，为楚所灭。

yù zhōng yú sòng

雨螽于宋①。

wài zāi bú zhì cǐ hé yǐ zhì yě yuē zāi shèn

传 外灾不志②，此何以志也？曰：灾甚

yě qí shèn nài hé máo cí jìn yǐ zhù yú shàng xiàn

也③。其甚奈何？茅茨尽矣④。著于上，见

yú xià wèi zhī yù

于下，谓之雨。

dōng gōng rú jìn

经 冬，公如晋。

shí yòu èr yuè jǐ sì gōng jí jìn hóu méng

十有（又）二月己巳，公及晋侯盟⑤。

jìn yáng chǔ fǔ shuài shī fá chǔ jiù jiāng

晋阳处父帅师伐楚救江⑥。

cǐ fá chǔ qí yán jiù jiāng hé yě jiāng yuǎn chǔ jìn

传 此伐楚，其言救江何也？江远楚近，

fá chǔ suǒ yǐ jiù jiāng yě

伐楚所以救江也⑦。

注释：①**雨螽于宋**：《说文》："螽，蝗也。"《尔雅·释虫》："螽，蝗子也。"意为：在宋国，蝗虫像落雨那样从空中掉下来。②**外灾**：外国的灾害。**志**：记载。③**灾甚**：《淮南子·修务训》："甚，重也。"《广雅·释言》："甚，剧也。"意为：蝗灾严重。④**茅茨尽矣**：范解："茅茨犹尽，则嘉谷可知。茨，蒺藜。""茅，草也。"意为：茅草和蒺藜都被蝗虫吃光了，更不用说庄稼禾苗了。⑤**及**：和，与。**晋侯**：晋襄公驩。此在其四年。⑥**阳处父帅师伐楚救江**：范解："时楚人围江，晋师伐楚，楚国有难，则江国自解。"意为：晋国的大夫阳处父率领晋国的军队去讨伐楚国，以此援救江国。⑦**所以**：用来。

wén gōng sì nián

文公四年

sì nián chūn gōng zhì zì jìn

经 四年，春，公至自晋①。

xià nì fù jiāng yú qí

夏，逆妇姜于齐②。

qí yuē fù jiāng wèi qí lǐ chéng hū qí yě qí nì zhě

传 其曰妇姜，为其礼成乎齐也③。其逆者

shuí yě qīn nì ér chēng fù huò zhě gōng yú hé qí sù

谁也？亲逆而称妇④，或者公与⑤？何其速

fù zhī yě yuē gōng yě qí bù yán gōng hé yě fēi chéng

妇之也⑥？曰：公也。其不言公何也？非成

lǐ yú qí yě yuē fù yǒu gū zhī cí yě qí bù yán

礼于齐也⑦。曰妇，有姑之辞也⑧。其不言

shì hé yě biǎn zhī yě hé wèi biǎn zhī yě fū rén yù yǒu

氏何也？贬之也⑨。何为贬之也？夫人与有

biǎn yě

贬也⑩。

dí qīn qí

经 狄侵齐。

注释：①**至自晋**：从晋国回到国内。②**逆妇姜于齐**：按周礼规定：同姓不婚。以此可知，周代的人，已懂得近亲通婚的危害。鲁为姬姓，齐为姜姓，故齐、鲁两国，由于不同姓，而世代联姻。史官记载文公去齐国迎娶妇姜为夫人，这个“妇姜”，一说是齐君的女儿。《公羊传》则载：“高子曰：娶乎大夫者，略之也。”这是说文公娶的夫人是大夫的女儿。③**为**：因为。**其礼成乎齐**：指婚礼是在齐国完成的。④**亲逆**：亲自迎娶。⑤**或者**：或许。**公**：鲁文公。**与**：同“欤”。助词，表疑问语气。⑥**速**：快速。**妇之**：称之为妇。⑦**非**：谴责。⑧**姑**：古时妻子对丈夫母亲的称呼。⑨**之**：代词。指妇姜。⑩**夫人与有贬也**：与，参与。范解：“邵曰：夫人能以礼自防，则夫妇之礼不成于齐，故讥公而夫人与焉。”夫妇之礼，即文公与妇姜同居，正式成为夫妻。在齐国，文公与妇姜正式成为夫妻，文公有责任，妇姜也参与其事，所以，夫人也应受到贬斥。

qiū chǔ rén miè jiāng
秋，楚人灭江。

jìn hóu fá qín
晋侯伐秦[①]。

wèi hóu shǐ nìng yú lái pìn
卫侯使甯俞来聘[②]。

dōng shí yòu yī yuè rén yín fū rén fēng shì hōng
冬，十有(又)一月壬寅，夫人风氏薨[③]。

注释：①**晋侯伐秦**：此战为晋军报复秦于上年夏季伐晋取王官之役。史官紧接记载“楚人灭江”一事，来写“晋侯伐秦”事，是《春秋》记事“比事”的写法，以体现晋侯名为霸主，却不敢讨伐灭晋盟国的楚国，而图报私仇的面目。②**甯俞**：即卫国大夫甯武子，有贤德。据《左传》载，文公设宴招待甯武子，席间乐工演唱《湛露》、《彤弓》这两首乐曲，只有天子宴请诸侯时，才能演唱，文公用此款待甯武子，当属僭越违礼行为。故甯武子采取视而不见、听而不闻的态度。待乐工演奏完毕後，文公问他有何感受时，甯武子说：我以为是乐工正在排练，并非专门为我演唱的。足见甯武子的机智。③**夫人风氏**：范解：“僖公母，风姓。”风氏是庄公的庶妾，僖公的母亲。僖公为国君後，母以子贵，成风才被尊为夫人。

wén gōng wǔ nián

文公五年

wǔ nián chūn wáng zhēng yuè wáng shǐ róng shū kuì hàn qiě fèng

经 五年，春，王正月，王使荣叔归（馈）含且赗①。

hàn yī shì yě fèng yī shì yě jiān kuì zhī fēi zhèng yě qí yuē qiě zhì jiān yě qí bù yán lái bù zhōu shì zhī yòng yě fèng yǐ zǎo ér hàn yǐ wǎn

传 含，一事也。赗，一事也。兼归（馈）之②，非正也③。其曰且④，志兼也⑤。其不言来，不周事之用也⑥。赗以早⑦，而含以晚⑧。

sān yuè xīn hài zàng wǒ xiǎo jūn chéng fēng wáng shǐ máo bó lái huì zàng

经 三月辛亥，葬我小君成风⑨。王使毛伯来会葬。

huì zàng zhī lǐ yú bǐ shàng

传 会葬之礼于鄙上。

xià gōng sūn áo rú jìn

经 夏，公孙敖如晋。

注释：①**王使荣叔归含且赗**：范解："含，口实也。《礼记》曰：饭用米贝，弗忍虚也。诸侯含用玉。荣叔，天子之上大夫也。荣，采地。叔，字。"荣，为采邑名。叔为人名。归通馈，是送给的意思。含，给死者在入棺以前放在口中的珠玉。赗，用财物帮助人办丧事。句意为：周王派上大夫荣叔送来死者口中含的珠玉和办丧事人家所需的财物，如车马、束帛之类，出殡时用。②**兼归之**：一个人同时赠送两样物品。③**正**：指合乎法度或情理。④**且**：和。⑤**志兼**：记载一个人同时赠送两样物品。⑥**不周事之用**：没能及时派上丧事的用场。⑦**赗以早**：死者还未入土安葬，就送来帮助丧家办丧事的财物，时间又太早了。⑧**含以晚**：《说文》："殡，死在棺，半迁葬，柩宾遇之。"含，是给死者含在口中的玉、贝、米等。死者刚死时即放入口中。入棺殡殓之後，再送来含玉，时间就晚了。⑨**小君**：指诸侯的妻子。

qín rén rù ruò

秦人入鄀[1]。

qiū chǔ rén miè lù

秋，楚人灭六[2]。

dōng shí yuè jiǎ shēn xǔ nán yè zú

冬，十月甲申，许男业卒[3]。

注释：①**鄀**：周代国名。允姓。鄀商密，在今河南淅川西南。春秋时，公元前622年地为秦所取，南迁至今湖北宜城东南，为楚附庸，後为楚所灭。金文有上鄀、下蠚（或作蛞），或以为分在淅川、宜城，同时并存。②**六**：古国名。偃姓。传说夏禹封皋陶之子于六（今安徽六安北）。公元前622年为楚所灭。一说六即金文中之录国。③**许男业卒**：即许僖公去世。许国男爵的国君名业，就是许僖公。公元前655年即位，在位三十二年。许国，金文作鄦。姜姓。男爵。始封君传为伯夷之後文叔，在今河南许昌东。春秋时夹处郑、楚之间。鲁成公十五年（前596年）迁于（今河南）叶县西南。鲁昭公九年（公元前533年），被楚迁到城父（今安徽亳州东南）。後为楚所灭。遗民被强迁到荆山。十三年，楚平王即位，使之复国。十八年迁于白羽（今河南西峡），鲁定公四年（公元前506年），又迁容城（今河南叶县西）。六年又为郑所灭，後得楚支持，再复国。战国时灭于楚，一说灭于魏。

wén gōng liù nián

文公六年

liù nián chūn zàng xǔ xī gōng

经 六年，春，葬许僖公。

xià jì sūn xíng fǔ rú chén

夏，季孙行父如陈①。

qiū jì sūn xíng fǔ rú jìn

秋，季孙行父如晋。

bā yuè yǐ hài jìn hóu huān zú

八月乙亥，晋侯驩卒②。

dōng shí yuè gōng zǐ suì rú jìn

冬，十月，公子遂如晋③。

zàng jìn xiāng gōng

葬晋襄公。

jìn shā qí dà fū yáng chǔ fù

晋杀其大夫阳处父④。

chēng guó yǐ shā zuì lěi shàng yě xiāng gōng yǐ zàng qí

传 称国以杀⑤，罪累上也⑥。襄公已葬，其

yǐ lěi shàng zhī cí yán zhī hé yě jūn lòu yán yě shàng xiè

以累上之辞言之何也？君漏言也⑦，上泄

注释：①**季孙行父**：又称季文子。春秋时鲁国大夫。季友之孙。自鲁宣公八年执政，历宣公、成公、襄公三朝。执政期间，鲁先後实行初税亩，作丘甲（按“丘”为单位征收军赋）。宣公十八年（公元前591年），逼谋依晋力逐“三桓”以张大公室的公孙归父奔齐。成公十六年（前591年），因叔孙侨如谮于晋，一度为晋所执，旋得士燮说情被释。死後家无私财，时人称他节俭楷模。**如**：前往。②**晋侯驩卒**：即晋襄公去世。春秋时晋国国君。名驩，一作讙。晋文公之子，继文公即位。公元前627—前621年在位。鲁文公六年（公元前621年），罢三军，复置三军。是年死。③**公子遂**：鲁国的执政大夫。鲁文公时控制政权，从此，鲁国出现大夫专政局面。④**阳处父**：又称阳子。晋国大夫。⑤**称国以杀**：指杀人时说是国家杀的。⑥**罪累上**：罪行延及君上。⑦**漏言**：把别人对自己所说的秘密泄漏出去。

zé xià àn xià àn zé shàng lóng qiě àn qiě lóng wú yǐ
则下暗①，下暗则上聋②。且暗且聋，无以

xiāng tōng yè gū shā zhě yě yè gū zhī shā nài hé
相通③。夜姑④，杀者也⑤。夜姑之杀奈何？

yuē jìn jiāng yǔ dí zhàn shǐ hú yè gū wéi jiāng jūn zhào dùn
曰：晋将与狄战，使狐夜姑为将军，赵盾

zuǒ zhī yáng chǔ fǔ yuē bù kě gǔ zhě jūn zhī shǐ chén
佐之⑥。阳处父曰："不可！古者君之使臣

yě shǐ rén zhě zuǒ xián zhě bù shǐ xián zhě zuǒ rén zhě
也⑦，使仁者佐贤者⑧，不使贤者佐仁者。

jīn zhào dùn xián yè gū rén qí bù kě hū xiāng gōng yuē
今赵盾贤，夜姑仁，其不可乎！"襄公曰：

nuò wèi yè gū yuē wú shǐ shǐ dùn zuǒ rǔ jīn
"诺⑨！"谓夜姑曰："吾始使盾佐女〔汝〕⑩，今

rǔ zuǒ dùn yǐ yè gū yuē jìng nuò xiāng gōng sǐ
女〔汝〕佐盾矣。"夜姑曰："敬诺！"襄公死，

chǔ fǔ zhǔ jìng shàng shì yè gū shǐ rén shā zhī jūn lòu
处父主竟〔境〕上事⑪，夜姑使人杀之⑫，君漏

yán yě gù shì zào bì ér yán guǐ cí ér chū yuē
言也⑬。故士造辟而言⑭，诡辞而出⑮，曰：

注释：①**上泄则下暗**：君上把（机密的事情）泄出去，臣下就不作声了。②**上聋**：君上就变成了聋子。③**无以相通**：没有相互沟通的途径。④**夜姑**：《左传》、《公羊传》均作射姑。射姑即狐射姑，晋上军之佐狐偃之子，封邑于贾地，故也称"贾季"。⑤**杀者**：杀死阳处父的人。⑥**赵盾**：春秋时晋国人。亦称赵宣子、宣子、赵孟、宣孟。鲁文公六年（前621年），任中军帅，制定法令，执掌国政。晋襄公卒，他以太子年幼，使士会、先蔑至秦迎公子雍即位，後因襄公夫人穆嬴力争，仍于次年立太子夷皋为君，是为晋灵公。又阻击送公子雍的秦军，败之于令狐（今山西临猗西南）。旋以新君初立，邀鲁、齐、宋、卫、郑、陈、许、曹诸国盟于扈（今河南原阳），是为大夫主盟之始。鲁宣公二年（前607年），灵公欲加谋杀，他避祸出走，其族弟赵穿杀灵公。他归而迎立晋成公。共专晋国政二十年。⑦**古者**：古代时候。**君**：君主。**使臣**：使用臣下。⑧**仁**：仁爱。**佐**：佐助。**贤**：贤能。⑨**诺**：好。古代用以答应他人的用语。⑩**佐女**：女通汝。意为：帮助你，或作你的助手。⑪**处父主竟上事**：竟通境。阳处父在边境上主持接待各国诸侯前来晋国会葬晋襄公的事。⑫**使人**：指使他人。**之**：代词。指代处父。⑬**君**：君王。此指晋襄公。**漏言**：泄漏机密的言辞。⑭**造辟而言**：造，到、往的意思。辟，《书·洪范》注："辟，君也。"意为：到国君那里去说话。⑮**诡词**：诡辩的话，不实的话。

yòng wǒ zé kě bú yòng wǒ zé wú luàn qí dé
"用我则可，不用我则无乱其德。"

jìn hú yè gū chū bēn dí
经 晋狐夜姑出奔狄①。

rùn yuè bú gù yuè yóu cháo yú miào
传 闰月不告月，犹朝于庙。

bú gù yuè zhě hé yě bú gù shuò yě bú gù shuò zé hé wèi bù yán shuò yě rùn yuè zhě fù yuè zhī yú rì yě jī fèn ér chéng yú yuè zhě yě tiān zǐ bù yǐ gù shuò ér sāng shì bù shǔ yě yóu zhī wéi yán kě yǐ yǐ yě
不告月者何也？不告朔也②。不告朔则何为不言朔也？闰月者，附月之馀日也，积分而成于月者也。天子不以告朔，而丧事不数也③。犹之为言，可以已也。

注释：①**狄**：古代民族名。春秋前，长期活动于齐、鲁等国之间，前七世纪时分为三部。因主要居住在北方，故又称北狄。②**告朔**：朔为每个月的初一日。这天诸侯均应祭于祖庙，按照历书中的时辰，宣告于众，作为施政行令的依据。③**丧事不数**：服丧期限，也不将闰月计算在内。

wén gōng qī nián

文公七年

qī nián chūn gōng fá zhū

经 七年，春，公伐邾①。

sān yuè jiǎ xū qǔ xū qú

三月甲戌，取须句②。

qǔ yì bú rì cǐ qí rì hé yě bú zhèng qí zài qǔ gù jǐn ér rì zhī yě

传 取邑不日③，此其日何也？不正其再取④，故谨而日之也⑤。

suì chéng wú

经 遂城郚⑥。

suì jì shì yě

传 遂，继事也⑦。

xià sì yuè sòng gōng rén chén zú

经 夏，四月，宋公壬臣卒⑧。

sòng rén shā qí dà fū

宋人杀其大夫。

chēng rén yǐ shā zhū yǒu zuì yě

传 称人以杀⑨，诛有罪也⑩。

注释：①**邾**：国名。《说文》云："邾，周武王时所封曹姓国也。始封之君曰侠，为鲁附庸。"其地当今山东省邹城市。②**须句**：《左传》作须朐。周代国名。风姓。传为太昊之後，在今山东东平西北。公元前639年为邾娄所灭。次年，鲁伐邾娄，复国。後再为邾娄所灭，前620年鲁取之。鲁僖公的母亲成风，即须句国之女子。③**取**：夺取，攻取。**不日**：不记载日子。④**正**：意动用法。认为……合乎情理或法度。**再取**：再次夺取（须句）。⑤**谨**：慎重，敬重。⑥**郚**：鲁国地名。在今山东泗水东南。⑦**继事**：接着办事。⑧**宋公壬臣**：即宋成公。他是春秋时宋国国君。名壬臣，一作王臣。宋襄公的儿子。公元前636—前620年在位。即位後不久，背楚盟而亲晋。鲁僖公二十七年（公元前633年），楚攻宋，告急于晋。次年，与晋、齐、秦之联军败楚于城濮（今山东鄄城西南）。反又数次出兵助晋伐他国。⑨**称人以杀**：杀人时说是被人所杀。⑩**诛有罪**：惩罚有罪之人。

wù zǐ jìn rén jí qín rén zhàn yú líng hú jìn xiān miè bēn qín

经 **戊子，晋人及秦人战于令狐①。晋先蔑奔秦②。**

bù yán chū zài wài yě chuò zhàn ér bēn qín yǐ shì wéi táo jūn yě

传 不言出，在外也。辍战而奔秦，以是为逃军也。

dí qīn wǒ xī bǐ

经 **狄侵我西鄙。**

qiū bā yuè gōng huì zhū hóu jìn dà fū méng yú hù

秋，八月，公会诸侯、晋大夫，盟于扈③。

qí yuē zhū hóu lüè zhī yě

传 其曰诸侯，略之也。

dōng xú fá jǔ

经 **冬，徐伐莒。**

gōng sūn áo rú jǔ lì méng

公孙敖如莒莅盟④。

lì wèi yě qí yuē wèi hé yě qián dìng yě qí bú rì qián dìng zhī méng bú rì yě

传 莅，位也。其曰位何也？前定也⑤。其不日，前定之盟不日也。

注释：①**令狐**：晋国地名。在今山西临猗西。②**晋先蔑奔秦**：《公羊传》作先眛。春秋时晋国的大夫。晋襄公去世後，国内發生立君之争。赵盾欲立住在秦国的公子雍为君，就派先蔑与士会二人去秦迎公子雍回国。由于太后穆嬴干预，赵盾改立夷皋为君，即晋灵公。并派兵在令狐阻击护送公子雍回国的秦军。先蔑对赵盾言而无信的行为十分气愤，因而投奔秦国。③**扈**：郑国地名。在今河南原阳西北。④**莅盟**：《仪礼·士冠礼》：“莅，临也。”意为：亲自参加盟誓。⑤**前定**：事前约定好了(到预定位置就位就可以了)。

文公八年

经 八年，春，王正月。

夏，四月[①]。

秋，八月戊申，天王崩[②]。

冬，十月壬午，公子遂会晋赵盾[③]，盟于衡雍[④]。

乙酉，公子遂会雒戎[⑤]，盟于暴[⑥]。

公孙敖如京师[⑦]，不至而复[⑧]。丙戌，奔莒[⑨]。

注释：①按照《春秋》体例，一年四季中任何一季，即使没有什么有意义的事情值得记载，也要写上这个季度头一个月，以保证一年的完整性。②**天王**：指周襄王。他是东周周王。名郑。惠王太子。公元前652—前619年在位。在位共三十三年。③**公子遂**：又称东门襄仲、东门遂、仲遂、东门氏。鲁卿。**赵盾**：又称赵宣子、赵盾。晋卿。④**盟于衡雍**：文公七年秋八月，赵盾召诸侯在扈盟会，文公後至，有轻视盟主之意，晋国怪罪于鲁，于是公子遂赴衡雍，再次与晋结盟。衡雍，郑国地名。在今河南原阳西。⑤**雒戎**：《公羊传》作“伊雒戎”。雒同洛。洛水，在河南洛阳南边。雒戎，指住在洛水一带的戎族人。⑥**暴**：郑国地名。在今河南原阳西之原武东南。⑦**公孙敖如京师**：因周襄王去世，诸侯皆遣使前往吊唁，公孙敖即奉文公之命去京师吊丧。⑧**不至而复**：还没有到达京师就返回。⑨**奔莒**：指公孙敖投奔莒国。公孙敖曾娶莒女戴己为妻，戴己去世後，他又向莒求婚，莒以戴己之妹声己已经陪嫁为由，没有同意。公孙敖只得改口说替公子遂求亲。七年，公孙敖去莒国参加盟会时，顺便为公子遂迎娶莒女，见其貌美，竟自娶之。此次，借去京师吊丧之机，转道至莒，将鲁国赠周王室的礼物遂给了所娶的莒女。

bù yán suǒ zhì wèi rú yě wèi rú zé wèi fù yě
传 不言所至，未如也。未如则未复也。
wèi rú ér yuē rú bú fèi jūn mìng yě wèi fù ér yuē fù
未如而曰如，不废君命也。未复而曰复，
bù zhuān jūn mìng yě qí rú fēi rú yě qí fù fēi fù
不专君命也。其如，非如也。其复，非复
yě wéi bēn jǔ zhī wéi xìn gù jǐn ér rì zhī yě
也。唯奔莒之为信，故谨而日之也。

zhōng
经 **螽①。**

sòng rén shā qí dà fū sī mǎ
宋人杀其大夫司马②。

sī mǎ guān yě qí yǐ guān chēng wú jūn zhī cí yě
司马，官也。其以官称，无君之辞也③。

sòng sī chéng lái bēn
宋司城来奔④。

sī chéng guān yě qí yǐ guān chèng wú jūn zhī cí
传 司城，官也⑤。其以官称⑥，无君之辞
yě lái bēn zhě bù yán chū jǔ qí jiē wǒ yě
也。来奔者不言出⑦，举其接我也⑧。

注释：①**螽**：《广韵》：螽同蚣。《列子·仲尼》释文：“螽，一曰蝗也。”《尔雅·释虫》：“螽，蝗子也。”意为：發生蝗虫灾害。②**宋人杀其大夫司马**：司马，官名。西周始置，掌军政。春秋、战国沿置。司马之职，又有大司马、左司马等多种区分。意为：宋国人杀了他的大夫司马。③**无君之辞也**：范甯云：郑君释之曰：“七年杀其大夫，此实无君也。今杀其司马，无人君之德耳。”意为：是说宋君没有德行的言辞。④**司城**：春秋时宋国官名。即司空。宋武公名叫司空，为避讳改官名为司城。⑤**官**：官名。⑥**以官称**：用官名来称呼。⑦**出**：出逃。⑧**举其接我**：说他交接于我。

wén gōng jiǔ nián

文公九年

jiǔ nián chūn máo bó lái qiú jīn

经 九年，春，毛伯来求金①。

qiú chē yóu kě qiú jīn shèn yǐ

传 求车犹可，求金甚矣②！

fū rén jiāng shì rú qí

经 夫人姜氏如齐③。

èr yuè shū sūn dé chén rú jīng shī

二月，叔孙得臣如京师④。

jīng dà yě shī zhòng yě yán zhōu bì yǐ zhòng yǔ dà yán zhī yě

传 京，大也。师，众也⑤。言周⑥，必以众与大言之也。

xīn chǒu zàng xiāng wáng

经 辛丑，葬襄王。

tiān zǐ zhì bēng bú zhì zàng jǔ tiān xià ér zàng yī rén qí dào bù yí yě zhì zàng wēi bù dé zàng yě rì zhī shèn yǐ qí bú zàng zhī cí yě

传 天子志崩不志葬⑦。举天下而葬一人⑧，其道不疑也。志葬，危不得葬也。日之，甚矣，其不葬之辞也！

注释：①**毛伯**：名卫。周卿。毛当为采邑，伯当为爵号。**来**：前来（鲁国）。求金：索讨钱财。②**求金甚矣**：索取钱财就过分了。③**夫人姜氏如齐**：范解："归宁。"意为：夫人姜氏回娘家探亲。④**叔孙得臣如京师**：鲁国的叔孙得臣去京城洛邑参加周襄王的丧礼。⑤**众**：众多。⑥**周**：指周王朝。⑦**崩**：古时把天子的死看得很重，常用山塌下来比喻，由此从周代开始称帝王之死为崩。⑧**举**：全。

jìn rén shā qí dà fū xiān dū

经 晋人杀其大夫先都①。

sān yuè fū rén jiāng shì zhì zì qí

三月，夫人姜氏至自齐。

bēi yǐ zūn zhì bìng wén gōng yě

传 卑以尊致，病文公也。

jìn rén shā qí dà fū shì hú jí jī zhèng fǔ

经 晋人杀其大夫士縠，及箕郑父②。

chēng rén yǐ shā zhū yǒu zuì yě zhèng fǔ lèi yě

传 称人以杀，诛有罪也。郑父，累也③。

chǔ rén fá zhèng

经 楚人伐郑④。

gōng zǐ suì huì jìn rén sòng rén wèi rén xǔ rén jiù zhèng

公子遂会晋人、宋人、卫人、许人，救郑⑤。

xià dí qīn qí

夏，狄侵齐。

qiū bā yuè cáo bó xiāng zú

秋，八月，曹伯襄卒⑥。

jiǔ yuè guǐ yǒu dì zhèn

九月癸酉，地震。

注释：①**晋人杀其大夫先都**：晋灵公准备提拔箕郑父、先都，就让士縠、梁益耳作中军主帅，先且居之子先克对灵公说：狐偃、赵衰的功勋不可废弃。灵公听从先克的意见。不久，箕郑父、先都、士縠、梁益耳發动叛乱，先都和梁益耳还派刺客杀了先克。正月的乙丑这天，晋国人杀了先都。②**晋人杀其大夫士縠，及箕郑父**：士縠和箕郑父因参加叛乱而被杀。意为：晋国人杀了参加叛乱的大夫士縠和箕郑父。③**郑父，累也**：郑父，即箕郑父。累，为连累。④**楚人伐郑**：楚国吴趁晋灵公尚年幼，不能承担诸侯霸主的责任，因而出兵攻打郑国。⑤**公子遂会晋人……救郑**：据《左传》载，与鲁国的公子遂一起去救郑的，有晋国的赵盾、宋国的华耦、许国的大夫等。但这次救援行动并未成功。⑥**曹伯襄卒**：即曹共公死了。他是春秋时曹国的国君。曹昭公的儿子。公元前652—前618年在位。晋文公为公子时，曾流亡至曹，他不听僖负羁劝阻，对重耳无礼，因结怨。鲁僖公二十八年（前632年），晋军伐曹，他国破被俘。同年冬，他被释放归国，死後子寿继位。

zhèn dòng yě dì bú zhèn zhě yě zhèn gù jǐn ér rì zhī yě

传 震，动也。地，不震者也①。震，故谨而日之也②。

dōng chǔ zǐ shǐ qiū lái pìn

经 **冬，楚子使萩来聘③。**

chǔ wú dà fū qí yuē qiū hé yě yǐ qí lái wǒ bāo zhī yě

传 楚无大夫，其曰萩何也？以其来，我褒之也。

qín rén lái kuì xī gōng chéng fēng zhī suì

经 **秦人来归馈僖公、成风之禭④。**

qín rén fú fū rén yě jí wài zhī fú fū rén ér xiàn zhèng yān

传 秦人弗夫人也，即外之弗夫人而见正焉⑤。

zàng cáo gōng gōng

经 **葬曹共公⑥。**

注释：①**地，不震者也**：地，是不动的。②**谨**：慎重。**日之**：把这件事情记载下来。③**萩**：《左传》、《公羊传》作椒。范解：“或作菽。”楚国的大夫名。《左传》记事称为“子越椒”。杜预注说是楚国的令尹子文的从子。④**秦人来归僖公、成风之禭**：归通馈，送给、赠送的意思。成风为庄公的庶妾，僖公的母亲。《礼记·杂记》上疏：“禭，谓以物送死用也。”《周礼·职丧》注：“衣被曰禭。”句意为：秦国人到鲁国来送给死去的鲁僖公和他的母亲成风在幽冥世界使用的衣服和被盖。⑤**秦人弗夫人也，即外之弗夫人而见正焉**：秦国人没有将她当成夫人来看待，（《春秋》）就用外人不认为成风是夫人这一点表示不能以妾为妻的正理。⑥**曹共公**：即前面死去的曹伯襄。

wén gōng shí nián

文公十年

shí nián chūn wáng sān yuè xīn mǎo zāng sūn chén zú

经 十年，春，王三月辛卯，臧孙辰卒①。

xià qín fá jìn

夏，秦伐晋。

chǔ shā qí dà fū yí shēn

楚杀其大夫宜申②。

zì zhēng yuè bú yù zhì yú qiū qī yuè

自正月不雨③，至于秋七月④。

lì shí ér yán bú yù wén bù mǐn yǔ yě bù mǐn yǔ zhě wú zhì hū mín yě

传 历时而言不雨⑤，文不闵雨也⑥。不闵雨者，无志乎民也。

jí sū zǐ méng yú rǔ lì

经 及苏子盟于女栗⑦。

dōng dí qīn sòng

冬，狄侵宋。

chǔ zǐ cài hóu cì yú jué mò

楚子、蔡侯次于厥貉⑧。

注释：①**臧孙辰**：鲁国的执政士夫。姓臧孙氏，名辰。即臧文仲。先後在庄、闵、僖、文时期任职，对鲁国的發展有贡献。其言论多见于《左传》。②**楚杀其大夫宜申**：宜申，姓鬥，字子西。城濮之战後，曾欲自缢死，成王遣使制止，遂得不死，封为商公，请辞，改任工尹。後成王遭太子商臣杀害，商臣自立为穆王。宜申与子家密谋杀穆王，事泄被杀害。③**自**：从。**正月**：旧历指一年的头一个月。《集韵·清韵》云："正，岁之首月，夏以建寅月为正，殷以建丑月为正，周以建子月为正。"雨：动词。下雨。④**至于**：一直到。⑤**历时**：经过三个季度（指"自正月""至于秋"）。⑥**文**：文公。闵雨：为雨而担心。⑦**苏子**：周王卿士。周顷王即位不久，故派使臣与各诸侯结盟。女栗：某地。《左传》杜预注："地名。阙。"⑧**厥貉**：厥，《公羊传》作"屈"。厥貉，地名，在今河南项城境内。据《左传》载，本年陈共公与郑穆公已会见楚穆王，至冬季，楚穆王与蔡庄公率军驻扎在厥貉，准备会合郑、陈的军队讨伐宋国。

wén gōng shí yī nián

文公十一年

shí yòu yī nián chūn chǔ zǐ fá jūn

经 十有（又）一年，春，楚子伐麇[①]。

xià shū péng shēng huì jìn xì quē yú chéng kuāng

夏，叔彭生会晋郤缺于承匡[②]。

qiū cáo bó lái cháo gōng zǐ suì rú sòng

秋，曹伯来朝[③]。公子遂如宋[④]。

dí qīn qí

狄侵齐。

dōng shí yuè jiǎ wǔ shū sūn dé chén bài dí yú xián

冬，十月甲午，叔孙得臣败狄于咸[⑤]。

bù yán shuài shī ér yán bài hé yě zhí bài yī rén zhī cí

传 不言帅师而言败[⑥]，何也？直败一人之辞

yě yī rén ér yuē bài hé yě yǐ zhòng yān yán zhī yě

也[⑦]。一人而曰败[⑧]，何也？以众焉言之也[⑨]。

注释：①**麇**：《公羊传》作圈。周代国名。或说嬴姓。在鍚穴，即在今陕西白河东。一说在今湖北郧县。公元前611年率百濮聚于选（今湖北枝江），对楚造成威胁。後为楚所灭。古书又有麇国，或说即麇，字形近而误。麇君参与去年厥貉之会，但中途回国，楚故伐之。②**郤缺**：春秋时晋国人。因其先人食采邑于郤、冀，故名郤缺，亦称冀缺、郤成子。其父冀芮谋杀晋文公未成被杀，他归耕于冀（今山西稷山北），後经胥臣推荐，任下军大夫。鲁僖公三十三年（公元前627年），伐狄有功，任卿，又封其父原食邑冀。鲁文公十三年（公元前615年），晋、秦战于河曲，他任上将军参战。十五年，率上、下军伐蔡，大胜，逼蔡离楚附晋。鲁宣公八年（公元前601年），升中军元帅，执晋政。次年，率帅救郑，败楚师。十一年，和众狄相会于攒函，众狄遂服于晋。**承匡**：宋国地名。在今河南睢县西。③**曹伯**：曹文公寿。此在其二年。**来朝**：前来朝见。④**公子遂**：又称襄仲、东门襄仲、东门遂、仲遂、东门氏。鲁大夫。**如**：前往。⑤**咸**：鲁国地名。在今河南濮阳东南。时狄人中的鄋瞒，侵犯齐国後，又侵鲁，文公派叔孙得臣前去御敵，俘其首领侨如，杀于鲁国子驹之门。⑥**帅师**：率领军队。⑦**直**：副词。只不过。⑧**败**：指被打败。⑨**以**：因为。**众焉**：指力气大足以抵拒众人。

zhuàn yuē cháng dí yě dì xiōng sān rén dié dàng zhōng
《传》曰①：长狄也②，弟兄三人③，佚宕中

guó wǎ shí bù néng hài shū sūn dé chén zuì shàn shè zhě
国④，瓦石不能害⑤。叔孙得臣，最善射者

yě shè qí mù shēn héng jiǔ mǔ duàn qí shǒu ér zài zhī
也。射其目，身横九亩⑥；断其首而载之，

méi xiàn yú shì rán zé hé wèi bù yán huò yě yuē gǔ zhě
眉见于轼⑦。然则何为不言获也？曰古者

bù chóng chuāng bù qín èr máo gù bù yán huò wèi nèi
不重创⑧，不禽擒二毛⑨，故不言获，为内

huì yě qí zhī qí zhě wáng zǐ chéng fǔ shā zhī zé wèi
讳也⑩。其之齐者⑪，王子成父杀之⑫，则未

zhī qí zhī jìn zhě yě
知其之晋者也。

注释：①《传》：指以前记载历史的传书。②**长狄**：也称长翟。春秋时狄人的一支。其分布范围约在今山西临汾、长治，以及山东边境的山区。侵鲁鄋瞒即其一支，约活动于今山东边境地区。③**弟兄三人**：指鄋瞒国的三个首领。据《左传》载，除侨如之外，还有其弟容如，曾侵齐，于公元前696年被杀；简如，随侨如侵鲁，见侨如被俘後逃入卫，被卫人俘杀；焚侵晋，于公元前593年，被俘杀。④**佚宕中国**：范解："佚，犹更也。"阮元撰《穀梁注疏卷十一校勘记》："佚宕中国，闽、监、毛本同，石经宕作害，《释文》出'佚害'云：害，本又作宕。"依此，佚宕中国就是更害中国。钟补注："佚即迭字，故训更。"钟文烝并将"佚宕中国"直接改为"佚害中国"。意为：多次危害中原地区的诸侯国。⑤**瓦石不能害**：范解："肌肤坚强，瓦石打擿，不能亏损。"意为：皮肤肌肉都很坚硬，石头、瓦块都打伤不了他们。属神话传说，不可信。下同。⑥**身横九亩**：范解："广一步，长百步，为一亩。九亩，五丈四尺。"意为：身体高五丈四尺。或身体倒下，占地九亩。⑦**眉见于轼**：《後汉书·张湛传》注："轼，车前横木也。"范解："兵车之轼高三尺三寸。"意为：把他的头砍下来装在车里，眉骨都比车前横木高。⑧**不重创**：重，再次，重复。创，创伤。意为：不再次伤害他。⑨**不禽二毛**：禽同擒。二毛，斑白的头髪。常用以指老年人。意为：不俘虏头髪斑白的老年人。⑩**内**：《春秋》为鲁国的史书《春秋》，故凡言"内"均指鲁国。**讳**：隐讳。⑪**其之齐者**：长狄三兄弟之一，去到齐国的那个人。⑫**王子成父**：齐国大夫。

wén gōng shí èr nián

文公十二年

shí yòu èr nián chūn wáng zhēng yuè chéng bó lái bēn

经 十有又二年，春，王正月，郕伯来奔[1]。

qǐ bó lái cháo

杞伯来朝[2]。

èr yuè gēng zǐ zǐ shū jī zú

二月庚子，子叔姬卒[3]。

qí yuē zǐ shū jī guì yě gōng zhī mǔ zǐ mèi yě

传 其曰子叔姬，贵也[4]，公之母姊妹也[5]。

qí yī zhuàn yuē xǔ jià yǐ zú zhī yě nán zǐ èr shí ér

其一传曰[6]：许嫁以卒之也[7]。男子二十而

guàn guàn ér liè zhàng fū sān shí ér qǔ nǚ zǐ shí wǔ ér

冠[8]，冠而列丈夫，三十而娶。女子十五而

xǔ jià èr shí ér jià

许嫁，二十而嫁。

xià chǔ rén wéi cháo

经 夏，楚人围巢[9]。

qiū téng zǐ lái cháo

秋，滕子来朝。

注释：①**郕伯来奔**：郕，《左传》作“盛”。郕为古国。姬姓。始封君为武王弟叔武。在今山东汶上北。一说在河南范县东南。意为：郕国的国君前来投奔鲁国。②**杞伯**：杞桓公。此在其二十二年。来朝：前来朝见。③**子叔姬**：《公羊传》、《穀梁传》认为是文公的同母姊妹。《左传》说是文公之女，即僖公三十一年“杞伯姬（僖公之女）来求妇”的那一位女子。考古家之说，认为《左传》之说似可信。④**贵**：尊贵。⑤**母**：指同母亲。⑥**传**：指记载史实的传说。⑦**许嫁**：指已经答应了婚事。卒之：记载她卒的事情。⑧**男子二十而冠**：冠为加冠礼。古代礼制规定：男子年满二十岁，就要行加冠礼，表示男子已进入成年人阶段。⑨**巢**：一作鄛。周代国名。偃姓。在今安徽巢湖市东北。公元前518年为吴所灭。

qín bó shǐ shù lái pìn
秦伯使术来聘①。

dōng shí yòu èr yuè wù wǔ jìn rén qín rén zhàn yú hé qū
冬，十有又二月戊午，晋人、秦人战于河曲②。

bù yán jí qín jìn zhī zhàn yǐ qì gù lüè zhī yě
传 不言及，秦、晋之战已亟③，故略之也。

jì sūn xíng fǔ shuài shī chéng zhū jí yùn
经 季孙行父帅师，城诸及郓④。

chēng shuài shī yán yǒu nàn yě
传 称帅师⑤，言有难也⑥。

注释：①**秦伯使术来聘**：秦伯，秦康公。术，《公羊传》作“遂”。可能是配术，秦国的大夫。殽之战兵败被俘，後被释放，仍为秦穆公所重用。穆公去世，秦康公即位已六年。配术当在职，他来鲁国的目的是想说服鲁、秦联军攻打晋国。鲁由公子遂出面委婉地拒绝了，但因不想得罪秦国，就送给配术许多财物，让他带给秦康公。②**河曲**：晋国地名。在今山西永济南。③**亟**：《书·微子》："亟，数也。"《汉书·刑法志》注："亟，屡也。"意为：数次，屡次。④**城诸及郓**：诸，鲁国地名。在今山东诸城西南。郓，鲁国地名，在今山东沂水东北。郓，《公羊传》作运。意为：鲁国季孙行父率领军队在诸和郓两地筑城墙。⑤**帅师**：率领军队。⑥**有难**：有争战的灾难。

wén gōng shí sān nián

文公十三年

shí yòu sān nián chūn wáng zhēng yuè

经 十有[又]三年，春，王正月。

xià wǔ yuè rén wǔ chén hóu shuò zú

夏，五月壬午，陈侯朔卒①。

zhū zǐ qú chú zú

邾子籧篨卒②。

zì zhēng yuè bú yù zhì yú qiū qī yuè

传 自正月不雨③，至于秋七月④。

tài shì wū huài

经 大[太]室屋坏⑤。

tài shì wū huài zhě yǒu huài dào yě jī bù xiū yě

传 大[太]室屋坏者，有坏道也⑥，讥不修也⑦。

tài shì yóu shì shì yě zhōu gōng yuē tài miào bó

大[太]室，犹世室也⑧。周公，曰大[太]庙⑨；伯

qín yuē tài shì qún gōng yuē gong lǐ zōng miào zhī

禽，曰大[太]室⑩；群公，曰宫⑪。礼⑫：宗庙之

注释：①**陈侯**：陈共公。名朔。此在其十八年。②**籧篨**：《左传》孔颖达正义："籧篨，邾子王贞之子也。庄二十九年即位，僖元年与鲁盟于荦。而云未同盟，盖据文公为言，故云未同盟。刘炫以荦盟规之，非也。"籧篨，《公羊传》作蘧篨，《左传》作蘧蒢。系邾文公的名号。③**自**：从。**雨**：动词。下雨。④**至于**：一直到。⑤**大室屋坏**：范解："屋者，主于覆盖，明庙不都坏。"意为：太庙的屋顶坏了。⑥**有坏道**：有毁坏的原由。⑦**讥不修也**：讥讽没有及时修葺。⑧**犹**：如同，犹如。**世室**：世世代代保有此室。⑨**周公，曰大庙**：周公，名旦，武王的弟弟，也称叔旦。封采邑在周（今陕西岐山东北），故称周公。曾辅佐周武王灭商，武王去世，成王即位，因年幼，由他摄政。他东征平定武庚及"三监"的叛乱。分封诸侯、制定制度、营建东都洛邑，以洛邑为中心统治中原和东方。大庙，即太庙。本为天子享用的礼制，周公封于鲁後，命儿子伯禽就封国，都城在今山东曲阜，命伯禽世代用天子礼祭周公，其庙建筑和陈设与天子庙同，故称太庙。⑩**伯禽，曰大室**：伯禽，周公的儿子。周公封鲁後，仍在王室辅政，长子伯禽就封国。死後，其庙称大室，或世室。范解："此经别言大室，明是伯禽庙。《公羊传》为世室，言世世不毁。世与大意亦同耳。"意为：伯禽的庙，叫太室。⑪**群公，曰宫**：群公，指伯禽以後，在鲁国执政的各位鲁君。《尔雅·释宫》："宫谓之室，室谓之宫。"然则其实一也。意为：伯禽以後的各位鲁君的宗庙叫做宫。⑫**礼**：礼仪制度。

shì jūn qīn gē fū rén qīn chōng jìng zhī zhì yě wéi shè jì zhī zhǔ ér xiān jūn zhī miào huài jí chēng zhī zhì bú jìng yě

事①，君亲割，夫人亲舂②，敬之至也③。为社稷之主，而先君之庙坏，极称之，志不敬也。

dōng gōng rú jìn

经 冬，公如晋。

wèi hóu huì gōng yú tà

卫侯会公于沓④。

dí qīn wèi

狄侵卫。

shí yòu èr yuè jǐ chǒu gōng jí jìn hóu méng huán zì jìn

十有又二月己丑，公及晋侯盟。还自晋⑤。

huán zhě shì wèi bì yě zì jìn shì bì yě

传 还者，事未毕也⑥。自晋，事毕也。

zhèng bó huì gōng yú fěi

经 郑伯会公于棐⑦。

注释：①**事**：指祭祀方面的事情。②**君亲割，夫人亲舂**：范解："割牲。""舂粢盛。"杨疏："君亲割。礼记曰：君执鸾刀而割牲是也。"钟补注："《国语》观射父曰：天子禘郊之事，必自射其牲，王后必自舂其粢。诸侯宗庙之事，必自射牛、割羊、击豕，夫人必自舂其盛。《周礼·射人》祭祀则赞射牲。郑君曰：烝尝之礼，有射豕者。"意为：祭祀时，国君亲自割祭祀的牲畜，夫人亲自舂米，煮献神饭。③**敬之至也**：恭敬到了极点。④**卫侯会公于沓**：公，为鲁文公。《公羊传》无"公"字。沓，地名。在今河南境内。《左传》杜注："沓，地阙。"句意为：卫成公在沓这个地方会见鲁文公。⑤**还自晋**：从晋国返回。⑥**毕**：完毕。⑦**棐**：《公羊传》作斐。郑国地名。在今河南新郑北。

文公十四年

wén gōng shí sì nián

经 十有（又）四年，春，王正月，公至自晋①。

shí yòu sì nián chūn wáng zhēng yuè gōng zhì zì jìn

邾人伐我南鄙②。

zhū rén fá wǒ nán bǐ

叔彭生帅师伐邾③。

shū péng shēng shuài shī fá zhū

夏，五月乙亥，齐侯潘卒④。

xià wǔ yuè yǐ hài qí hóu pān zú

六月，公会宋公、陈侯、卫侯、郑伯、许伯、曹伯、晋赵盾⑤。癸酉，同盟于新城⑥。

liù yuè gōng huì sòng gōng chén hóu wèi hóu zhèng bó xǔ bó cáo bó jìn zhào dùn guǐ yǒu tóng méng yú xīn chéng

传 同者，有同也，同外楚也。

tóng zhě yǒu tóng yě tóng wài chǔ yě

经 秋，七月，有星孛入于北斗⑦。

qiū qī yuè yǒu xīng bèi rù yú běi dǒu

传 孛之为言，犹茀也⑧。其曰入北斗，斗

bèi zhī wéi yán yóu fú yě qí yuē rù běi dǒu dǒu

注释：①至：回到（国内）。②邾：古国名。《说文》云："邾，周武王所封曹姓国也。始封之君曰侠，为鲁附庸。"其地当今山东省邹城市。我：指鲁国。南鄙：南部边境地区。③叔彭生：叔仲惠伯。鲁大夫。④齐侯潘：即齐昭公。他是春秋时齐国的国君。名潘。齐桓公之子。公元前632—前613年在位。借卫公子开方之助，杀孝公之子自立。即位初，支持晋文公称霸，于鲁僖公二十八年（公元前632年），参加晋伐楚城濮（今山东鄄城西南）之战。随後又参加践土（今河南原阳西南）之盟及温（今河南温县）之会。⑤宋公：宋昭公杵臼。此在其七年。陈侯：陈灵公平国。此在其元年。卫侯：卫成公郑。此在其二十二年。郑伯：郑穆公兰。此在其十五年。⑥新城：宋国地名。在今河南商丘西南。⑦有星孛入于北斗：《公羊传》："孛者何？彗星也。"星孛，就是彗星。北斗也是一种星辰，由七颗星组成，第一至第四颗星，组成斗形，又称魁，第五至第七颗组成斗柄，或称勺。斗形为长方形，称魁中，也称为环域。星孛入北斗，就是彗星运行到北斗星的环域中。⑧犹茀也：茀星，也就是彗星。意为：犹如彗星。

yǒu huán yù yě
有环域也。

gōng zhì zì huì
经 **公至自会。**

jìn rén nà jié zī yú zhū fú kè nà
晋人纳捷菑于邾①。弗克纳。

shì xì kè yě qí yuē rén hé yě wēi zhī yě hé
传 是郤克也②，其曰人何也？微之也③。何
wèi wēi zhī yě cháng gǔ wǔ bǎi shèng mián dì qiān lǐ guò
为微之也？长毂五百乘④，绵地千里⑤，过
sòng zhèng téng xuē xiòng rù qiān shèng zhī guó yù biàn rén zhī
宋、郑、滕、薛，夐入千乘之国⑥，欲变人之
zhǔ zhì chéng xià rán hòu zhī hé zhī zhī wǎn yě fú kè
主⑦；至城下然後知⑧，何知之晚也！弗克
nà wèi fá ér yuē fú kè hé yě fú kè qí yì yě
纳⑨，未伐而曰弗克何也？弗克其义也⑩。
jié zī jìn chū yě jué jū qí chū yě jué jū zhèng
捷菑，晋出也⑪。貜且，齐出也⑫。貜且，正
yě jié zī bú zhèng yě
也⑬。捷菑，不正也⑭。

jiǔ yuè jiǎ shēn gōng sūn áo zú yú qí
经 **九月甲申，公孙敖卒于齐⑮。**

bēn dà fū bù yán zú ér yán zú hé yě wèi shòu
传 奔大夫不言卒⑯，而言卒，何也？为受

注释：①**捷菑**：邾文公的庶子，为晋女所生。②**郤克**：一作郤献子、郤伯、驹伯。春秋时晋国人。鲁宣公十二年（公元前597年），晋、楚战于邲（今河南荥阳东北），任上军之佐，晋军大败，独上军有备而不败。鲁成公二年（公元前589年），任中军帅，执晋政，率晋、鲁、卫三国联军伐齐，中箭负伤，仍擂鼓指挥作战，大败齐军于鞍（今山东济南），齐被迫求和，巩固晋在东方的霸业。次年，又率师败赤狄廧咎如。③**微之**：轻视他。④**长毂五百乘**：范解：“长毂，兵车。四马曰乘。一乘，甲士三人，步卒七十二人。五百乘，合三万七千五百人。”句意为：兵车五百辆。⑤**绵地千里**：绵延千里之地。⑥**夐入千乘之国**：范解：“夐，犹远也。”意为：远道而来，进入拥有兵车千辆的国家。⑦**欲变人之主**：想改变别国的君主。⑧**知**：指知道不应该改变他国的君主。⑨**弗克纳**：没有能够送进去。⑩**弗克其义也**：说没有能够送进去，是从道义上说的。⑪**捷菑，晋出也**：捷菑，是晋国女子所生。晋女为庶妻，生捷菑。⑫**貜且，齐出也**：貜且，是齐国的女子所生。⑬**貜且，正也**：貜且，范解：“正，嫡。”貜且为嫡妻所生，是嫡子，他即位是符合正道的。⑭**捷菑，不正也**：捷菑，是晋国的庶妻所生。他继位，是不合乎正道的。⑮**公孙敖**：又称穆伯。公子庆父之子。鲁大夫。⑯**奔大夫**：逃亡在外的大夫。

qí sāng bù kě bù zú yě qí dì yú wài yě
其丧，不可不卒也。其地，于外也。

qí gōng zǐ shāng rén shì qí jūn shě
经 **齐公子商人弑其君舍**①。

shě wèi yú nián qí yuē jūn hé yě chéng shě zhī wéi jūn suǒ yǐ zhòng shāng rén zhī shì yě shāng rén qí bù yǐ guó shì hé yě bù yǐ xián dài xián yě shě zhī bú rì hé yě wèi chéng wéi jūn yě
传 舍未逾年②，其曰君何也？成舍之为君，所以重商人之弑也。商人其不以国氏何也？不以嫌代嫌也③。舍之不日何也？未成为君也。

sòng zǐ āi lái bēn
经 **宋子哀来奔**④。

qí yuē zǐ āi shī zhī yě
传 其曰子哀⑤，失之也⑥。

dōng shàn bó rú qí qí rén zhí shàn bó
经 **冬，单伯如齐**⑦。**齐人执单伯**⑧。

sī zuì yě shàn bó yín yú qí qí rén zhí zhī
传 私罪也⑨。单伯淫于齐，齐人执之。

qí rén zhí zǐ shū jī
经 **齐人执子叔姬**。

shū jī tóng zuì yě
传 叔姬同罪也⑩。

注释：①**公子商人弑其君舍**：据《左传》载此事發生在七月乙卯日夜。公子商人，齐桓公之子，其母为密姬。桓公死，太子昭立，为孝公。孝公死，其弟潘立，为昭公。商人于是暗中结交贤士，安抚百姓，赢得民心。昭公死，子舍继立，商人遂于墓前杀舍而自为君，即是齐懿公。②**舍未逾年**：舍作国君未满一年。③**不以嫌代嫌**：前一个“嫌”，指商人有杀舍自立之嫌。後一个“嫌”字，按钟补注：“传言嫌者谓舍未踰年，有未成君之嫌耳。”句意为：不将商人篡权夺国的嫌疑去取代舍作国君未跨过一年，尚未成为国君之嫌。④**宋子哀**：也称高哀，宋国萧邑人。庄公十二年，宋万杀宋闵公，萧叔大心平息宋乱，立宋桓公，桓公将萧邑升为宋的附庸国，高哀仕萧，为封人，後宋昭公用为卿。但高哀不满宋昭公的不义，遂弃职奔鲁。⑤**其曰子哀**：指这里只称“子哀”，没有称氏。⑥**失之**：指失传了氏。⑦**单伯如齐**：单伯，为周王特使，去到鲁国。鲁君的女儿子叔姬嫁给齐昭公为夫人，生子舍。昭公死，舍立为君，未过一年，被杀害。鲁以“王宠”之命，由周王特使单伯去齐接子叔姬回鲁国居住，故单伯到齐国去。⑧**齐人执单伯**：单伯去齐接子叔姬回鲁国，在齐国时，单伯与叔姬通奸，齐人怒，将二人一并捉拿了。⑨**私罪**：个人私自有罪。⑩**齐人执子叔姬。叔姬同罪也**：《公羊传》说：“单伯之罪何？道淫也。恶乎淫？淫乎子叔姬。”意为：齐国人捉拿了叔姬。叔姬与单伯通奸，所以叔姬与单伯同罪。

wén gōng shí wǔ nián

文公十五年

shí yòu wǔ nián chūn jì sūn háng fǔ rú jìn

经 十有又五年，春，季孙行父如晋①。

sān yuè sòng sī mǎ huà sūn lái méng

三月，宋司马华孙来盟②。

sī mǎ guān yě qí yǐ guān chēng wú jūn zhī cí yě

传 司马，官也，其以官称③，无君之辞也④。

lái méng zhě hé qián dìng yě bù yán jí zhě yǐ guó yǔ zhī yě

来盟者何？前定也⑤。不言及者，以国与之也。

xià cáo bó lái cháo

经 夏，曹伯来朝。

qí rén kuì gōng sūn áo zhī sāng

齐人归馈公孙敖之丧⑥。

liù yuè xīn chǒu shuò rì yǒu shí zhī gǔ yòng shēng yú shè

六月辛丑，朔，日有食之。鼓⑦，用牲于社⑧。

注释：①**季孙行父如晋**：又称季文子。春秋时鲁国大夫。季友之孙。自鲁宣公八年（公元前601年）执政，历宣公、成公、襄公三朝。执政期间，鲁国先後实行初税亩、作丘甲（按"丘"为单位征收军赋）。宣公十八年（公元前591年），逼谋依晋力逐"三桓"以张大公室的公孙归父奔齐。成公十六年（公元前575年），因叔孙侨如潛于晋，一度为晋所拘，旋得士燮说情被释，死後家无私财，时人称他节俭楷模。②**司马**：官名。西周始置，春秋战国时沿用，掌管军事、军需等事。**华孙**：又称华耦、子伯，华父督曾孙，宋大夫。③**以官称**：用官名来称呼。④**无君**：目中没有君主。⑤**前定**：指这盟约是以前约定的。⑥**齐人归公孙敖之丧**：归，通馈。馈赠。《论语·微子》："齐人归女乐。"释文："归，如字。郑玄作'馈'，其贵反。"归为馈的通假字。《论语·先进》注："鲁读馈为归，今从古。"句意为：齐国人送回公孙敖的丧体。⑦**鼓**：《广雅·释诂》二："鼓，鸣也。"《说文》："鼓，击鼓也。"意为：击鼓、鸣鼓。鼓，为名词作动词用。⑧**社**：土地神庙。《白虎通·社稷》："社者，土地之神也。"《礼记·中庸》："社，祭地神。"

shàn bó zhì zì qí
单伯至自齐。

dà fū zhí zé zhì zhì zé míng cǐ qí bù míng hé yě tiān zǐ zhī mìng dà fū yě
传 大夫执则致，致则名①，此其不名，何也？天子之命大夫也②。

jìn xì quē shuài shī fá cài wù shēn rù cài
经 晋郤缺帅师伐蔡③。戊申，入蔡。

qiū qí rén qīn wǒ xī bǐ
秋，齐人侵我西鄙④。

qí yuē bǐ yuǎn zhī yě qí yuǎn zhī hé yě bù yǐ nàn jiè wǒ guó yě
传 其曰鄙，远之也⑤。其远之何也？不以难介我国也⑥。

jì sūn háng fǔ rú jìn
经 季孙行父如晋。

dōng shí yòu yī yuè zhū hóu méng yú hù
冬，十有[又]一月，诸侯盟于扈⑦。

shí yòu èr yuè qí rén lái guī zǐ shū jī
十有[又]二月，齐人来归[馈]子叔姬。

qí yuē zǐ shū jī guì zhī yě qí yán lái kuì hé yě fù mǔ zhī yú zǐ suī yǒu zuì yóu yù qí miǎn yě
传 其曰子叔姬，贵之也。其言来归[馈]何也？父母之于子，虽有罪，犹欲其免也。

qí hóu qīn wǒ xī bǐ suì fá cáo rù qí fú
经 齐侯侵我西鄙，遂伐曹，入其郛⑧。

注释：①**致**：指记回国的事情。**名**：记名。②**天子之命大夫**：受封天子爵命的大夫。③**郤缺**：又称冀缺、郤成子。晋国大夫。④**我**：指鲁国。**西鄙**：西部边境地区。⑤**远之**：使侵犯地点离我们国都远一些。⑥**不以难介我国也**：范解："介，犹近也。"使灾难逼近我们鲁国的国都。⑦**扈**：郑国地名。在今河南原阳西。⑧**入其郛**：《说文》："郛，郭也。从邑孚声。"《释名·释宫室》："郭，廓也。廓落在城外也。"《礼记·礼运》疏："廓，外城也。"意为：进入他的外城。

wén gōng shí liù nián

文公十六年

shí yòu liù nián chūn jì sūn háng fǔ huì qí hóu yú yáng gǔ qí hóu fú jí méng

经 十有（又）六年，春，季孙行父会齐侯于阳穀[1]。齐侯弗及盟[2]。

fú jí zhě nèi cí yě háng fǔ shī mìng yǐ qí dé nèi cí yě

传 弗及者，内辞也[3]。行父失命矣[4]，齐得内辞也[5]。

xià wǔ yuè gōng sì bú shì shuò

经 夏，五月，公四不视朔[6]。

tiān zǐ gù shuò yú zhū hóu zhū hóu shòu hū nǐ miào lǐ yě gōng sì bú shì shuò gōng bù chén yě yǐ gōng wéi yàn zhèng yǐ shèn yǐ

传 天子告朔于诸侯，诸侯受乎祢庙[7]，礼也。公四不视朔，公不臣也，以公为厌政以甚矣。

liù yuè wù chén gōng zǐ suì jí qí hóu méng yú shī qiū

经 六月戊辰，公子遂及齐侯盟于师丘[8]。

fù háng fǔ zhī méng yě

传 复行父之盟也。

注释：①**阳穀**：在山东阳穀东北。②**齐侯弗及盟**：齐侯没能赶上盟约。齐侯，齐懿公商人。此在其二年。③**内辞**：为我们鲁国说的言辞。④**行父**：季孙行父。又称季文子。鲁大夫。**失命**：指没有完成与齐侯盟约的任务。⑤**齐得内辞**：范解："行父出会失辞，义无可纳，故齐侯以正道拒而弗受，不盟由齐，故得内辞。"指用为鲁国隐讳的言辞表明齐国拒绝与鲁国结盟。⑥**公四不视朔**：朔，为初一。意为：鲁文公有四次初一不上朝。⑦**祢庙**：父亲的宗庙。《说文》："祢，祖庙也。"《增韵》："父庙曰祢。"⑧**师丘**：齐地名。《左传》作"郪丘"。《公羊传》作"犀丘"。在今山东临淄南。

经 秋，八月辛未，夫人姜氏薨。

qiū bā yuè xīn wèi fū rén jiāng shì hōng

传 毁泉台[①]。丧不贰事，贰事，缓丧也。以文为多失道矣。自古为之，今毁之，不如勿处而已矣[②]。

huǐ quán tái sāng bú èr shì èr shì huǎn sāng yě yǐ wén wéi duō shī dào yǐ zì gǔ wéi zhī jīn huǐ zhī bù rú wù chǔ ér yǐ yǐ

经 楚人、秦人、巴人灭庸[③]。

chǔ rén qín rén bā rén miè yōng

冬，十有（又）一月，宋人弑其君杵臼[④]。

dōng shí yòu yī yuè sòng rén shì qí jūn chǔ jiù

注释：①**泉台**：《公羊传》："泉台者何？郎台也。""未成为郎台，既成为泉台。"钟补注：据《左传》："泉宫之台也。"意为：鲁君所居住的泉宫之台。②**勿处**：不住（算了）。③**巴人**：巴为古族名、古国名。巴人崇拜白虎，可能以白虎为图腾。相传其首领为廪君。商代中期，商王武丁曾率兵伐巴方。周武王伐商纣，巴师勇锐，在灭商战役中建立战功。武王灭商後，封宗人于巴，都城在今重庆市巴县境内。春秋时，巴曾与楚等国發生战争，又曾与秦、楚联兵灭庸。後楚势强盛，巴人被迫西迁，先後在今涪陵、丰都、重庆巴县、合川立国，最後退到阆中。巴族活动区域东到湖北长阳、西到僰道（今四川宜宾）、北到汉中（今属陕西）、南到黔（今贵州东部）、涪（今湖南湘西地区）。巴人退守阆中後，与蜀王弟苴侯结盟。公元前316年，秦派司马错入川，先灭蜀，後灭巴。巴国灭亡後，巴族犹存，仍以勇锐著称。汉时有名的板楯蛮即巴人之一部分。一说今土家族，为巴族後裔。**庸**：古代国名。曾参与武王伐纣之役，都建上庸（今湖北竹山西南），公元611年为楚所灭。④**宋人弑其君杵臼**：杵臼，为宋昭公。他是春秋时宋国的国君。宋成公的儿子。公元前619—前611年在位，即位初，欲尽去群子，以穆、襄之族發兵反抗而罢。因不礼遇祖父襄夫人，襄夫人遂杀其同党孔叔、公孙钟离和公子卬等人。鲁文公十年（公元前617年），楚会陈、郑、蔡国将伐晋，他惧而听命，去孟诸泽（今河南商丘东北）会猎，因违命受辱。後被襄夫人派人所杀。

wén gōng shí qī nián

文公十七年

shí yòu qī nián chūn jìn rén wèi rén chén rén zhèng

经 十有又七年，春，晋人、卫人、陈人、郑

rén fá sòng

人伐宋①。

xià sì yuè guǐ hài zàng wǒ xiǎo jūn shēng jiāng qí hóu

夏，四月癸亥，葬我小君声姜②。齐侯

fá wǒ xī bǐ

伐我西鄙③。

liù yuè guǐ wèi gōng jí qí hóu méng yú gǔ

六月癸未，公及齐侯盟于穀④。

zhū hóu huì yú hù

诸侯会于扈⑤。

qiū gōng zhì zì gǔ

秋，公至自穀。

dōng gōng zǐ suì rú qí

冬，公子遂如齐⑥。

注释：①**伐宋**：由于襄夫人派人杀了宋昭公，宋国發生弑君之事，晋派荀林父、卫派孔达、陈派公孙宁、郑派石楚，奉君命伐宋，联军到宋後，宋已立宋昭公弟为宋文公，遂回军。②**小君声姜**：周代称诸侯的妻子为小君。声姜，《公羊传》作圣姜。声、圣同音可以通借。声姜为鲁僖公夫人。《公羊传》："圣姜者何？文公之母也。"圣姜又是文公的母亲。③**齐侯**：齐懿公商人。此在其三年。**伐**：攻伐，攻打。**我**：此《春秋》为鲁国之《春秋》，故凡"我"当指鲁国。**西鄙**：西部边境地区。④**穀**：在今山东东阿县治。⑤**扈**：在今河南原阳西。⑥**如**：前往。

wén gōng shí bā nián

文公十八年

shí yòu bā nián chūn wáng èr yuè dīng chǒu gōng hōng yú

经 十有[又]八年，春，王二月丁丑，公薨于

tái xià

台下[①]。

tái xià fēi zhèng yě

传 台下，非正也[②]。

qín bó yīng zú

经 秦伯罃卒[③]。

xià wǔ yuè wù xū qí rén shì qí jūn shāng rén

夏，五月戊戌，齐人弑其君商人[④]。

liù yuè guǐ yǒu zàng wǒ jūn wén gōng

六月癸酉，葬我君文公。

qiū gōng zǐ suì shū sūn dé chén rú qí

秋，公子遂、叔孙得臣如齐[⑤]。

shǐ jǔ shàng kè ér bù chēng jiè bú zhèng qí tóng

传 使，举上客[⑥]，而不称介[⑦]，不正其同

注释：①**薨**：古代指诸侯之死。《礼记·曲礼下》：“天子死曰崩，诸侯曰薨，大夫曰卒，士曰不禄，庶人曰死。”按：此《春秋》中，只有鲁君去世才叫薨，别国君主去世仍称卒。②**正**：指合乎法度或情理。③**秦伯罃卒**：即秦康公死了。他是春秋时秦国的国君。名罃。秦穆公的儿子。继穆公即位。公元前620—前609年在位。时晋襄公弟公子雍在秦，晋襄公死後，晋赵盾欲迎公子雍回晋立为君。他用军队送公子雍至令狐（今山西临猗西）。晋旋改立襄公之子，反以兵攻秦军。次年，秦攻晋，取武城（今陕西华县西），以报令狐之役。此後，秦、晋连年攻战不息。秦康公死，其子名和，继位为秦共公。④**齐人弑其君商人**：商人，即齐懿公。他是春秋时齐国的国君。齐桓公的儿子。公元前612年—前609年在位。桓公死後，子孝公、昭公相继立。他为争取支持，结交贤士，抚爱百姓。昭公死，乃杀昭公子舍自立。为公子时，曾与邴歜（一作丙戎）之父争猎地不胜，即位後，掘邴歜父尸而断其脚，终为邴歜、阎职（一作庸职）谋杀。齐懿公被杀，其弟名元，即位为齐惠公。⑤**公子遂**：又称东门襄仲、东门遂、仲遂、东门氏，鲁国大夫。**叔孙得臣**：又称庄叔。鲁国大夫。⑥**上客**：范解：“上客，聘主也。”齐立新君惠公，鲁派两使臣前去祝贺。上客，为聘问齐君的正使。⑦**介**：范解：“介，副使也。”即副使、助手。

lún ér xiāng jiè gù liè ér shǔ zhī yě
伦而相介，故列而数之也①。

dōng shí yuè zǐ zú
经 冬，十月，子卒②。

zǐ zú bú rì gù yě
传 子卒不日，故也。

fū rén jiāng shì guī yú qí
经 夫人姜氏归于齐③。

wù xuān gōng yě yǒu bú dài biǎn jué ér zuì è xiàn zhě yǒu dài biǎn jué ér è cóng zhī zhě zhí dì zhě bù gū zǐ zhī yì yě yī rén yǒu zǐ sān rén huǎn dài yī yuē jiù xián yě
传 恶宣公也，有不待贬绝而罪恶见者，有待贬绝而恶从之者。侄娣者，不孤子之意也④，一人有子，三人缓带⑤。一曰就贤也⑥。

jì sūn háng fǔ rú qí
经 季孙行父如齐⑦。

jǔ shì qí jūn shù qí
莒弑其君庶其⑧。

注释：①**不正其同伦而相介，故列而数之也**：范解："礼，大夫为卿介，遂与得臣俱为卿，是以同伦为副使，故两言之，明无差降。"句意为：两人同是卿大夫，而其中一个为副使，是不符合正道的，所以并列记载。②**子卒**：鲁文公的太子死了。子，为子赤。③**夫人姜氏归于齐**：夫人姜氏，指文公夫人姜氏。归于齐，大归于齐。范解："姜氏，子赤之母，其子被杀，故大归。宣公亦文公之子，其母敬嬴，恶不奉姜氏。"意为：文公的夫人姜氏，文公死後，其子赤被杀，所以回到齐国去。④**侄娣者，不孤子之意也**：范解："言其一人有子，则共养。"国君娶夫人，夫人的妹妹、侄女去陪嫁，一人生子，三人共养，使所生子不孤独。⑤**一人有子，三人缓带**：范解："共望其禄。"杨疏："缓带者，欲见有子，则喜乐之情均，贵贱之意等。""缓带者，优游之称也。"意为：一个人生了儿子，三个人都望着儿子长大继承君位，共享俸禄。⑥**一曰就贤也**：一种说法是：如果三人同年生了两个以上的儿子，就会选立贤者为君。⑦**季孙行父**：又称季文子。系季友之孙子。鲁大夫。如：前往。⑧**莒弑其君庶其**：庶其，《左传》说是莒纪公。因其多行无道，故太子在国人的帮助下，将他杀了。然後携带莒国的宝玉出奔鲁国。《公羊传》则说："称国以弑，众弑君之辞。""众弑君"，表明莒君不得人心，但未说为太子所杀，也未说太子携玉出奔之事。句意为：莒国人杀了他们的国君（名庶其）。

齐懿公竹池遇变图　清·佚　名

公子宋尝黿构逆图　清·佚　名